현대 국어 의미론의 이해

현대 국어 의미론의 이해

나찬연

머 리 말

언어의 의미에 대한 연구는 전통적으로 어휘의 내부 의미나 어휘끼리 맺는 의미적인 관련성을 밝히는 데에 초점을 맞추어 왔다. 이러한 경향이 국어의 의미를 연구하는 데에도 그대로 나타나서 1970년대까지는 국어의 의미 연구는 어휘 의미론에 국한하여서 수행되었다. 그러나 1980년대부터는 국어의 의미 연구도 그 연구 대상이 문장이나 담화(談話)의 단위로 확대되었다. 이에 따라서 문장 의미론의 연구 영역에서는 논리학에서 전통적으로 연구해 온 문장의 전제(前提)와 함의(含意)에 대한 연구와 더불어서, 문장의 동의성, 중의성, 잉여성 등에 대한 연구가 늘어나고 있다. 그리고 의미 연구의 범위가 담화(談話)의 세계로 확대되어서, 화자와 청자, 그리고 발화 장면 등을 고려하여 단어나 문장의 의미를 연구하는 화용론도 활발하게 연구되고 있다. 이처럼 국어의 의미 연구 범위가 어휘라는 좁은 틀을 벗어나서 문장과 담화 차원으로 확대됨으로써, 국어의 의미 연구에 새로운 장이 펼쳐지게 된 것이다. 지은이는 의미 연구의 이러한 경향을 반영하여, 『현대 국어 의미론의 이해』의 제목으로 '어휘 의미론, 문장 의미론, 화용론'의 내용을 다루었다.

『현대 국어 의미론의 이해』는 국어 의미론에 대한 전문적인 지식이 없는 학부 학생들도 현대 국어의 의미 현상과 의미 이론을 쉽게 이해할 수 있도록 내용을 구성하였다. 이 책에서는 우선 『고등학교 문법』(2010)과 『고등학교 언어와 매체』(2018)에 수록된 '의미' 단원의 내용을 상세하게 기술했다. 그리고 국어 의미론의 앞선 연구 업적인 허발(1979, 1985), 허웅(1981, 1984), 김종택(1982), 김태자(1987), 임지룡(1992), 이익환(1995), 박종갑(1996), 구현정(1997), 김갑년 옮김(1999), 윤평현(2008 = 2011)의 저서의 내용이 많이 반영되었다. 다만 이들 선행 연구 업적에서 기술한 의미론의 내용 가운데에서 아주 전문적인 의미 이론은 이 책에서는 반영하지 않았다.

지은이는 이 책의 내용 체제를 크게 네 부분으로 짰다. 제1부는 국어 의미론에 대한 기본적인 지식을 다룬 것으로서, 의미론이 언어 연구에서 차지하는 위상과 의미론에서 탐구하는 과제, 그리고 지금까지 이루어진 각종 의미론에서 제시하는 '의미의 개념'을 소개한다. 제2부는 어휘 의미론으로서 '어휘장, 의미 성분 분석, 의미 관계, 합성어와 관용어의 의미 관계'와 관련된 이론을 소개한다. 제3부에서는 문장 의미론으로서 문장을 기본 단위로 하여서 일어나는 '동의성, 중의성, 잉여성, 전제, 함의' 등의 의미 이론을 다룬다. 제4부는 '화용론'으로서 '담화의 구조'와 '발화 행위 이론', 그리고 '함축 이론' 등을 소개한다. 끝으로 [부록]을 첨부하여 통시적인 관점에서 의미의 변화 이론과 개별적인 어휘에서 일어나는 의미의 변화 양상을 다루었다.

이 책은 '2015년 개정 교육과정'에 따른 『고등학교 언어와 매체』에 수록된 학교 문법의 내용을 중심으로 의미론의 기본적인 이론을 기술했다. 특히 초·중등학교에서 국어 문법을 가르치는 교사를 비롯하여, 국가나 지방에서 실시하는 '공무원 시험'이나 '한국어 교육 능력 검정 시험', 언론 기관의 입사 시험을 준비하는 이들에게 도움이 될 것으로 생각한다. 나아가서 대학교의 국어국문학과나 국어교육과의 학부 1·2학년 학생들이나 '국어과 중등 교사 임용 시험'을 준비하는 이들은 이 책을 국어 의미론의 기본을 다지는 입문서로서 활용할 수 있을 것이다. 지은이의 바람대로 이 책이 학교 문법을 공부하는 이들에게 의미론에 쉽게 접근할 수 있는 계기를 마련해 줄 수 있기를 기대한다.

지은이와 오랜 세월을 함께 공부한 '학교 문법 연구회'의 권영환, 김문기, 박성호 선생은 이 책에서 기술한 내용에 대하여 조언을 많이 하였다. 그리고 부산대학교 대학원의 국어국문학과에서 박사 과정을 이수하고 있는 나벼리 군은 이 책의 초고에 나타난 여러 가지 오류를 바로잡아 주었다. 끝으로 이 책을 출간해 주신 '경진출판'의 양정섭 대표님께 감사의 뜻을 전한다.

2019년 8월
지은이 씀

차 례

의미론의 기본적 이해

1부

제1장 의미론의 위상과 과제

언어는 인간이 사용하는 '의사소통'의 도구 가운데 가장 효율적이면서 널리 쓰이는 도구이다. 최근의 연구에 따르면 일부 동물도 제한적이기는 하지만 의사소통을 하고 있다는 것이 밝혀졌다. 그러나 동물의 기호 중에는 인간의 언어만큼 체계적이며 효율적인 기호는 없다. 이러한 점을 감안하면 언어는 인간의 생활에서 가장 효율적인 의사소통의 수단이 되는 동시에, 사회를 구성하는 도구이며, 나아가서 인류가 현재의 문명을 이루는 데에 가장 큰 역할을 수행해 왔다고 할 수 있다.

제1장에서는 의미론의 위상과 과제를 살피기에 앞서서, 인간의 언어가 소통되는 방식과 언어의 기능에 대하여 알아본다.

1.1. 의사소통과 언어

1.1.1. 의사소통의 요소

'기호'의 기본적인 기능은 의사소통(意思疏通, communication)의 기능, 곧 발신자가 품은 뜻(의사)을 어떠한 형식에 담아서 수신자에게 전달하는 기능이다. 인간의 언어도 기호의 일종이므로 인간의 언어의 가장 기본적인 기능은 의사소통의 기능이다.

〈 의사소통의 요소 〉 의사소통에 영향을 끼치는 요소로는 '발신자'와 '수신자', '기호'와 '메시지', '발화 장면'과 '정보 전달의 통로' 등이 있다.

[그림 1. 정보 전달의 모형]

의사소통이 이루어지기 위해서는 먼저 '발신자(addresser)'와 '수신자(addressee)'가 전제되어야 한다. 그리고 발신자는 전달 내용을 기호의 형태로 바꾸어서 이를 메시지의 형태로 수신자에게 전달하며, 수신자는 발신자로부터 받은 메시지로부터 기호의 의미를 해석한다. 이처럼 발신자가 자신의 생각을 기호로 만드는 과정을 '환기호(換記號, encoding)'라고 하고, 수신자가 기호를 해석하여 이해하는 과정을 '해기호(解記號, decoding)'라고 한다. 이러한 의사소통의 과정은 특정한 시공간적인 장면 속에서 이루어지므로, '정보 전달의 통로'의 상태 또한 의사소통에 영향을 미치게 된다.

〈기호〉발신자는 전달하고자 하는 내용을 일정한 형식에 담아서 수신자에게 보낸다. 이때 특정한 전달 형식에 특정한 전달 내용이 결합된 것을 '기호(記號, code)'라고 한다. 곧 기호는 발신자가 수신자에게 전달하고자 하는 전달 내용을 특정한 형식으로 바꾸어 놓은 것이며, 의사소통에 사용되는 유형과 무형의 상징물이다.

이러한 '기호(code)'는 하나로 이루어진 것도 있지만 여러 기호가 함께 쓰여서, 의사 전달을 위한 기호 체계를 형성하는 수도 있다.[1] 인공 언어인 '모스(morse) 부호'와 '에스페란토 어'를 비롯하여 '깃발'이나 '봉화'도 기호에 속하며, '음성 기호'와 '문자 기호'로 실현되는 인간의 자연 언어도 기호의 대표적인 것이다.

    (1) ㄱ. 신호등: 녹색, 적색, 황색, 화살 표시
        ㄴ. 한국어: 철수, 집, 자-; -가, -에서; -았-, -다

예를 들어서 (ㄱ)은 신호등의 기호 체계인데 이들 각각의 기호들은 하나의 체계를 이루면서 교차로에서 차마(車馬)의 진행을 제어한다. 그리고 (ㄴ)에서 '철수, 집, 자-; -가, -에서; -았-, -다' 등은 모두 특정한 내용(의미)에 특정한 형식(음성)이 결합되어 있는 기호이며, 이들 기호는 한국어라는 기호 체계를 구성하는 일부 요소이다.

---

1) 예를 들어서 신호등은 청색, 적색, 황색의 '색깔'과 방향을 지시하는 '화살표'의 조합으로 구성되어 있는 '기호 체계'로 의사를 전달한다.

발신자와 수신자가 기호를 통하여 의사소통을 할 수 있는 것은 발신자와 수신자가 그 기호의 체계를 이해하고 있기 때문이다. 따라서 영어의 기호 체계를 모르는 한국인과, 한국어의 기호 체계를 모르는 미국인은 그들이 사용하는 기호 체계가 서로 맞지 않으므로 의사소통을 할 수 없다.

〈 메시지 〉 실제 발화 상황에서 발신자는 개별 기호들을 단독으로 제시하는 것이 아니라 이들 기호를 조합하여 '의미 있는 기호의 연속체'로 발화한다.

(2) ㄱ. 적색 및 화살 표시 → 황색 → 녹색 → 황색 → 적색
    ㄴ. 철수가 집에서 잤다.

발신자는 (1)과 같은 개별적인 기호들을 (2)처럼 선조적(線條的)으로 조합하여 수신자에게 전달한다. 이렇게 발신자가 전달하고 싶은 생각이나 느낌을 언어 기호의 연속체로 만들어 놓은 것을 '메시지(message)'라고 한다. 곧 기호는 의사소통을 위한 재료들의 집합이며 이 재료들이 의미 있게 조직된 기호의 연속체가 메시지이다.[2]

〈 발신자와 수신자 〉 동일한 메시지를 사용하여 의사소통을 하더라도, 발신자와 수신자의 의도나 심리 상태에 따라서 메시지의 의미가 다르게 전달되거나 해석될 수도 있다.

(3) ㄱ. 잘~ 한다.
    ㄴ. 엄마, 배고파 죽겠어.

(ㄱ)의 메시지 자체는 수신자에 대하여 '칭찬'이나 '격려'의 말이다. 그러나 '학생이 교실에서 친구와 장난을 하다가 유리창을 깬 상황'에서 선생님이 "잘~ 한다."라고 발화했다고 하면, 이는 칭찬이 아니라 '질책이나 못마땅함'을 표현한 것이다. (ㄴ)은 학교에 갔다가 집에 막 돌아온 딸이 어머니에게 한 말이다. 이 문장에서 메시지를 문맥 그대로 해석하면 '발신자 자신이 배가 고프다는 것을 표출하는 호소'이지만, 딸의 의도를 미루어 보면 어머니에게 '먹을거리를 요구하는 요청'으로 볼 수 있다. 이처럼 발신자나 수신자의 의도나 심리 상태 등도 메시지의 해석에 영향을 끼칠 수가 있다.

〈 장면 〉 발신자와 수신자의 의도나 심리 상태뿐만 아니라 '전달이 일어나는 장면(場面, situation, context)'도 메시지를 해석하는 데에 영향을 줄 수가 있다.

---

2) '음운론, 형태론, 통사론, 의미론, 어휘론, 어문 규범'에 관련된 전통적인 언어 연구는 '기호'의 체계와 '메시지'의 구성 원리를 중심으로 이루어졌다.

(4) ㄱ. 나는 짜장면이다.

　　ㄴ. 대통령이 어제 오전에 미국에 도착<u>했어요</u>.

(ㄱ)의 문장은 문법적인 측면에서 보면 하자가 없는 문장이지만, 의미를 고려한다면 이 문장을 실제로 발화할 수 있는 장면은 그리 많지 않다. 하지만 중화요리 집에서 다수의 손님이 음식을 따로따로 주문하는 발화 장면에서는 (ㄱ)의 문장이 자연스럽게 쓰일 수 있다. 그리고 (ㄴ)의 문장은 문법적으로나 의미적으로 아무런 하자가 없는 문장으로서, 화자와 청자가 대면하면서 발화하는 쌍관적인 장면에서는 아주 자연스럽게 쓰이는 문장이다. 그러나 TV나 라디오의 뉴스와 같은 공식적이고 의례적인 발화 장면에서는 (ㄴ)처럼 '-어요'로 끝나는 반말체의 문장을 발화하면 대단히 어색하게 된다. 따라서 동일한 메시지라도 발화 장면에 따라서 그것을 사용하는 데에 제약을 받는다는 사실을 알 수 있다.3)

　　〈 정보 전달의 통로 〉 의사소통이 일어나는 '통로(channel)'의 물리적·심리적인 상태도 의사소통에 영향을 미칠 수 있다.

　　첫째로 의사소통이 일어나는 물리적인 상태가 의사소통에 영향을 줄 수 있다. 예를 들어서 메시지를 전달할 때 청각과 시각적인 환경이 양호하여 장애 요소(noise)가 없을 때에는 일상적인 방법으로 의사소통을 할 수 있다. 하지만 주위가 시끄럽다든지 휴대전화를 사용할 때에 수신 상태가 좋지 않다든지 하여 의사소통에 물리적인 장애가 발생하는 경우에는 의사소통의 방법이 달라질 수 있다.

(5) ㄱ. 뭐? 야, 잘 안 들려. 다시 말해 봐. 다시 말이야.

　　ㄴ. 철수가 죽었대요, 철수가 죽었어요.

곧 발신자는 의사소통의 장애를 극복하기 위하여, 목소리를 크게 하거나 특정한 언어 표현을 되풀이하여 발화하거나 비언어적인 표현(동작 언어)을 곁들여서 사용하는 등 여러 가지 수단을 쓰게 된다.4)

　　둘째로 의사소통에 참여하는 사람의 심리적인 상태도 의사소통에 영향을 줄 수 있다.

---

3) 언어학의 연구 분야 가운데서 '화용론(pragmatics)'과 '텍스트 언어학'에서는 발신자와 수신자의 의도나 심리적 상태, 그리고 발화 장면이나 문맥 등을 고려하여 언어 현상을 연구한다.

4) 이처럼 음성 언어의 전달 효과를 높이기 위해서 사용하는 비언어적인 의사소통의 수단을 '동작 언어'라 하는데, 동작 언어에는 '얼굴 표정, 눈, 몸짓, 행동, 근접 거리' 등이 있다(구현정·전영옥, 2005: 50).

예를 들어서 우리가 일상생활에서 주고받는 인사말은 의사소통에서 일어날 수 있는 심리적인 장애를 줄이는 역할을 한다.

(6) ㄱ. 안녕하세요? 선생님.
　　ㄴ. 어이, 김 사장, 요즈음 신수가 훤하네.

곧 인사말은 발신자와 수신자가 발화 장면에 처음 등장하였을 때에, 발신자와 수신자 사이에서 생길 수 있는 심리적인 장애를 제거함으로써, 앞으로 일어날 본격적인 의사소통을 원활하게 하는 기능을 한다.

지금까지 살펴본 바와 같이, 언어를 통한 의사소통은 기호와 메시지 자체로만 이루어지는 것이 아니다. 발신자와 수신자, 발화 장면과 전달 통로 등의 요인들도 기호와 메시지를 전달하고 해석하는 데에 영향을 준다.

1.1.2. 언어의 기능

인간이 말을 통하여 의사를 전달할 때에는 화자(발신자), 청자(수신자), 기호 체계, 메시지, 전달이 일어나는 상황(context), 전달 장면에서 일어나는 화자와 청자의 물리적·심리적 접촉(contact) 따위가 반드시 있어야 한다. 로만 야콥슨(Roman Jacobson, 1960)에서는 의사소통과 관계되는 여러 요소 중에서 어느 것에 중점을 두는가에 따라 언어의 기능을 여섯 가지로 설명했다.

〈 지시적 기능 〉 '지시적 기능(指示的 機能, referential function)'은 언어가 사물이나 현상 또는 개념 등을 언어 기호로써 가리키는 기능이다. '지시적 기능'은 언어의 제1차적인 기능으로서 흔히 '정보적 기능'이라고도 한다.

(7) 토끼풀 → [🍀], 전화 → [☎], 온천 → [♨]

(8) 비가 많이 내린다.

(7)에서 '토끼풀', '전화', '온천'이라는 말이 각각 실제의 사물인 [🍀], [☎], [♨]를 나타낸다면, 이때의 언어는 지시적으로 기능한 것이다. 그리고 '실제로 비가 많이 내리는 상황'을 보고 (8)처럼 "비가 많이 내린다."라고 발화했다면, 그때의 발화도 지시적으로 기능한 것이다. 지시적 기능으로 쓰이는 언어는 정보 전달을 목적으로 하는 의사소통

에 많이 쓰이며, 의사소통에 관여하는 다른 요소 중에서 '메시지의 전달 내용(화제)'과 직접적으로 관련된다.

〈 정서적 기능 〉 '정서적 기능(情緖的 機能, emotive function)'은 화자의 감정 상태나 어떤 일에 대한 태도 등을 나타내는 언어의 기능이다. 이는 어떠한 대상에 관하여 화자의 태도나 감정을 표현하므로 '표현적 기능(表現的 機能, expressive function)'이라고도 한다. 언어의 '정서적 기능'은 주로 감정이나 감탄 표현의 말이나 욕설, 독백, 자문자답의 말 등이 표현적 기능을 하는 말로써 사용된다.

  (9) ㄱ. 난 널 사랑해.
    ㄴ. 야, 이놈의 자식아.
    ㄷ. 어머나, 눈이 내리네.

(ㄱ)에서는 사랑하는 태도(감정)를 표현하고 있으며, (ㄴ)에서는 상대방에 대한 적대적인 감정이나 태도를 표현하고 있다. 그리고 (ㄷ)에서는 '눈이 내리는 상황에 대한 화자의 흥분된 감정'을 표현하고 있다. 이와 같은 정서적 기능의 언어는 의사소통의 요소 중에서 '화자'에 직접적으로 관련된다.

〈 지령적 기능 〉 '지령적 기능(指令的 機能, directive function)'은 화자가 전달한 내용이 청자의 감정이나 행동, 이해 등에 미치는 기능인데, 이를 '능동적 기능(能動的 機能, conative function)'이라고도 한다. 지령적 기능의 언어는 '명령, 요청, 부탁' 등의 형식으로 표현되어서 청자의 행위에 직접적으로 영향을 미치거나 질문의 형식으로 표현되어서, 간접적으로 청자의 행위에 영향을 미친다.

  (10) ㄱ. 이제 일어서라.
    ㄴ. 이제 일어서자.
    ㄷ. 이제 일어서 주시기 바랍니다.
    ㄹ. 이제 일어서 주시지 않으시겠습니까?

(ㄱ)에서 화자는 직접적인 명령문으로써 청자에게 '일어서는 행동'을 요구하고 있으며, (ㄴ)은 청유문으로써 청자에게 '일어서는 행동'을 함께 할 것을 요구한다. (ㄷ)과 (ㄹ)에서는 명령이나 청유의 형식은 아니지만 평서문이나 의문문을 통해서 듣는이의 행동을 요구하는 문장이다. 곧 (ㄷ)은 평서문을 통해서, (ㄹ)은 질문의 형식을 통해서 청자에게 '일어서는 행동'을 완곡하게 요구하고 있다. 지령적 기능의 언어는 의사소통의 요소 중

에서 청자와 직접적으로 관련된다.

〈친교적 기능〉 '친교적 기능(親交的 機能, phatic function)'은 의사소통을 원활하게 할 목적으로, 의사소통에 장애가 되는 물리적 요소를 극복하거나, 사람 사이의 유대를 확인하고 대화의 길을 터 주며 부드러운 분위기를 조성해 주는 언어의 기능이다.

(11) ㄱ. 여보세요? 잘 들립니까?
　　 ㄴ. 미안하지만, 다시 한 번 말씀해 주시겠습니까?

(12) ㄱ. 안녕하십니까?
　　 ㄴ. 친애하는 국민 여러분.

(13) ㄱ. 점심 먹었니?
　　 ㄴ. 날씨 참 좋습니다.

(11)의 문장은 의사소통을 가로막는 물리적인 장애 요소를 극복하기 위하여 발화한 문장이다. 곧 이들 문장은 물리적인 장애 요소를 제거함으로써 의사소통을 원활하게 해 준다. 그리고 (12)와 (13)의 문장은 일상적인 인사말인데, 이는 사람 사이의 유대를 확인하고 부드러운 분위기를 조성함으로써 대화를 원활하게 해 준다. (12)와 (13)의 표현은 메시지가 전달하는 문맥 자체의 내용과 관계없이 그냥 의례적인 인사말로 쓰일 뿐이다. 예를 들어서 (13ㄱ)의 표현이 지시적 기능으로 쓰였다면 이는 청자가 점심을 먹었는지를 확인하려고 발화한 말이 된다. 하지만 이 표현이 친교적 기능으로 쓰였다면 점심 때쯤에 사용하는 의례적 인사말로 쓰인 것이다. 만일 (13ㄴ)의 표현이 지시적 기능으로 쓰였다면 "날씨가 정말 좋다."라고 하는 정보를 청자에게 전달하는 말이다. 하지만 친교적인 기능의 관점에서 보면 상대방에게 부드러운 대화 분위기를 조성하는 의례적인 표현일 뿐이다. 언어의 친교적 기능은 의사소통에 관여하는 요소 중에서 화자와 청자의 '접촉(contact)'과 관련된다.

〈메타 언어적 기능〉 '메타 언어적 기능(metalingual function)'은 언어 표현 자체에 대하여 설명하는 언어의 기능이다. 언어학에서는 언어를 '대상 언어'와 '메타 언어'로 나눈다. 여기서 '대상 언어(對象言語, object language)'는 사물에 대해서 직접 말하거나 표현·서술한 언어로서 언어학적으로 연구의 대상이 되는 언어이다. 반면에 '메타 언어(上位言語, metalanguage)'는 언어 자체에 대해서 설명하거나 언급하는 언어이다. 곧 일상적인 언어는 어떠한 대상을 언급하는 데에 쓰이는 대상 언어인데, 이러한 대상 언어 자체를 설명하는 언어가 '메타 언어'인 것이다.

(14) ㄱ. 어머니는 시장에 가서 '동태'를 한 마리 사 오셨다.

ㄴ. 철수가 지금 바빠서 너를 만날 수 없대.

(15) ㄱ. '동태'는 '얼린 명태'를 말한다.

ㄴ. 그 말의 뜻은 철수가 너를 싫어한다는 것이야.

(14)의 문장 속에 쓰인 단어는 모두 특정한 대상이나 움직임을 표현한 말이므로 이들 문장은 모두 대상 언어로 쓰였다. 이에 대하여 (15ㄱ)의 문장은 (14ㄱ)에 쓰인 '동태'라는 언어를 설명하는 말이며, (15ㄴ)의 문장은 (14ㄴ)에 쓰인 대상 언어의 뜻을 설명하는 말이다. 따라서 (15)의 문장은 (14)에 쓰인 대상 언어에 대한 메타 언어로 기능한다. 메타 언어는 화자와 청자가 서로서로 상대방과 일치하는 기호 체계(code)를 사용하고 있는지를 확인해야 할 필요가 있을 때에 쓰인다. 이렇게 메타 언어로 기능한 말은 기호(code) 자체와 직접적으로 관련된다.

〈 **시적 기능** 〉 '시적 기능(詩的 機能, poetic function)'은 언어를 통한 예술 작품에 쓰인 언어에서 나타나는 기능으로서, 언어가 청자(독자)에게 미적인 감동을 일으키는 기능이다. 시를 비롯한 언어 예술에서 표현되는 언어는 대체로 이러한 기능을 나타낸다.

(16) ㄱ. 나 보기가 역겨워 가실 때에는 죽어도 아니 눈물 흘리오리다.

ㄴ. 눈물 아롱아롱 피리 불고 가신 님의 밟으신 길은 진달래 꽃비 오는 서역 삼만리

ㄷ. 달빛에 부서진 추억도 날 버린 이름도 모두 다 지울 순 없겠지…

ㄹ. 지금 그 사람 이름은 잊었지만 그 눈동자 입술은 내 가슴에 있네.

위의 문장은 모두 시에 쓰인 표현인데 일상의 언어와는 달리 '운율의 사용, 시어의 모호성, 역설, 아이러니' 등의 문학적인 기법을 사용하여 수신자에게 정서적 감동을 줄 수 있다. 시적 기능을 하는 언어는 의사소통의 요소 가운데 '메시지' 자체와 밀접한 관련을 맺고 있다. 지금까지 로만 야콥슨(Roman Jacobson, 1960)의 이론에 따라 의사 전달에 작용하는 요소에 따른 언어의 기능을 살펴보았다. 여기서 언어 전달의 요소와 언어의 기능을 정리하여 그림으로 보이면 다음과 같다.

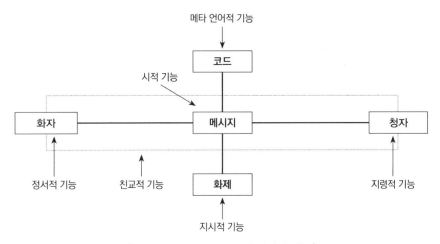

[그림 2. 의사소통의 요소와 언어의 기능]

먼저 '정서적 기능'은 화자의 감정과 밀접하게 관련되어 있으며, 반면에 '지령적 기능'은 청자의 행위와 관련되어 있으며, '친교적 기능'은 화자와 청자 사이의 물리적·심리적 접촉과 관련이 있다. 그리고 '지시적 기능'은 메시지가 표현하는 화제나 주제와 관련되어 있으며, '시적 기능'은 메시지 자체와 관련을 맺고 있으며, '메타 언어적 기능'은 '코드(code)'와 관련을 맺고 있다.

하나의 언어적 표현에 여러 가지의 기능이 겹쳐서 나타나는 경우도 있다. 곧, 화자의 의도나 발화 상황과 관련해서 이들 기능 가운데에서 어느 한 가지 또는 몇 가지의 기능이 포개어져 나타나는 것이다.

(17) ㄱ. 차 한잔 마시고 싶은데…….

ㄴ. 날씨 좋군요.

예를 들어서 (ㄱ)의 문장에는 대체로 '지시적, 정서적, 지령적 기능'이 있으며, (ㄴ)의 문장에는 '지시적, 친교적 기능'이 있다고 볼 수 있다.

또 언어의 여러 기능은 문장의 표현 형식에도 반영된다. 곧 평서문은 지시적 기능과, 감탄문은 정서적 기능과 관계있는 문장의 형식이다. 그리고 의문문, 명령문, 청유문은 지령적 기능과 관계있는 문장의 형식으로 표현된다.

1.2. 의미론의 위상

앞에서 인간의 언어를 통한 의사전달에 영향을 주는 요소로서, '기호·메시지·발신자와 수신자·발화 장면·정보 전달의 통로' 등을 들었다. 이들 요소 중에서 언어 연구 대상으로서 중심에 위치해 있는 것은 '기호'와 '메시지'이다.

〈 **기호의 양면** 〉 인간의 언어를 포함한 모든 기호와 메시지에는 '전달 형식(form)'과 '전달 내용(concept)'이라는 두 가지 측면이 있다.

$$(18) \ 기호 = \frac{전달\ 형식}{전달\ 내용}$$

예를 들어 실제의 사물인 '태극기'가 추상적인 개념인 '대한민국'을 대표한다고 할 때, '태극기'의 표상(表象, 형태, 모양)은 '전달 형식'이 되며 '대한민국'이라는 개념은 전달 내용이 된다. 그리고 신호등의 '적색 불빛'이 '정지(停止)'를 표현한다고 할 때, '적색 불빛'은 전달 형식이 되며 '정지'라는 의미는 전달 내용이 된다.

인간의 언어도 기호의 일종이므로 전달 형식과 전달 내용이라는 양면이 있다. 이때 인간의 언어 기호의 전달 형식은 '음성(signifiant, 시니피앙, 청각 영상)'이며 전달 내용은 '의미(signifié, 시니피에, 개념)'이다. 곧 특정한 의미를 특정한 음성으로 전달하는 것이 인간의 언어 기호이다.

$$(19) \ 가위 = \frac{/\ k\ a\ w\ i\ /}{[\thickapprox]}$$

$$(20) \ 언어\ 형식(linguistic\ form) = \frac{전달\ 형식}{전달\ 내용} = \frac{/음성/}{[의미]}$$

예를 들어 '가위'라는 말의 전달 형식은 /kawi/라는 '음성'이며, 전달 내용은 [옷감, 종이, 머리털 따위를 자르는 기구]라는 의미이다. 이와 같이 언어 기호의 단위(언어 형식, linguistic form)는 그것이 큰 것이든 작은 것이든 모두 특정한 음성에 특정한 의미가 결합된 형식으로 이루어져 있다.

〈 **의미론의 위상과 하위 영역** 〉 언어를 연구하는 학문인 '언어학(linguistics)'도 언어 형식의 위와 같은 특성에 따라서, '음운론, 의미론, 문법론'의 3대 영역으로 나뉜다.

$$\frac{\text{음운론 (음성 연구)}}{\text{의미론 (의미 연구)}} = \text{문법론(언어 형식 연구)}$$

먼저 '음운론(phonology)'은 언어 형식의 말소리와 그 체계만을 연구하는 학문 영역이며, '의미론(semantics)'은 언어 형식의 의미와 그 체계에 한정해서 연구하는 학문이다. '문법론(grammar)'은 의미와 음운의 결합체인 언어 형식의 여러 가지 단위인 '형태소, 단어, 구, 절, 문장' 등을 대상으로 하여 그 형태와 기능을 연구하는 학문이다.

울만(Ullman, 1951:39)에서는 언어학의 범주 내에서 의미론이 차지하는 위치를 다음과 같은 그림으로 좀 더 구체적으로 설명하였다.

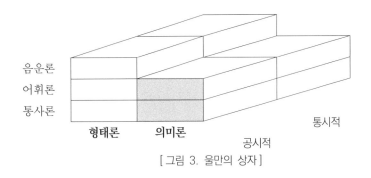

[그림 3. 울만의 상자]

[그림 3]은 이른바 '울만의 상자(Ullman's cabinet)'라는 그림이다. 이 그림은 의미론이 어휘론과 통사론의 두 영역을 연구 대상으로 하면서, 동시에 '공시적인 연구'와 '통시적인 연구'를 할 수 있음을 나타낸다. 여기서 '공시 의미론(synchronistic semantics)'은 '기술 의미론'으로도 불리는데, 어휘의 시니피에와 시니피앙의 관계에 대한 공시적인 연구와, 공존하는 어휘들의 의미 사이의 상호 관계(조직)에 대하여 연구한다. 이에 반하여 '통시 의미론(diachronistic semantics)'은 어휘의 의미 변화에 대한 역사적인 연구이다.

그런데 [그림 3]에서는 '의미론'이 '음운론'과는 직접적인 관련을 맺지 않고 '어휘론'이나 '통사론'과 관련을 맺고 있다는 것을 보여 준다. 여기서 의미론의 두 가지 하위 영역이 나누어지는데, 어휘론에서 이루어지는 의미 연구를 '어휘 의미론(lexical semantics)'이라고 하고, 통사론에서 이루어지는 의미 연구를 '문장 의미론(sentence semantics)'라고 한다.

그런데 의미가 반드시 어휘나 문장과 같은 언어적 표현으로만 드러나는 것은 아니다. 곧 어떠한 표현이 발화 장면(situation)이나 말하는 사람의 의도에 따라서는 문맥 이외의 또 다른 의미를 나타낼 수도 있다.

(21) (아들) : 엄마 나, 아직 점심도 못 먹었어.

(22) ㄱ. (어머니 A) : 그러니? 잘 알았다. 참 안됐구나.

ㄴ. (어머니 B) : 그래. 배가 많이 고팠구나. 조금만 기다려. 저녁 차려 줄게.

예를 들어서 학교에서 점심까지 굶고 돌아온 아들이 (21)처럼 발화하였다면, (21)의 문장은 언어적인 표현만으로 보면 '자신이 점심을 못 먹었다.'고 하는 사실을 전달하는 평서문이다. 그러나 말하는 사람(= 아들)의 의도를 감안하면 (21)은 '엄마에게 저녁을 차려 달라'고 하는 문장으로 해석될 수도 있다. (22)에서 (ㄱ)의 '어머니 A'는 아들의 말을 언어적인 표현 그대로만 해석하였고, 반면에 (ㄴ)의 '어머니 B'는 아들의 의도와 발화 장면을 고려하여 아들의 말을 해석하였다. 이처럼 언어 표현을 언어 외적인 상황을 고려하여서 의미를 파악하는 의미론의 한 분야를 '화용론(pragmatics)'이라고 한다.

이처럼 의미론은 언어학의 한 분야로서 언어의 의미를 탐구하는 학문인데, 그 하위 영역으로는 '어휘 의미론, 문장 의미론, 화용론' 등이 있다.

1.3. 의미론의 층위와 과제

의미론은 언어학의 하위 영역으로서, 인간의 자연 언어(natural language)를 대상으로 하여 그에 나타나는 어휘·문장·발화의 의미를 명시적으로 설명하는 학문이다. 이러한 연구를 통하여 궁극적으로 인간이 의사소통을 하는 원리를 이해하고, 언어로써 표현되는 인간의 사고 능력과 함께 이러한 능력을 수행하는 과정을 밝힌다.

앞에서 살펴본 바와 같이 의미론은 그 연구의 층위에 따라서 '어휘 의미론'과 '문장 의미론'과 '화용론'으로 구분한다. 이들 세 층위의 의미론에서는 대략 다음과 같은 하위 과제를 연구한다.

첫째, '어휘 의미론'은 어휘 층위에서 수행하는 의미 연구로서, 단어 또는 어휘의 의미를 밝히고 단어 사이의 의미 관계를 연구한다.

(23) 어휘장(意味場)

ㄱ. [수, 우, 미, 양, 가]

ㄴ. [A+, A, B+, B, C+, C, D+, D, F]

(24) 의미 성분의 분석(意味成分 分析)

    ㄱ. 할머니 : [+혈연 관계, +2세대 위, +여성]

    ㄴ. 어머니 : [+혈연 관계, +1세대 위, +여성]

(28) 단어 사이의 의미 관계(意味 關係)

    ㄱ. 상하 관계 : 어버이   —   아버지/어머니

    ㄴ. 반의 관계 : 남자   —   여자

    ㄷ. 동의 관계 : 호랑이   —   범

    ㄹ. 유의 관계 : 쓰이다   —   사용하다/이용하다/유용하다/횡령하다

(25) 다의 관계(多義 關係)

    ㄱ. 손을 씻고 밥을 먹어라.

    ㄴ. 이번 일에는 손이 모자란다.

    ㄷ. 나는 그런 일에는 일체 손을 대지 않았다.

    ㄹ. 이번 일의 승패는 너의 손에 달려 있다.

(26) 동음 관계 :

    ㄱ. 차(車) — 차(茶)

    ㄴ. 배(腹) — 배(梨) — 배(舟)

(27) 잉여 표현(剩餘表現)

    역전앞, 옥상위, 처갓집, 외갓집

(23)은 내용상으로 밀접하게 인접해 있으면서 서로 의존해서 서로 기능을 규정한 어휘들의 동아리를 형성하는 낱말밭(어휘장)의 현상이다. (24)는 특정한 단어 속에 들어 있는 의미 성분들을 분석하여 한 단어의 의미를 객관적으로 기술할 때에 나타나는 의미 현상이다. (24)는 둘 이상의 단어 사이에서 나타나는 의미 관계에 관련된 현상이다. (25)의 예는 하나의 단어가 서로 관련이 있는 여러 가지 의미를 나타내는 다의적 의미 현상이다. (26)은 형태는 동일하지만 의미적으로 서로 관련이 없는 여러 단어들 사이에 나타나는 의미 현상이다. (27)은 하나의 합성어 속에 동일한 의미를 나타내는 어근이 중복해서 쓰인 잉여 표현이다. 이처럼 전통적인 의미론에서 어휘 차원에서 이루어지는 연구가 집중적으로 이루어졌다.

둘째, '문장 의미론'은 단어가 모여서 문장을 짜 이루었을 때에, 그 문장의 의미와 속성을 연구하는 분야이다.

    (28) 문장의 중의성(重義性)

        ㄱ. 훌륭한 대통령의 아들을 만났다.

        ㄴ. 나는 형과 아우를 찾아 다녔다.

        ㄷ. 남편이 죽도록 때린 마누라가 결국은 도망쳤다.

    (29) 문장의 잉여성(剩餘性)

        ㄱ. <u>만일</u> 철수가 가출을 하면, 나도 가출한다.

        ㄴ. 소대장은 해일을 <u>미리</u> 예견하고 부대원을 해안에서 철수시켰다.

    (30) 연어(連語)의 의미

        ㄱ. 철수는 이번 대학 시험에서 <u>미역국을 먹었다</u>.

        ㄴ. 동수는 깡패들의 세계에서 완전히 <u>손을 씻었다</u>.

        ㄷ. <u>엿이나 먹어라</u>.

    (31) 전제(前提)와 함의(含意)

        ㄱ. 철수는 어제 산 옷을 입었다.   → 철수가 어제 옷을 샀다.   [전제]

        ㄴ. 영이가 유리창을 깨뜨렸다.   → 유리창이 깨어졌다.   [함의]

(28)에서는 문장의 통사 구조의 특성 때문에 한 문장이 두 가지의 서로 다른 의미로 해석되는 현상이 나타나며, (29)에서는 문장 속의 특정한 요소 사이에 동일한 의미가 중복되는 현상이 나타난다. (30)에서는 두 개 이상의 단어가 결합하여 하나의 관용적인 의미를 나타내는 현상이 나타나며, (31)에서는 문장의 의미가 다른 의미를 전제하거나 함의하는 현상이 나타난다.

    셋째, '화용론(話用論)'은 말하는 사람과 듣는 사람을 포함하여 형성된 특정한 발화 장면에서 실제로 발화된 말의 의미와 쓰임을 파악하고, 전체 문맥 속에서 나타나는 언어의 의미와 기능을 연구하는 분야이다.

    (32) 직시(直示)

        ㄱ. 철수야 <u>거기</u>서 <u>무엇</u>을 하니?

ㄴ. <u>오늘</u> 의미론 강좌는 내일로 연기되었다.

(33) 대우 표현(待遇 表現)

　　ㄱ. 윤봉길 의사<u>께서는</u> 김구 <u>선생님께</u> 시계를 <u>드렸다</u>.

　　ㄴ. 윤봉길은 김구에게 시계를 주었다.

(34) 발화 행위(發話 行爲)

　　ㄱ. 이번 학기에는 수강생 전원에게 'A+' 학점을 주마.

　　ㄴ. 따라서 본 법정은 피고를 사형에 처한다.

(35) 함축(含蓄)

　　ㄱ. 엄마, 나 지금 배고파 죽겠어.

　　ㄴ. 사장님 계십니까?

　　　 사장님께서는 지금 면담 중이십니다.

　　ㄷ. 그 아이가 얼굴은 참 예쁜데 말이야.

(32)에서는 '거기, 무엇, 오늘'처럼 '대상, 장소, 시간'을 직접 가리키는 말의 기능에 관련된 의미 현상이 나타난다. (33)에서는 화자가 청자나 문장에 등장하는 인물과의 상하 관계나 친소 관계를 고려하여서 청자를 대우하는 방식이 표현되어 있다. (34)에서는 언어적인 표현이 어떠한 행위를 일으키는 의미 현상이 나타나 있으며, (35)에서는 화자의 의도에 따라서 원래의 문장이 나타내는 문맥적인 의미와는 다른 의미가 나타난다.

　전통적으로는 의미론에서 어휘와 문장을 대상으로 하여 의미를 연구하였다. 그러나 최근에는 화용론에 대한 연구도 매우 활발해졌는데, 화용론에서는 '직시, 함축, 대우법의 사용 양상, 발화 행위' 등을 비롯하여 '담화 구조'에 대한 연구에 이르기까지 그 영역을 점차로 확대해 가고 있다.

제2장 의미의 개념과 유형

앞의 제1장에서 살펴본 바와 같이 언어를 구성하는 각 요소들은 '음운(음성)'과 '의미'의 결합으로 짜여 있다. 여기서 음운은 감각(청각)으로 직접적으로 확인할 수 있기 때문에 인식하기도 쉽고 그것에 대한 개념을 규정하기도 크게 어렵지 않다. 반면에 의미는 음성에 맞붙어 있기는 하지만 감각적으로 인식할 수가 없다. 뿐만 아니라 일부 단어의 의미는 아주 추상적이어서 의미가 무엇인지 정의하기가 쉽지 않다. 따라서 여기서는 의미의 개념에 대하여 기존의 학자들이 설정한 주요 학설을 소개하고, 현대 의미론에서 연구하는 주요 과제를 소개하기로 한다.

2.1. 의미의 개념

언어의 의미가 무엇인가를 연구한 대표적인 학설로는 '지시설, 개념설, 자극과 반응설, 지시와 의의설, 진리 조건설, 용법설' 등이 있다.

2.1.1. 지시설

고대 그리스·로마 시대부터 시작된 '지시 의미론(referential semantics)'에서는 어떤 표현의 의미를 그 표현이 지시하는 것(지시물, object, referent)으로 보았다.

[그림 1. 언어 표현과 그 대응물]

지시설에서는 예를 들어서 '사과'라는 언어 표현(expression)의 의미는 그 표현의 지시물 (referent)인 '사과' 자체(object)이다. 곧, 특정한 언어 표현의 의미를 그 표현이 실제로 가리키는 사물과 동일하게 생각하는 것이다.

'지시설'은 그 지시 대상(referent)을 명확하게 인지할 수가 있을 때에는 그 표현의 의미를 비교적 손쉽게 기술할 수 있다.

(1) ㄱ. 김철수, 사람, 책상, 연필
    ㄴ. 뛰다, 걷다, 움직이다, 기다, 먹다

예를 들어서 고유 명사인 '김철수'는 그 지시 대상인 '김철수'가 그 표현의 의미가 되며, 보통 명사인 '고양이'의 의미는 현실 속에 존재하는 실제의 '고양이'이다. 그리고 동사인 '뛰다'의 의미는 실제로 사람이나 동물이 '뛰어가는 모습' 자체가 된다.

그러나 지시설은 언어 표현이 가리키는 대상을 감각으로 확인할 수 없을 때에는, 그 언어 표현의 의미를 제대로 기술해 내기가 어렵다.

(2) ㄱ. 소망, 미움, 절망, 환상 ; 생각하다, 잊다, 믿다, 어렵다 ; 상냥하다, 개운하다
    ㄴ. 용(龍), 천마(天馬), 도깨비, 불사조(不死鳥)
    ㄷ. 낯짝 - 얼굴, venus(the morning star(샛별)-the evening star(개밥바라기))

(ㄱ)의 '소망, 생각하다, 상냥하다'처럼 지시물을 감각적으로 확인할 수 없거나, (ㄴ)의 '용'이나 '천마'처럼 지시물이 세상에 실제로 존재하지 않을 때에는 그 의미를 기술하기가 어렵다. 그리고 (ㄷ)의 '낯짝-얼굴'과 '샛별-개밥바라기'처럼 지시물은 동일한데 그것을 나타내는 언어 표현이 둘 이상인 경우에는, 각각의 언어적 표현의 의미를 구분해서 기술하기가 어렵다.

2.1.2. 개념설

'심리주의 의미론(mentalistic semantics)'에서는 지시설의 한계를 극복하기 위하여 언어 표현의 의미를 '개념'으로 규정하였다. 곧 어떠한 표현의 의미는 그 표현과 관련하여서 사람의 머릿속에 형성되어 있는 '관념(觀念)'이나 '개념(槪念, concept)'이다.[1]

(3) ㄱ. '사과'의 의미 :

[🍎]

⇧

{ 🍎₁, 🍎₂, 🍎₃, 🍎₄, 🍎₅, 🍎₆, 🍎₇, 🍎₈, 🍎₉, …, 🍎ₙ }

ㄴ. '개'의 의미 :

[개]

⇧

{진돗개, 풍산개, 발바리, 불도그, 삽살개, 치와와, ……, 포인터}

심리주의 의미론에서는 (ㄱ)의 '사과'의 의미는 '실제의 사과(지시물, referent)'가 아니라, 실제로 이 세상에 존재하는 수많은 사과(🍎1, 🍎2, 🍎3, 🍎4, 🍎5, 🍎6, 🍎7, 🍎8, 🍎9, …, 🍎n)가 사람의 머릿속에서 추상화되어서 형성되어 있는 개념(槪念)으로 보았다. '개(犬)'의 의미 또한 '진돗개, 풍산개' 등과 같이 실제로 존재하는 수많은 '개'가 추상화된 개념으로 파악한 것이다.

〈 **개념설의 태동과 발전** 〉 의미를 개념으로 보는 학설은 언어 기호에 대한 소쉬르(F. de Saussure)의 생각에서부터 시작하여, 오그덴 & 리차즈(1923)의 '의미의 기본 삼각형'에서 완성되었다.

먼저 소쉬르는 언어 기호를 '시니피앙(청각 영상, signifiant)'과 '시니피에(개념, signifié)'의 결합체로 보았다.

(4) 언어 기호 $= \dfrac{\text{시니피앙}}{\text{시니피에}} = \dfrac{/\text{청각 영상}/}{[\text{개념}]}$

---

1) 우리가 어려서부터 하나하나의 일이나 물건에 접하게 되면, 그 일이나 물건에서 얻어지는 자극으로 말미암아, 머릿속에는 잔재적인 혼적이 남게 된다. 이렇게 사람의 머릿속에 반영된 일과 물건에 대한 생각이 '개념'이다(허웅 1981:194).

그런데 소쉬르는 시니피앙과 시니피에를 일과 물건에 대한 '구체적인 실체(substances concrètes)'가 아니라, 일과 물건이 사람의 머릿속에 남긴 '잔재적인 혼적(engram)'으로 본 것이다. 언어 기호에 대한 소쉬르의 이러한 생각을 감안하면 언어 기호의 의미인 시니피에는 '개념'으로 해석된다.

오그덴 & 리차즈(1923:11)는 소쉬르의 의미에 대한 생각을 더욱 정밀하게 다듬어서 의미의 본질을 '의미의 기본 세모꼴(basic semiotic triangle)'로써 설명하였다. 이 책에서는 '기호(symbol)'는 '지시물(referent)'과 직접적으로 연결되는 것이 아니라, 우리 마음 속의 개념인 '사고·지시(thought or reference)'를 통하여 연결된다고 보았다.

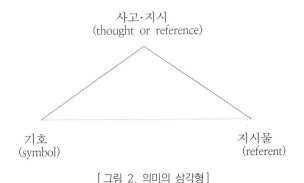

[그림 2. 의미의 삼각형]

예를 들어서 '고양이[猫]'라는 언어 기호는 실제의 '고양이(지시물, referent)'와는 직접적으로 관련을 맺지 않고, 반드시 인간의 머릿속에서 형성된 '사고나 지시(thought or reference)'를 통해서만 관계를 맺는다는 것이다.[2] 이를 정리하면 언어 기호의 '의미'는 기호와 그 지시물인 실체 사이에서 연상되는 '심리적인 영상(개념)'이 된다.[3]

〈 개념설의 장점과 단점 〉 개념설은 실제 세계에서의 대응물은 존재하지 않으나, 실제의 의사소통에서는 전혀 의미적 결함이 없이 쓰이는 언어 표현을 설명할 수 있는 장점이 있다.

---

2) '오그덴 & 리차즈'에서 설정한 '사고·지시'는 실제 사물에 대한 '심리적인 영상(= 개념)'으로 생각할 수 있다.

3) '시테른(Stern)'은 '오그덴 & 리차즈(1923)'에서 말한 '상징'을 '단어(word)'로, '사고·지시'를 '의미(meaning)'로 바꾸어서 설명하였다. 그리고 '울만(Ulman)'은 '오그덴 & 리차즈'가 사용한 '상징(symbol), 사고·지시(thought or reference), 지시물(referent)' 등의 용어를 각각 '명칭(name), 의미(sense), 지시물(things)'로 바꾸어서 불렀다. 그리고 울만은 "의미는 명칭과 지시물 사이의 상호관계이며, 그 관계에 의해서 서로를 환기한다."라고 설명하였다. 시테른과 울만이 사용한 용어는 서로 다르지만 '오그덴 & 리차즈'가 의미의 개념에 대하여 설명한 내용과 기본적으로 같다.

(5) 용, 천마, 도깨비, 불사조

(5)에서 '용, 천마, 도깨비, 불사조' 등은 실제로는 현실 세계에서 존재하지 않으므로 대부분의 사람들이 한 번도 본 적이 없지만, 이들 어휘에 대한 개념은 인간의 머릿속에 형성되어 있다. 따라서 이들 단어에 대응되는 지시물은 없지만, 이들 단어에 대하여 사람의 머릿속에 형성된 개념이나 영상을 의미로 볼 수 있는 것이다.

그러나 이처럼 언어 표현의 '의미'를 머릿속에 형성된 개념으로 보려는 학설에도 몇 가지 문제가 있다.

첫째, 인간의 언어 표현에는 개념 자체를 불러일으킬 수 없는 단어가 있는데, 이러한 단어에 대하여는 개념이나 영상으로써 의미를 규정하기가 매우 어렵다.

(6) ㄱ. 호랑이, 사과, 달, 자전거
　　ㄴ. 자아, 개념, 희망, 연민 ; 그리고, 혹시, 만일, 대하여
　　ㄷ. -이/-가, -을/-를, -의, -에게, -에서, -으로써 ; -었-, -겠-, -더-

예를 들어서 (ㄱ)에서처럼 어떠한 단어의 의미가 구체성을 띨 때에는 개념을 통하여 의미를 기술해 낼 수 있다. 그러나 (ㄴ)처럼 아주 추상화된 명사나 접속 부사나 (ㄷ)처럼 격조사나 선어말 어미 등에 대하여는 어떠한 개념을 형성하는 것이 불가능하다. 따라서 (6)에서 (ㄴ), (ㄷ)과 같은 단어의 의미가 어떠한 것인지는 개념설로는 설명할 방법이 없다.

둘째, 같은 단어에 대하여 여러 사람들이 각기 다른 개념을 형성할 수가 있으며, 한 사람의 머릿속에 한번 형성된 개념도 시간이 흐름에 따라서 바뀌는 경우가 있다.

(7) **개**
　　{진돗개, 삽살개} / {불도그, 도사견, 세퍼드} / {치와와, 푸들, 말티즈}

(8) **기관차**
　　{증기기관차 〉　디젤기관차 〉　전동기관차}

예를 들어서 '개'라는 언어 표현에 대하여 개인의 경험에 따라서 (7)처럼 각기 다른 개념(영상)을 떠올릴 수가 있으므로, '개'의 의미가 사람마다 다를 수가 있다. 그리고 동일한 사람일지라도 '기관차'를 경험했던 시기에 따라서, '기관차'의 개념이 (8)처럼 바뀌어서

단어의 의미가 변할 수도 있다.

이러한 점을 볼 때 개념설은 지시설보다는 한 걸음 더 나아간 학설이기는 하지만 개념설 역시 의미의 본질을 설명하는 데에는 한계가 있다는 것을 알 수 있다.

2.1.3. 자극과 반응설

미국의 구조주의자들은 의미를 개념으로 파악하는 학설은 모호한 심리적인 분석 방법에 기반을 두고 있기 때문에 과학적이고 객관적인 방법론이 될 수 없다고 주장하였다. 이에 따라서 '행동주의 의미론(behavioristic semantics)'에서는, "어떠한 표현의 의미는 말하는 사람이 그 표현을 하게 만든 '자극(刺戟, stimulus)'과 그 자극이 청자에게 불러 일으키는 '반응(反應, response)'이다."라고 했다.

행동주의 의미론에서는 의미를 다음과 같이 '자극'과 '반응'의 과정으로 설명한다.

$$S \longrightarrow [\, r \cdots\cdots s \,] \longrightarrow R$$

[그림 3. 자극과 반응설에 따른 의미의 개념]

블룸필드(Bloomfied, 1933:25)는 '갑'이 어떤 자극을 받고(S) 그것을 말로 표현하였는데(r), '을'이 이 말을 듣고 그에 대해 어떤 반응을 일으켰다고 하자. '갑'이 받은 실제의 자극(practical stimulus)을 S로 표시하고, '갑'이 발화한 말로써의 표현(linguistic substitite reaction)을 r로 표시한다. 그리고 '을'이 말로 받은 자극(linguistic substitute stimulus)을 s로, '을'이 행동으로 한 반응을 R로 표기한다. 지금까지 일어난 사건의 연쇄는 [S→r ⋯⋯ s→R]로 표시되는데, 여기서 '의미'는 "화자가 말을 하게 만든 자극(Stimulus)과 그것이 듣는 사람에게 불러일으키는 반응(Response)", 곧 "S와 R"이라고 설명한다.[4]

이러한 행동주의 의미론의 '자극과 반응설'은 발화된 언어 표현의 의미를 객관적으로 관찰될 수 있는 행동으로 규정했다는 점에서 의의가 있다. 곧 언어 표현인 r과 s에 대응되는 의미를 S와 R이라는 구체적인 행동이나 발화 환경으로 제시함으로써, 의미를 객관

---

4) 여기서 'S'는 실제의 자극(stimulus), 'R'은 실제의 반응(response)이며, 's'는 언어적 자극, 'r'은 언어적 반응이다. 이를 정리하면 소문자 부분인 'r⋯⋯s'는 발화된 표현이고 대문자 부분인 'S⋯⋯R'은 발화된 표현의 의미가 된다. 이러한 과정을 다음과 같이 예를 들어서 설명할 수 있다. 철수와 영이가 함께 길을 가다가, 철수가 길가에 있는 사과나무에 사과가 열린 것을 보고[S, 실제의 자극], 영이에게 "사과 따 줘."라고 말한다.[r, 언어적 반응] 철수의 말은 영이에게 자극이 되어서[s, 언어적 자극], 영이는 사과나무에 올라가서 사과를 따서 철수에게 준다.[R, 실제적 반응] 지금까지의 설명을 정리하면 'r'과 's'는 언어적 표현이고, 'S'와 'R'은 언어적 표현인 'r'과 's'에 대한 의미이다.

적·물리적으로 기술하려고 한 점이 특징이다.

그러나 행동주의 의미론에서 주장하는 의미에 대한 '자극과 반응설'은 이처럼 의미를 객관적·물리적으로 기술하려 하였다. 그러나 행동주의 의미론에는 다음과 같은 문제점이 있다.

첫째, '자극과 반응설'은 직접 관찰이 가능한 단어에 대하여는 의미 기술이 어느 정도 가능하지만, 그렇지 않은 단어에는 의미 기술이 불가능하다.

    (9) ㄱ. 연필, 책상, 돌 ; 먹다, 뛰다, 던지다…

        ㄴ. 희망, 꿈, 고귀함 ; 산뜻하다, 귀중하다, 기억하다, 자라다…

        ㄷ. 그리고, 그러나 ; -가, -을, -의, -에서, -었-, -겠-, -습니다…

앞의 지시설이나 개념설과 마찬가지로 '자극과 반응설'도 (ㄱ)처럼 구체적으로 관찰 가능하고 행동으로 보여 줄 수 있는 단어의 의미는 기술할 수 있다. 그러나 (ㄴ)처럼 직접적으로 관찰하기 어려운 어휘나, (ㄷ)과 같은 문법적인 기능을 나타내는 표현들은 자극과 반응설로는 그 의미를 설명하기가 어렵다.

둘째, '자극과 반응설'은 자극과 반응을 일으키는 상황(situation), 즉 장면에 대한 화자의 언어적 반응을 일관되게 기술하기 어렵다.

    (10) ㄱ. S(실제의 자극) : 비가 내림.

        ㄴ. r(언어적 반응) : ⓐ /비가 오네./ ⓑ /빨래 걷어라./ ⓒ /우산을 준비해야겠네./

예를 들어서 '비가 내리는 상황'을 자극(S)이라고 가정하면, 이에 대한 언어적 반응(r)은 ⓐ, ⓑ, ⓒ 등으로 아주 다양하게 나타날 수 있다. 이렇게 되면 ⓐ, ⓑ, ⓒ와 같은 다양한 언어 표현에 대하여 하나의 의미(S)가 대응되는데, 이러한 설명은 설득력이 없다.

셋째, 특정한 언어 표현(s)에 대하여 모든 사람들이 동일한 실제의 반응(R)을 하지는 않는 점도 '자극과 반응설'로는 설명할 수 없다.

    (11) ㄱ. s(언어적 자극) : /비가 온다./

        ㄴ. R(실제의 반응) : ⓐ 우산을 준비한다. ⓑ 빨래를 걷는다. ⓒ 창문을 닫는다.

예를 들어서 화자가 '비가 온다'라고 했을 때 이는 언어 표현의 자극(s)이 되는데, 이 언어적 자극에 대하여 청자는 ⓐ, ⓑ, ⓒ 등과 같이 다양하게 반응할 수 있다. '자극과 반응설'의 이론에 따르면 하나의 언어 표현(s)에 대하여 다양한 의미(R)가 대응된다고 설명해야 하는데, 이러한 설명 또한 타당성이 없다.

위와 같은 점을 감안하면 '자극과 반응설'은 언어 표현의 의미를 객관적으로 기술하려는 점에서는 의의가 있지만, 지시설이나 개념설보다 더 많은 문제점을 안고 있음을 알 수 있다.

2.1.4. 지시와 의의설

'종합주의 의미론(synthetic semantics)'에서는 어떠한 표현의 의미는 그 표현의 '지시(指示)'와 '의의(意義)'로 구성된다고 설명하였다(프레게 G. Frege, 라이온즈 Lyons).

라이온즈(Lyons, 1963, 1968, 1977)는 어휘소의 의미를 '지시(指示, reference)'와 '의의(意義, sense)'로 나누고, 언어적 의미의 중심 방향은 '의의'에 있다고 주장하였다.

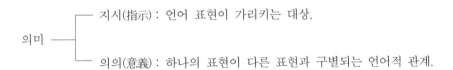

의미를 형성하는 두 요소 가운데서 '지시'는 표현이 가리키는 대상, 즉 언어적 표현이 나타내는 외부 세계의 실체이며, '의의'는 하나의 표현이 다른 표현과 구분되는 언어적 관계이다.

 (12) ㄱ. 샛별/개밥바라기
   ㄴ. the victor at Jena / the loser at Waterloo

예를 들어서 (ㄱ)에서 '샛별'과 '개밥바라기'는 둘 다 '금성(金星)'이라는 동일한 사물을 가리키지만 그 의의는 다르다. 곧 '샛별'은 새벽에 동쪽에서 보이는 매우 짙고 밝은 별이라는 의의를 나타내지만, '개밥바라기'는 저녁에 이 별이 보이면 개가 밥을 기다린다는 의의를 나타낸다. 따라서 '샛별'과 '개밥바라기'는 '지시'는 동일하지만 그것이 나타내는 '의의'는 다르다. (ㄴ)에서 'the victor at Jena'와 'the loser at Waterloo'는 둘 다 '나폴레옹(Napoleon)'을 지시하지만 전자는 '제나의 승리자'의 '의의'를 가지고 후자는 '워터루의 패배자'의 '의의'를 가진다. 특정한 언어 표현은 '지시'와 '의의'의 양면을 가지는데, 라이온즈는 언어 표현의 축자적(逐字的)인 의미를 '의의'로 본 것이다.

이와 같은 '의의설'은 지시설로는 해결할 수 없었던 문제점을 설명할 수 있는 장점이 있다. 첫째로 '불로초, 불가사리, 용, 귀신, 희망, 운명 ; and, but, whether, not'의 단어 의미를 설명할 수 있다. '의의설'에서는 이러한 단어는 지시는 없지만 의의가 있다고 설명한다. 둘째로 지시는 동일하지만 그 의미가 차이나는 '샛별'과 '개밥바라기'와 같은 그 표현의 차이를 설명할 수 있다. '의의설'에서는 이들 두 단어는 '지시'는 동일하지만 '의의'가 다르다고 설명한다.

2.1.5. 진리 조건설

'진리 조건적 의미론(truth-conditional semantics)'에서는 "어떠한 표현의 의미는 그 표현을 포함하고 있는 문장(= 명제)의 진리치를 결정하는 데에 그 표현이 담당하고 있는 조건인 것이다."라고 정의하였다.

이러한 '진리 조건적 의미론'은 논리학(logic)에 바탕을 두고 있는데, 여기서는 한 문장의 의미를 밝히는 것은 그 문장이 '참(true)'이나 '거짓(false)'이 될 수 있는 상황 조건을 밝히는 것으로 본다.

(13) ㄱ. The sentence "Snow is white" is true if, and only if, snow is white.
ㄴ. 문장 "Snow is white"는 (실제 세계에서) 눈이 희면 그리고 반드시 그러할 때에만 '참(眞)'이다.

(13)에서 "눈이 희다."라는 말은 실제 세계에서 '눈이 흴 때'에 참이 되며, 이렇게 어떤 문장이 참이 될 조건을 문장의 의미로 본다. 여기서 "Snow is white"라는 말은 분석의 대상이 되는 언어인데, 이를 '대상 언어(object language)'라고 하고, 나머지 부분인 "The sentence …… is true if, and only if, snow is white."는 대상 언어를 설명하는 언어인데 이를 '메타 언어(상위 언어, meta-language)'라고 한다. 결국 (13)에서 메타 언어는 대상 언어가 '참'이 될 수 있는 조건을 설명하는 것인데, 진리 조건적 의미론에서는 이렇게 메타 언어가 대상 언어의 참일 조건을 설명한 것을 문장의 의미라고 보았다.

(14) 철수가 사무실에 있다.

(15) ㄱ. '철수'와 '사무실'의 대응물이 현실 세계에 존재하고
ㄴ. '철수'와 '사무실'은 철수가 사무실 안에 실제로 위치해 있는 관계여야 한다.

(14)의 문장이 참이 될 조건은 (15)와 같다. 이처럼 '진리 조건적 의미론'에서는 하나의 단순한 문장이 '참'이나 '거짓'일 세부 조건을 따진 후에 그 세부 조건을 합성한 것을 그 문장의 의미로 본다.

이와 같이 하여 단순 문장의 의미(= '참'이나 '거짓'이 될 조건)가 결정되면, 단순 문장의 결합인 복합 문장의 의미를 따지게 된다.

(16) ㄱ. 날씨가 따뜻하다. (p)

ㄴ. 강아지는 잔다. (q)

(17) ㄱ. 날씨가 따뜻하고, 강아지가 잔다. (p ∧ q)

ㄴ. 날씨가 따뜻하거나, 강아지가 잔다. (p ∨ q)

ㄷ. 날씨가 따뜻하면, 강아지가 잔다. (p → q)

p	q	(17ㄱ)	(17ㄴ)	(17ㄷ)
		p ∧ q	p ∨ q	p → q
T	T	T	T	T
T	F	F	T	F
F	T	F	T	T
F	F	F	F	T

[표 1. 복합문의 진리치]

(16)에서 (ㄱ)의 문장과 (ㄴ)의 문장이 결합되어서 복합 문장인 (17)의 (ㄱ), (ㄴ), (ㄷ)의 문장이 되었다고 할 때, (17)에서 제시된 세 가지 복합문의 진리치는 [표 1]처럼 나타낼 수 있다. 이때에 복합문의 진리치가 참(T)이나 거짓(F)이 될 조건이 복합문의 의미가 된다.5)

이처럼 '진리 조건적 의미론'에서는 문장의 의미는 그 문장이 어떤 상황에서 '참' 또는 '거짓'이 되는지의 조건으로 규정된다.

---

5) (17)에서 (ㄱ)의 의미는 단순 문장 'p'와 'q'가 모두 참이면 전체 문장이 참이 되고 나머지의 경우는 전체 문장이 거짓이 될 조건이다. 그리고 (ㄴ)의 의미는 'p'나 'q' 둘 중의 하나가 참이면 전체 문장이 참이 되고, 나머지의 경우는 전체 문장이 거짓이 될 조건이다. 그리고 (ㄷ)의 의미는 'p'와 'q'가 모두 참이거나, 'p'가 거짓이고 'q'가 참이거나, 'p'와 'q'가 거짓이면 전체 문장은 참이 되고, 'p'가 참이고 'q'가 거짓이면 전체 문장이 거짓이 될 조건이다.

2.1.6. 용법설

'화용 의미론(pragmatics)'에서는 어떤 표현 자체에 일정한 의미가 있다는 것을 인정하지 않고, 구체적인 맥락에서 그 표현이 사용되는 '용법'을 의미라고 본다(use-is-meaning)(비트겐시타인 L. Wittgenstein, 1969).

예를 들어 동사인 '먹다'의 의미는 그 자체만으로는 확정되지 않는다. 대신에 '먹다'가 일정한 문맥 속에서 쓰였을 때에만 그 의미가 구체적으로 드러난다는 것이다.

> (18) ㄱ. 밥을 먹다.　　　　　[먹다 : 음식물을 배속으로 삼키다]
> 　　　ㄴ. 담배를 먹다.　　　　[먹다 : 피우다]
> 　　　ㄷ. 앙심을 먹다.　　　　[먹다 : 감정을 품다]
> 　　　ㄹ. 겁을 먹다.　　　　　[먹다 : 느끼다]
> 　　　ㅁ. 뇌물을 먹다.　　　　[먹다 : 받아서 가지다]

'먹다'는 '음식을 삼키다, 피우다, 감정을 품다, 느끼다, 받아서 가지다' 등의 뜻으로 쓰이는데, 이러한 다의적 의미는 (18)처럼 구체적인 문맥에서 분명하게 결정된다. 이처럼 언어 표현의 의미는 결정되어 있는 것이 아니라 사용 맥락에 따라서 달라지므로, 언어의 의미를 기술하려면 용법상의 특징을 정확하게 기술해야 한다는 관점이다.

단어뿐만 아니라 문장의 의미도 그 자체로 고정되어 있는 것이 아니라, 그 쓰임에 따라서 달라질 수 있다.

> (19) ㄱ. 일어서 주시겠습니까?
> 　　　ㄴ. 우리 다음에 소주나 한잔하자.

(19)의 (ㄱ)은 문장의 형식으로만 보면 의문문으로서 상대방의 의향을 물어보는 문장이다. 그러나 화자의 의도를 고려하면 (ㄱ)은 어떠한 행동을 요청하는 명령문으로 쓰인 것이다. (ㄴ)의 문장도 문장의 형식으로만 보면 "소주 한잔하자."라고 하는 청유문이지만 화자의 의도를 감안하면 가벼운 인사말로 쓰인 것이다.

이러한 용법설(用法說)은 언어 표현의 의미를 설명할 때에, 다음과 같은 몇 가지 장점이 있다.

첫째, 용법설에서는 '접속어'나 '문법 형태소'의 의미를 그 단어나 문법 형태소의 용법으로 설명할 수 있다.

(20) 그리고, 그러나, 혹은 ; -이/-가, -을/-를, -았-/-었-/-였-, -겠-, -습니다, -습니까

곧 (20)에서 접속 부사나, 조사, 어미 등의 의미를 지시설이나 개념설, 의의설로써는 기술할 방법이 없으나, 그 용법(기능)으로는 설명할 수가 있다. 예를 들어서 '그리고'를 '문장과 문장을 대등이나 첨가 관계로 이어주는 접속어'로 설명하거나, '-었-'을 발화 시점 이전에 일어난 일이나 완료된 일을 표현하는 데에 쓰이는 선어말 어미로 설명할 수 있다.

둘째, 하나의 언어 표현이 다의성을 띠는 현상을 용법설로써 설명할 수가 있다. 앞의 (18)에서 '먹다'에 나타나는 여러 가지 의미를 문맥에 따른 용법상의 차이로 설명할 수 있으며, (19)의 문장이 문맥 이외의 제3의 의미를 나타내는 것도 화자의 의도에 따른 용법상의 차이로 처리할 수 있다.[6]

그러나 언어 표현의 의미를 언어적, 비언어적인 용법으로 설명하는 용법설은 특정한 언어 표현에 대한 의미의 본질을 구체적으로 설명하지 못하는 문제가 있다. (18)의 예에서 '먹다'의 의미를 그 용법을 제시함으로써 '먹다'가 문맥에서 쓰일 때의 구체적인 의미를 설명하지만, 실제로 '먹다'의 의미가 무엇인지는 제시하지 못하고 있다. 그리고 용법설은 (19)처럼 화자의 의도나 발화 상황에 따라서 문장의 용법이 달리 쓰이는 현상을 설명하였다. 하지만 화자의 의도나 발화 상황은 언어 외적인 현상이므로, 이와 같은 언어 외적인 요인으로 언어적 표현의 의미를 설명하는 데에는 한계가 있다.

학설	의미에 대한 규정
지시설	의미는 그 표현이 실제로 지시하는 것(지시물)이다.
개념설	의미는 그 표현과 관련하여서 사람의 머릿속에 형성되어 있는 '관념'이나 '개념'이다.
지시와 의의설	의미는 그 표현의 '지시'와 '의의(意義)'로 구성된다.
자극과 반응설	의미는 말하는 사람이 그 표현을 하게 만든 '자극'과 그 자극이 청자에게 불러일으키는 '반응'이다.
진리 조건설	의미는 그 표현을 포함하고 있는 문장의 진리치를 결정하는 데에 그 표현이 담당하고 있는 조건이다.
용법설	의미는 구체적인 맥락에서 그 표현이 사용되는 '용법'이다.

[표 2. 의미에 대한 규정]

---

6) 실제로 대부분의 사전에서는 특정한 단어가 쓰이는 문맥을 제시함으로써 그 문맥 속에서 나타나는 단어의 의미를 설명한다. 특히 다의어인 경우에는 반드시 개별 의미로 쓰이는 예문을 제시하는데, 이를 통해서 사전의 의미 기술에 용법설이 활용되고 있음을 알 수 있다.

지금까지 몇 가지의 의미 이론에 바탕을 두고 '의미'를 보는 관점을 소개하였다. 먼저 가장 오랫동안 인정받아 온 '지시설'을 소개하였고, 이 '지시설'을 보완하기 위하여 나온 '개념설', '의의설', '자극과 반응설', '진리 조건설', '용법설' 등을 소개하였다. 이들 학설 중에서 현재에는 '의의설'과 '용법설'이 주목을 받고 있다. 특히 언어 표현의 쓰임을 강조 하는 '용법설'은 20세기 후반부터 '화용론(pragmatics)'으로 발전하면서, 현대 언어학에서 언어의 의미를 설명하는 대표적인 학설로 대두되었다.

2.2. 의미의 유형

'의미'라는 말은 아주 다양한 뜻으로 쓰이는데, 리치(G. N Leech, 1974:9)에서는 의미의 유형을 크게 '개념적 의미, 연상적 의미, 주제적 의미'의 셋으로 나누었다. 그리고 이 중에서 '연상적 의미'는 다시 '내포적 의미, 사회적 의미, 감정적 의미, 반사적 의미, 연어 적 의미'로 하위 구분하였다.

2.2.1. 개념적 의미

'개념적 의미(槪念的 意味, conceptual meaning)'는 어떤 언어 표현에 대해서 일반적으로 추론해 낼 수 있는 가장 보편적이고 핵심적인 의미이다.

(1) '소년(boy)'과 '소녀(girl)'의 개념적 의미의 성분 분석
   ㄱ. boy : [+HUMAN, −ADULT, +MALE]
   ㄴ. girl : [+HUMAN, −ADULT, −MALE]

(2) ㄱ. 연필 : 필기도구의 하나로서, 흑연과 점토의 혼합물을 구워 만든 가느다란 심을 속에 넣고, 겉은 나무로 둘러싸서 만든다.
   ㄴ. 만년필 : 글자를 쓰는 펜의 하나로서, 펜대 속에 넣은 잉크가 펜촉으로 흘러나와 오래 쓸 수 있다.

예를 들어서 (1)에서 (ㄱ)과 (ㄴ)은 각각 '소년'과 '소녀'의 개념적인 의미 성분을 분석하 여 나타낸 것이다. 이를 통하여 보면 '소년'은 '미성년이며 남성인 사람'의 개념적 의미를 나타내며, '소녀'는 '미성년이며 여성인 사람'의 개념적 의미를 나타낸다. 그리고 (2)에서

기술한 '연필'과 '만년필'에 대한 의미도 개념적 의미로서 정보 전달을 위한 일상어에서 언어 표현은 주로 이러한 개념적 의미를 나타낸다.

개념적 의미는 발화 상황이나 화자의 의도에도 변하지 않고 일정하게 유지되는 기본적인 의미이다. 개념적 의미를 '외연적 의미(denotative meaning)'나 '인지적 의미(cognitive meaning)'라고도 하는데, 사전에서는 주로 개념적 의미를 기술하기 때문에 이를 '사전적 의미'라고도 한다.

2.2.2. 연상적 의미

'연상적 의미(聯想的 意味, associative meaning)'는 개념적 의미와는 달리 발화 상황이나 화자의 의도에 따라서 달리 쓰이는 가변적인 의미이다. 이러한 연상적 의미는 '내포적 의미, 사회적 의미, 정서적 의미, 반사적 의미, 연어적 의미'로 구분된다.

2.2.2.1. 내포적 의미

'내포적 의미(內包的 意味, connotative meaning)'는 어떤 표현이 언급하는 지시물(referent)에서 연상되는 특징에 의해서 생기는 부수적인 의미이다. 이러한 내포적 의미를 달리 '함축적(含蓄的) 의미'라고도 한다.

　　(3) ㄱ. 돼지　　: 뚱뚱하고 먹성이 좋다
　　　　ㄴ. 곰　　　: 미련하고 느리다
　　　　ㄷ. 여우　　: 교활하다
　　　　ㄹ. 대나무 : 절개가 굳다
　　　　ㅁ. 난초　　: 고고하다

예를 들어서 '돼지'의 함축적 의미는 뚱뚱하고 먹성이 좋으며, '곰'은 미련하고 느리며, '여우'는 교활하며, '대나무'는 절개가 굳으며, '난초'는 고고하다. 이러한 의미는 언어 표현 자체에서 나타나는 기본적인 의미가 아니라, 모두 지시물 자체의 특성에서 유추된 의미이다.

특정한 지시물에서 연상되는 특성에서 생기는 내포적 의미는 시대와 사회에 따라 변하기 쉽고, 또한 동일 언어 사회에 있어서도 개인차에 의해 달라진다. 예를 들어서 조선 시대의 여성과 현대 사회의 여성에 대한 내포적 의미는 크게 차이가 나며, 미국인들이 생각하는 '여성'과 이슬람 국가의 사람들이 생각하는 '여성'의 내포적 의미는 차이가 난다. 따라서 내포적 의미는 불확정적이며 개방적(open-ended)적인 특성이 있는데, 이러한 특징 때문에 문학적 표현에는 내포적 의미가 많이 나타난다.

2.2.2.2. 사회적 의미

'사회적 의미(社會的 意味, social meaning)'는 특정한 언어 표현이 그것을 사용하는 사람의 사회적 환경과 관련되는 의미를 전달할 때에 나타나는 의미이다. 곧, 지역이나 사회적 신분 등에서 차이를 인식함으로써 나타나게 되는(decoding) 의미이다.

이러한 사회적 의미를 형성하는 요소는 다음과 같은 것이 있다.

> (4) ㄱ. 개인 성격, 지역 방언, 언어의 변화 등에 따른 차이
> ㄴ. 매체의 차이에 의한 '음성 언어'와 '문자 언어'의 차이, 대화 참가자들의 '독백'이나 '대화'와 같은 차이
> ㄷ. ⓐ 직업 분야에 따라서 생기는 '법률어, 과학 용어, 광고 용어' 등의 차이
> ⓑ 신분, 나이, 사회적 계층의 차이에 따른 겸손어, 구어, 속어 등의 차이
> ⓒ 발화의 양식에 따른 메모, 강연, 농담 등의 차이
> ⓓ 이상(李箱)의 문체, 서정주의 문체 등의 차이

(ㄱ)은 긴 시간 동안 형성되는 문체적 특징이며, (ㄴ)은 담화적인 특징이며, (ㄷ)은 비교적 일시적인 문체적 특징이다. 이러한 사회적 의미는 단어와 문장의 개념적 의미에는 아무런 영향을 끼치지 않는다.

2.2.2.3. 정서적 의미

'정서적 의미(affective meaning)'는 말하는 사람의 태도나 감정 등을 드러내는 의미이다. 이러한 정서적 의미는 화자와 청자의 개인적인 감정이나 태도 등에 의해서 전달되는 의미로서, 개념적·내포적·문체적 의미에 부수되는 의미이다.

첫째, 동일한 언어 표현도 화자의 심리 상태가 달리 표현되는 경우가 있다.

> (5) ㄱ. <u>아</u>, 광복이라니.
> ㄴ. <u>아</u>, 세월이 유수와 같군.
> ㄷ. <u>아</u>, 기막힌 경관이로다.

ㄹ. <u>아</u>, 내가 틀렸군.

ㅁ. <u>아</u>, 등록금이 올랐군.

ㅂ. <u>아</u>, 덥구나.

예를 들어서 (5)에서 발화된 문장에서 똑같은 "아"라는 감탄사를 발화하더라도 화자의 심리 상태에 따라서 그 어조 등이 달라질 수 있다. 그러므로 듣는 사람은 그 말을 듣고서 화자의 정서적 의미를 읽어 낼 수 있다.

둘째, 특정한 단어 자체에서도 말하는 사람의 정서적인 의미가 나타날 수 있다.[7]

(6) ㄱ. 모습, 얼굴, 머리, 입

ㄴ. 꼬락서니, 낯짝, 대가리, 주둥이

(7) ㄱ. 봉사, 화합, 자비, 은혜, 자선, 박애

ㄴ. 수구 세력, 빨갱이, 성폭력, 인종차별

(6)의 단어들은 사람이나 짐승의 형상에 대한 표현인데, (ㄱ)의 단어에는 화자의 감정이 들어 있지 않지만, (ㄴ)의 단어에는 화자의 좋지 않은 감정이 드러나 있다. 그리고 (7)에서 (ㄱ)의 단어에는 개념적 의미뿐만 아니라 '선(善)'의 정서적 의미가 부수적으로 드러나고, (ㄴ)의 단어에는 '악(惡)'의 정서적 의미가 부수적으로 나타난다.

2.2.2.4. 반사적 의미

'반사적 의미(reflected meaning)'는 어떤 말을 사용할 때, 그 말의 원래의 뜻과는 아무런 관계없이 특정한 반응을 불러일으킬 때에 생기는 의미이다.

(8) 배신자 ┬─ 배신자(裵信子) : '배씨(裵氏)'의 성을 가진 사람 이름.
　　　　　└─ 배신자(背信者) : 믿음이나 의리를 저버린 사람.

---

7) 영어에는 'snarl word'와 'purr word'가 있다. 먼저 'snarl word'는 자신의 적의(敵意)를 타인에게 강하게 표현하기 위하여, 그 말이 지시하는 대상에 대한 혐오스러운 내포를 이용하는 말이다. 이에는 "Yank(미국인), Wops(이태리인), Jap(일본인), red(당원), pig(돼지 같은 사람)" 등이 있다. 반대로 'purr word'는 'snarl word'에 반대되는 단어이다. 곧, 그 말이 지시하는 대상에 대한 좋은 내포를 이용하는 말로서 "자유, 평등, 인권, 애국, 모국, 박애" 등이 있다.

예를 들어서 '배신자(裵信子)'라는 사람의 이름을 듣고서 '배신자(背信者)'를 연상하여 웃는 경우가 있는데, 이는 '배신자'의 반사적 의미 때문에 일어난 현상이다.

```
                    ┌─── 인플루엔자 : 인플루엔자 바이러스에 의한 급성 호흡기 질환.
    (9) 독감  ──────┤
                    └─── 독감(毒感) : 지독한 감기.(?)
```

'독감(毒感, influenza)'은 의학적으로는 일반 감기와 전혀 다른 질병이다. 그럼에도 불구하고 일반 사람들은 '독감(毒感)'이라는 명칭 때문에 독감을 아주 증상이 심한 '감기'로 인식하고 있다. 이는 독감의 명칭 때문에 실제의 질병의 특성과 관계 없이 인플루엔자를 감기의 일종으로 오해된 것이다.[8]

2.2.2.5. 연어적 의미

'연어적 의미(連語的 意味, collocative meaning)'는 단어와 단어가 서로 연결되면서 새롭게 나타나는 의미를 말한다. 곧 연어(連語)는 단어와 단어가 이어져서 구나 절을 이루는 현상이다. 이처럼 단어와 단어가 공기(共起)됨에 따라서 나타나는 새로운 의미를 '연어적 의미' 혹은 '배열적(配列的) 의미'라고 한다.

    (10) ㄱ. 이번 시험에서 보기 좋게 <u>미역국을 먹었다</u>.
         ㄴ. 동수는 그날부터 도박에서 <u>손을 뗐다</u>.

(10)에서 '미역국을 먹다'와 '손을 씻다'는 각각 '낙방하다'나 '완전히 그만두다' 등의 새로운 의미를 나타낸다. 이는 단어와 단어가 연결되면서 생기는 연어적 의미인데, 주로 관용어나 속담 등에서 활발하게 나타난다.

    (11) ㄱ. 낫 놓고 기역자도 모른다.
         ㄴ. 시치미를 떼다.

---

8) 일반 감기는 주로 '리노바이러스(Rhino virus)'로 말미암아 걸리는 호흡 계통의 병으로, 보통 코가 막히고 열이 나며 머리가 아프다. 이에 반해서 독감은 '인플루엔자(influenza)'라는 바이러스 때문에 생기는 급성 호흡기 질환이다. 인플루엔자의 증상은 두통, 발열, 오한, 근육통과 같은 전신 증상이 갑자기 발생하면서 목이 아프고 기침이 나는 등의 호흡기 증상이 동반된다. 이처럼 독감과 감기와는 원인균과 병의 경과가 다르기 때문에 의학계에서는 감기와 독감을 엄격하게 구분한다.

(ㄱ)의 속담은 '아주 무식함'을 나타내는 의미를 나타내며, (ㄴ)의 관용어는 '자기가 하고도 하지 아니한 체하거나 알고 있으면서도 모르는 체함'의 의미를 나타낸다. 이와 같은 의미는 한 단어에서 나타나는 것이 아니라 두 단어 이상이 이어져서 연어를 이룰 때 나타나는 새로운 의미이다.

연어적 의미는 단어의 공기 관계(共起, co-occurrence relation)로 말미암아서 생기는 의미이다. 이러한 공기 관계를 검토하면 유사한 의미를 나타내는 단어들의 의미적인 차이를 알 수 있다.

예를 들어서 영어에서 'pretty(예쁘다)'와 'handsome(멋있다)'은 유사한 의미를 나타내지만, 두 단어의 의미가 완전히 동일한 것은 아니다.

> (12) ㄱ. pretty { girl, <u>boy</u>, woman, flower, garden, color, village, ······ }
>
>   ㄴ. handsome { <u>boy</u>, man, car, vessel, overcoat, airliner, typewrite, ······ }

(12)에서 볼 수 있는 것처럼 형용사인 'pretty'와 'handsome'은 명사인 'boy'와는 공통적으로 공기할 수 있지만, 나머지 단어들과는 공기할 수 없다. 이렇게 두 단어의 공기 관계에서 나타나는 차이를 잘 분석하면 두 단어가 나타내는 의미의 공통점과 차이점을 알 수 있다.

2.2.3. 주제적 의미

'주제적 의미(thematic meaning)'는 어순을 변경하거나 강세 등을 부여함으로써 화자나 글을 쓴 사람의 의도가 특별히 드러나는 의미이다. 문장에서 주제적 의미가 나타나더라도 문장의 지시적 의미는 변하지 않는다.

> (13) ㄱ. 호랑이가 토끼를 잡았다.   [행위자　－피행위자－능동사]
>
>   ㄴ. 토끼가 호랑이에게 잡혔다.   [피행위자－행위자　－피동사]

> (14) ㄱ. 영이가 철수를 때렸대요.   [행위자　－피행위자－능동사]
>
>   ㄴ. 철수를 영이가 때렸대요.   [피행위자－행위자　－능동사]

> (15) ㄱ. 영이가 철수<u>의</u> 뺨을 때렸습니다.
>
>   ㄴ. 영이가 철수<u>를</u> 뺨을 때렸습니다.

(13)에서 (ㄱ)은 능동문이고 (ㄴ)은 피동문이다. (ㄱ)의 능동문에서는 행위자인 '호랑이'가 이야기의 초점이 되고 있는 반면에, (ㄴ)의 피동문에서는 피행위자인 '토끼'가 이야기의 초점이 되고 있다. (14)에서 (ㄱ)은 〈주어−목적어−서술어〉의 일반적인 어순을 취함으로써 행위자인 '영이'가 이야기의 초점이 되고 있는 반면에, (ㄴ)은 〈목적어−주어−서술어〉의 어순을 취함으로써, 피행위자인 '철수'가 이야기의 초점이 되었다. (15)에서 (ㄱ)은 일반적인 문장이지만 (ㄴ)에서는 '철수의'에서 관형격 조사인 '−의'를 목적격 조사인 '−를'로 바꿈으로써 '철수'를 강조하여 표현하고 있다. 이 외에도 문장 속에서 실현된 특정한 성분에 강세를 부여함으로써도 그 문장 성분을 강조하여 표현할 수 있다. 이처럼 화자는 주제적 의미를 나타내는 표현을 실현함으로써, 문장의 기본적인 의미는 바꾸지 않으면서 자신의 의도를 특별히 드러낼 수 있다.

언어 표현은 일상 언어에서 개념적 의미로 쓰이는 것이 일반적이다. 하지만 발화 상황이나 화자의 의도에 따라서는 연상적 의미와 주제적 의미로 사용되어서 언어 표현의 의미가 다양하게 쓰일 수 있다. 지금까지 설명한 '의미의 유형'을 정리하여 표로 보이면 다음과 같다.

개념적 의미		일반적으로 추론해 낼 수 있는 가장 보편적이고 객관적인 의미이다.
연상적 의미	내포적 의미	지시물에서 연상되는 특징에 의해서 생기는 부수적인 의미이다.
	사회적 의미	언어를 사용하는 사람의 사회적 배경을 드러내는 의미이다.
	정서적 의미	화자나 글쓴이의 태도나 감정 등을 드러내는 의미이다.
	반사적 의미	원래의 뜻과는 아무런 관계 없이 특정한 반응을 불러일으키는 의미이다.
	연어적 의미	단어와 단어가 결합하면서 나타나는 새로운 의미이다.
주제적 의미		어순을 바꾸거나 강세 등을 부여하여 화자의 의도를 나타내는 의미이다.

[표 3. 의미의 유형]

어휘 의미론 ②부

제1장 어휘장

한 언어에서 쓰이고 있는 어휘들은 아무런 관련이 없이 흩어져서 개별적으로 존재하는 것이 아니라, 서로 일정한 관련을 맺고 있다. 그리고 하나의 상위 어휘의 의미는 그것과 밀접하게 관련되어 있는 여러 하위 어휘의 의미가 모여 있는 것으로 볼 수 있다. 제1장에서는 이처럼 한 언어에 속해 있는 어휘들을 상위어와 하위어로 구분하여, 하나의 상위어에 속하는 하위어의 의미가 어떠한 관계를 맺고 있는지를 살펴보기로 한다.

1.1. 어휘장의 개념과 이론적 배경

1.1.1. 어휘장의 개념

〈 **어휘장의 개념** 〉 '어휘장(意味場, 낱말밭, semantic field)'이란 하나의 상위어 아래에서 의미상 밀접하게 연관된 단어들의 집합이다.

(1)

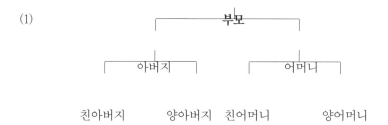

(2) ㄱ. **color**：red, black, yellow, …

ㄴ. **red**　：scarlet, crimson, vermilion, …

(1)에서 상위어인 '부모'의 뜻에는 하위어인 '아버지'와 '어머니'의 뜻이 포함되어 있다. 그리고 상위어인 '아버지'의 의미에는 각각 하위어인 '친아버지'와 '양아버지'의 뜻을 포함하고 있으며, '어머니'의 의미에는 '친어머니'와 '양어머니'의 뜻이 포함되어 있다. (2)에서 (ㄱ)의 'color'의 뜻에는 'red, black, yellow' 등의 뜻이 포함되어 있으며, (ㄴ)의 'red'에는 'scarlet, crimson, vermilion' 등의 뜻이 포함되어 있다. 이러한 현상을 감안하면 하나의 상위어의 의미는 그것과 밀접하게 관련되어 있는 여러 하위어의 의미가 모여 있는 의미로 볼 수 있다.

〈단어를 보는 관점〉 어떠한 단어는 ① 개개의 단어 자체로서는 의미가 명백하게 되지 않고, ② 개별 단어의 의미는 개념상 인접된 어휘들이 나타내는 의미와 밀접하게 관련되어 있으며, ③ 한 단어는 전체 어휘장의 한 부분으로서의 의미만 나타낸다.

성적 평가어의 어휘장 1	대상	금상	은상	동상	장려
성적 평가어의 어휘장 2	금상		은상		동상

[표 1. 성적 평가어의 어휘장]

예를 들어서 성적 평가어 어휘장에서 '금상'은 그 자체로는 가치가 매겨지지 않으며, 어떠한 어휘장 속에서만 가치가 매겨진다. 곧, [표 1]에서 '금상'은 '어휘장 1'에서는 전체 5등급 중에서 2번째이며, '어휘장 2'에서는 전체 3등급 중에서 첫째의 성적에 해당한다. 따라서 한 단어의 가치는, 그 단어가 속해 있는 어휘장에서 나타나는 위치에 따라 결정되는 것인데, 이처럼 한 어휘장에 붙는 하위 단어들의 모습은 언어에 따라 다르다.

1.1.2. 어휘장의 배경 이론

〈훔볼트의 언어 세계관〉 '어휘장(semantic field)' 이론의 사상적 배경은 훔볼트(W. von Humbolt)로부터 시작된다. 훔볼트에 의하면 언어에는 일정한 세계관이 들어 있는데, 이러한 언어는 분절(分節, atikulation) 기능에 따라서 하위 개념들이 커다란 그물 같은 조직으로 얽혀 있다. 그리고 그물망 속의 각 요소는 다른 요소와 함께 하나의 유기체를 형성한다.

〈 **소쉬르의 계열 관계** 〉 언어 기호는 무질서하게 모여 있는 것은 아니며, 일정한 규칙과 체계를 이루고 있는 구조체이다. 소쉬르(F. de Saussure)는 언어의 규칙성과 체계성을 결정짓는 요인을 언어 요소 사이에 존재하는 '통합 관계'와 '계열 관계'로 규정했다(허웅 1986:85).

통합 관계

		A	B	C	D	E	F	G
계열관계	(1)	철수	-가	큰딸	-은	매우	좋아하-	-ㄴ다
	(2)	영수	-는	김밥	-만	아주	싫어하-	-느냐
	(3)	친구	-만	쑥떡	-을	너무	먹-	-는구나
	(4)	오빠	-도	동생	-마저	정말로	사랑하-	-네

[표 2. 계열 관계와 통합 관계]

먼저 '통합 관계(統合關係, syntagmatic relation)'는 선조적으로 발화된 언어 요소가 상호간에 맺는 실제적인 관계이다. '통합 관계'는 [표 2]에서 가로 줄로 실현된 언어 요소끼리 선조적으로 맺는 관계이다. 그리고 '계열 관계(系列關係, paradigmatic relation)'는 한 언어 요소가 연상 작용에 의해서 다른 언어 요소를 대치할 수 있을 때에, 이렇게 서로 대치할 수 있는 언어 요소 사이의 관계이다. 곧 계열 관계는 [표 2]에서 세로 줄로 실현된 언어 요소끼리 맺는 관계이다.

소쉬르는 언어 단위는 고립된 것으로는 가치가 없으며, 하나의 체계 속에서 다른 언어 단위와의 맺는 '계열적'인 관계로만 언어적 가치가 드러난다고 주장하였다.

의미 영역	한국어	헝가리어	영어	말레이어
[elder brother]	형	bátya	brother	sudarā
[younger brother]	동생	öcs		
[elder sister]	누나	néne	sister	
[younger sister]	여동생	hug		

[표 3. 형제자매의 어휘의 계열 관계]

예를 들어서 [표 3]을 보면 한국어는 4개의 단어로서 형제자매의 어휘 체계를 구성하고 있는 데에 반하여, 말레이 말에서는 1개의 단어로서 어휘 체계를 구성하고 있다. 따라서 형제자매의 어휘 체계 속의 단어들은 언어마다 서로 다른 가치를 나타낸다.

이러한 현상에 대하여 소쉬르는 '교육'과 계열 관계를 맺고 있는 단어들을 예로 듦으로써 어휘소의 계열 관계를 설명하였다.

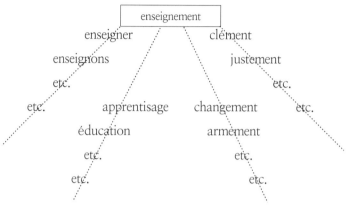

[그림 1. 프랑스어의 '교육'과 관련되는 어휘장]

곧 'enseignement(교육)'을 중심으로 하여 교육 관련 단어들이 네 방향으로 계열 관계를 형성하고 있다. 첫째로 'enseigner(가르치다)'처럼 동일 어간으로 '의미'와 '음성'의 유사성으로 관련되고, 둘째로 'apprentissage(견습)'처럼 '의미'의 유사성으로 관련된다. 셋째로 'changement(바꿈)'처럼 동사에서 명사로 파생되었다는 점에서 서로 관련되고, 넷째로 'clément(관용을 베푸는)'처럼 끝 부분의 음성이 같다는 점에서 서로 관련된다. 이처럼 특정한 언어 속의 어휘는 고립되어 있는 것이 아니라 그 언어 속의 다른 단어와 계열 관계를 형성하고 있음을 알 수 있다.

1.2. 어휘장 이론의 전개

훔볼트와 소쉬르에서 태동한 본격적인 어휘장 이론은 크게 '계열적 장이론'과 '통합적 장이론'으로 나뉘어서 발전하였다.[1]

1.2.1. 계열적 어휘장 이론

언어 기호의 구성 요소 사이에 맺어져 있는 '계열적 관계'는 각 언어 기호들이 하나의

---

1) 이하에서 기술하는 '바이스게르버', '트리어', '포르지히'의 어휘장 이론은 허발 교수의 낱말밭 이론
(1979=1981)과 언어 내용론(1985)의 내용을 참조하여 기술한 것이다.

동아리를 이루고 있음을 보여 준다. '바이스게르버(L. Weisgerber)'는 훔볼트의 '언어 세계 관' 이론과 소쉬르의 '계열 관계' 이론을 수용하여 1920년대에 독자적인 어휘장 이론을 내놓았다. 이러한 바이스게르버의 초기 '어휘장 이론'은 그 뒤에 '트리어(J. Trier)'를 통해서 더욱 체계화되어서 '계열적 어휘장 이론'으로 발전하였다. 한편 1930년대에 들어서자 바이스게르버는 트리어의 계열적 어휘장 이론을 받아들여서 자신의 이론을 수정하여 새로운 계열적 어휘장 이론의 체계를 발표하였다.

1.2.1.1. '바이스게르버'의 초기 어휘장 이론

바이스게르버(L. Weisgerber)는 '어휘장'을 유기적으로 분절되어서 공동 작용하는 언어 기호의 무리이며, 전체를 통해서 구조화되어 있는 '언어적 중간 세계'의 한 단면으로 보았다. 그는 인간이 외부 대상 세계의 사물을 인식할 때에는 반드시 모국어라는 '언어적 중간 세계(geistige zwischenwelt)'를 거쳐서 인식한다고 주장한다.

[그림 2]에서 '언어 공동체'는 특정한 언어를 사용하는 사람들이며, '외부 세계의 사물'은 현실 세계에서 실제로 존재하는 사물이다. 그런데 언어 공동체와 외부 세계의 사물은 직접 관련되는 것이 아니라 반드시 '정신적 중간 세계'를 거쳐서 간접적으로 연결된다. 바이스게르버가 이와 같이 설정한 '정신적 중간 세계'는 '언어적 중간 세계'이며, 다른 말로 표현하면 모국어가 형성하는 중간 세계이다.

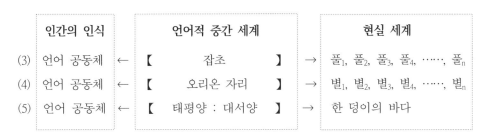

[그림 3. 언어적 중간 세계 2]

예를 들어서 [그림 3]에서 '잡초'는 실제 세계에서는 존재하지 않는다. 다만 현실 세계에서는 특정한 '풀$_1$', '풀$_2$', '풀$_3$' 등으로만 존재할 뿐이다. 이렇게 '잡초'가 존재하지 않는데도 불구하고, 인간은 특정한 식물(풀$_1$, 풀$_2$, 풀$_3$ 등)을 언어적 표현을 통하여 비로소 '잡초'로 인식한다. 그리고 별자리 '오리온'을 예로 들면, 실제로는 무수한 수의 별만이 존재할 뿐이다. 하지만 인간은 '오리온 자리'라는 언어적 중간 세계를 통하여 이들 별들을 하나의 의미 있는 존재로 묶어서 인식한다. 그리고 현실 세계에서 실제로 존재하는 바다는 모두 한 덩이로 이루어져 있지만, 인간은 '태평양, 대서양, 인도양'이라는 언어적인 중간 세계를 통하여 3가지의 대양으로 구분해서 인식한다. 바이스게르버는 단어는 이처럼 개념장과 관련된 집합으로 분류될 수 있으며, 특정한 방식으로 의미 공간을 분할한다고 하였다.

1.2.1.2. 트리어의 '계열적 어휘장' 이론

트리어(J. Trier)는 단어의 의미에 대하여 철저하게 구조주의적인 입장을 취했다. 곧, 트리어는 어떤 언어의 어휘 전체를 하나의 통합된 체계로 간주하였으며, 개별적 어휘 항목은 체계 속에서 인접하는 다른 어휘 항목과의 관련성을 통하여 정의되고 한정된다고 보았다.

첫째, 한 언어의 어휘들은 서로 개념적으로 연관이 있는 단어들 주위에 모여 있다. 이들 어휘들의 내적인 관계를 '개념장'이라고 하고, 이들 개념장이 외적으로 구현된 것을 '어휘장'이라고 하는데, 결과적으로 개념장은 어휘장과 동일하다.

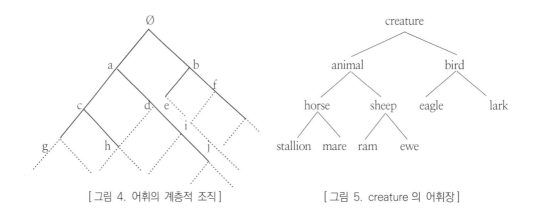

[그림 4. 어휘의 계층적 조직]   [그림 5. creature 의 어휘장]

어휘장은 [그림 4]처럼 모자이크 모양으로 된 '계층적인 구조(hierarchical structure)'를 하고 있다. 따라서 각각의 어휘장의 아래에는 독립된 '하위의 어휘장(sub-field)'이 존재하며, 이들 하위 어휘장들이 모여서 상위의 어휘장을 이루는 것이다. 이와 같은 방법으로 최종적으로는 가장 상위에 있는 한 개의 어휘장(= Ø)으로 귀착되는데[2], 라이온즈(J. Lyons, 1977:295)에서는 이와 같은 어휘장의 계층적인 구조를 [그림 5]처럼 나타내었다.

그리고 어휘장에 대한 실제의 예는 [그림 5]처럼 표현할 수 있다. '동물(creature)'의 의미를 나타내는 어휘장은 '짐승(animal)'과 '새(bird)'의 하위 어휘장으로 구성되어 있다. 그리고 '짐승'의 어휘장은 또다시 '말(horse)'과 '양(sheep)'의 하위장으로 구성되어 있으며, '새(bird)'의 어휘장은 '독수리(eagle)'와 '종달새의 일종(lark)'의 하위장으로 구성되어 있다.[3]

둘째, 어떤 어휘에서 일어난 변화는 인접하고 있는 어휘 항목의 변화와 연결된다.

[그림 6. 지식에 대한 어휘들의 어휘장]

(6) 1,200년대의 독일어 지식 어휘

ㄱ. Wîsheit : '지식'에 대한 일반적인 단어

ㄴ. Kunst : 귀족적이거나 기사도적인 명예와 도덕을 이론적, 실천적으로 완전히 갖춘 지식을 나타내는 단어

ㄷ. List : 서민 계층의 일상적이고 기능적인 기술과 지식을 나타내는 단어

---

2) [그림 5]에서 계층적 구조의 최상위 위에 있는 'Ø'는 이론적으로 보면 한 언어의 어휘의 전체를 포괄해야 하는 어휘이다. 그러나 실제 언어에서는 이러한 최상위의 어휘는 존재하지 않으므로 'Ø'로 표시한 것이다. 어떤 언어의 어휘들은 일종의 모자이크로 구성되어 있고, 개별 단어들은 모자이크 속의 한 부분이 된다. 모자이크의 단위는 어휘에 의해서 의미의 모든 영역을 빈자리가 없이 뒤덮는다.

3) 어휘장에는 의미적인 '상하 관계(hyponymy)'가 성립한다. 이에는 의미적으로 보다 일반적이어서 포괄적인 어휘인 '상위어(superordinate)'와 의미적으로 보다 특수한 어휘인 '하위어(subordinate, hyponym)'가 있다. 그리고 하나의 상위어에 대하여 하위적 관계에 있으면서 동시에 의미적으로 대등한 관계를 가지는 어휘들인 동위어(예를 들어서, 'stallion(수말)'과 'mare(암말)', 'ram(숫양)'과 'ewe(암양)', 'animal(포유류)'과 'bird(조류)'가 있다. 여기서 'animal'과 'creature'는 직접 상하 관계(immediate hyponymy)에 있으며, 'creature'와 'stallion'은 간접 상하 관계를 형성한다. 끝으로 어휘 B가 어휘 A의 하위어이고 어휘 C가 어휘 B의 하위어이면, 어휘 C는 역시 어휘 A의 하위어 관계에 있는데, 이러한 관계를 '이행 관계(transitive relation)'라고 한다.

(7) 1,300년대의 독일어 지식 어휘

    ㄱ. Wîsheit : 종교적, 신비적 지식

    ㄴ. Kunst　 : 세속적인 지식과 기술

    ㄷ. Wizzen : 평범하고 일상적인 지식

예를 들어서 독일어에서 '지식'에 관한 어휘장의 변화 모습은 [그림 6]과 같다. 먼저 1200년대에는 (6)에서처럼 보편적으로 두루 쓰이는 'Wîsheit'(일반적인 지식)가 상위어로 쓰였고, 이보다 더 구체적인 의미로 쓰이는 'Kunst'(예술적, 사교적 지식), 'List'(일상적이고 기능적 지식)가 하위어로 쓰였다. 그런데 1300년대가 되면 중세의 봉건제도가 붕괴함에 따라서 귀족과 서민의 구분이 사라지게 되었다. 이러한 사회 문화적 변화가 언어에도 영향을 미쳐서 '지식'에 대한 어휘장에 변화가 일어났다. 먼저 서민들의 조금 천박한 지식을 나타내던 'List'가 사라지고 대신에 'Wizzen'(평범하고 일상적인 지식)이 새로 생겼다. 이러한 변화에 따라서 1300년대에는 '지식'을 나타내는 어휘장이 (7)처럼 'Wîsheit'(종교적, 영적 지식), 'Kunst'(세속적, 기술적 지식), 'Wizzen'(일상적, 평범한 지식)으로 세 가지가 대립적으로 쓰였다. 이처럼 한 단어가 차지하는 의미 영역이 변화하게 되면 그 단어가 포함된 어휘장의 전체적인 체계에 영향을 끼치게 된다는 사실을 알 수 있다.

그런데 '트리어'가 설정한 어휘장 이론에는 문제점이 있다. 첫째, 어휘의 모든 영역이 하나의 거대한 장으로 구조화된다는 주장은 현실성이 없다. 둘째, 장의 구성 요소들은 꽉 짜여진 구조로서 빈자리를 남기거나 중복을 허용하지 않는다는 주장도 설득력이 없다. 셋째, 트리어는 전적으로 계열 관계에서 발생하는 어휘장에만 관심을 두었으며, 어휘들이 결합되는 과정에 생기는 통합적인 어휘장에는 관심을 두지 않았다(Porzig, 1950의 내용을 참조). 넷째, 개념의 경계를 강조한 '모자이크' 은유에 대한 적합성에도 의문이 제기되었다.

1.2.1.3. 바이스게르버의 후기 어휘장 이론

1920년대에 수행한 바이스게르버(L. Weisgerber)의 언어 연구는 트리어(J. Trier)의 계열적 어휘장 이론에 영향을 주었다. 그런데 바이스게르버는 1930년대에 들어서서 트리어의 계열적 어휘장 이론을 수용하여 자신의 어휘장 이론을 발전적으로 펼치게 된다.

가. 내용 중심의 언어 연구

바이스게르버는 언어를 고찰하는 단계를 '형식 중심의 고찰, 내용 중심의 고찰, 기능 중심의 고찰, 작용 중심의 고찰' 등의 4단계로 나누었다.[4] 바이스게르버는 언어 고찰의 4단계이 중에서 '내용 중심의 고찰'이 중요하다는 것을 주장하였다.

'내용 중심의 고찰'은 언어 기호의 내용적 측면, 곧 '정신적(언어적) 중간 세계 (sprachliche Zwiltansicht)'의 구성을 연구하는 것이다.

(8) 음성 형식 →　　　[정신적(언어적) 중간 세계]　　　⇌ 사물, 일

(9) /잡초/ ―　　| 저절로 자라는 대수롭지 않은 여러 풀 |　―

예를 들어서 /잡초/라는 음성 형식은 실제의 사물인 [잡초]에 대하여 직접적으로 관계를 맺는 것이 아니라 '저절로 자라는 대수롭지 않은 여러 풀'이라는 '정신적(언어적)' 중간 세계를 통해서 간접적으로 연결 된다. 이처럼 음성 형식이 바로 실제의 '사물'이나 '일'과 관계를 맺는 것은 아니라 반드시 특정한 인간 집단의 사고 속에서 형성된 '정신적인 중간 세계'를 통하여서만 관계를 맺는다.

그런데 이러한 '정신적인 중간 세계'는 개인이 아니라 반드시 동일한 모국어를 쓰는 언어 공동체의 언어를 통하여서만 형성될 수 있다.

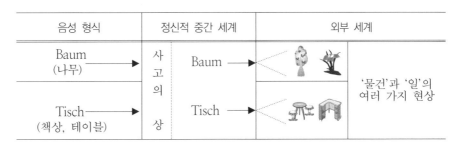

[그림 7. 음성 형식 – 정신적 중간 세계 – 외부 세계의 관계]

⇩

---

4) '형태 중심의 고찰'은 음성적인 형태를 주된 연구 대상으로 하고, '내용 중심의 고찰'은 언어의 내용을 주된 연구 대상으로 한다. 그리고 '기능 중심의 고찰'은 언어 공동체가 모국어를 통하여 세계를 언어화하는 과정을 연구하고, 마지막으로 '작용 중심의 고찰'은 언어가 언어 공동체의 생활 양상에 어떻게 작용하느냐에 관한 문제를 연구한다.

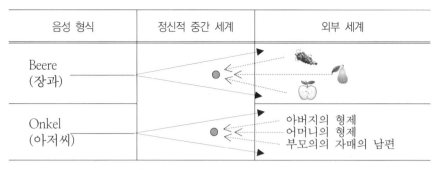

[그림 8. 외부 세계의 언어화 과정]

[그림 7]에서는 음성 형식과 외부 세계는 직접적으로 관련되는 것이 아니며, 그 사이에 언어 공동체의 '정신적 중간 세계(언어적 중간 세계)'를 개입하여 외부 세계를 추상화하여 인식하는 '사고의 상'을 이루는 것을 보여 준다. 그런데 바이스게르버는 한 발 더 나아가서, [그림 8]에서 보여 주는 것처럼 외부 세계가 언어적 중간 세계에 녹아들어서 정신적인 대상으로 바뀌어 음성 형식과 관계를 맺는다고 보았다.

나. 어휘장 이론

바이스게르버는 단어의 가치는 개개의 단어가 실제의 물건이나 일에 대하여 맺는 개별적인 관계나 의미에서 드러나는 것이 아니고, 서로 관련이 있는 어휘의 전체적인 구조 안에서 생겨 나오는 것으로 보았다. 따라서 단어의 가치를 확인하기 위해서는 전체로서의 구조(어휘장)와 그 안에서 차지하는 개개의 구성 요소(단어)의 위치를 아는 것이 필요하다. 곧 개개의 단어의 가치는 전체의 구성 법칙에서 생겨나온 것이다.

sehr gut		gut		genügend		nicht genügend	
sehr gut		gut		genügend	mangelhaft		ungenügend
sehr gut	gut		befriedigend	ausreichend		mangelhaft	ungenügend

[표 4. 독일어 성적에 관한 어휘장]

[표 4]에서 성적표에 표기되어 있는 'gut'는 그 자체로는 아무런 의미를 나타내지 못한다. 예를 들어서 첫째 줄에서는 전체 4단계의 어휘장에서, 둘째 줄에서는 전체 5단계의 어휘장에서, 셋째 줄에서는 전체 6단계의 어휘장에서 각각 2번째의 가치를 나타낸다. 이처럼

단어의 의미와 가치는 그 단어가 속한 어휘장의 전체 구조 속에서 결정되는 것이다. 이러한 생각을 바탕으로 바이스게르버는 어휘장을 다음과 같이 정의했다.

> (10) '어휘장(낱말밭)'은 유기적으로 분절되어서 공동 작용하는 언어 기호의 전체 무리를 통해서, 구조화되어 있는 '언어적 중간 세계'의 한 단면이다.

다. 어휘장의 구조

바이스게르버는 어휘장의 유형을 그 구조에 따라서 '단층적인 어휘장'과 '다층적인 어휘장'으로 나누었다.

〈 **단층적인 어휘장** 〉 '단층적인 어휘장'은 어휘장의 분절 구조가 하나의 기준에 따라서 규정되는 어휘장이다. 이러한 단층적인 어휘장에는 '서열적 장', '평면적 장', '입체적 장' 등이 있다.

첫째, '서열적 장(序列的 場)'은 '수(數)'의 계열이나 '성적 평가'의 어휘장처럼 그 속에 속하는 하위 어휘들이 일정한 기준에 따라 순서대로 늘어서 있는 어휘장이다.

대상			금상			은상			동상	
수			우		미		양		가	
대장	중장	소장	준장	대령	중령	소령	대위	중위	소위	준위

[표 5. 서열적 어휘장]

[표 5]는 '상(賞) 등급'의 어휘장이나 '성적 평가'의 어휘장, 그리고 장교 계급의 어휘장을 보인 것이다. 이들 어휘장에 속하는 어휘들은 하나의 기준에 따라서 순서가 매겨진 것이 특징이다.

둘째, 친척의 명칭을 나타내는 '등친도(等親圖)'의 어휘장과 같은 '평면적 장'이 있다.

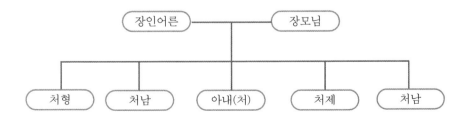

[그림 9. 처가의 친척어 어휘장]

셋째, 기본 색채어(色彩語)와 같이 여러 가지 모습으로 어휘장이 구성되는 '입체적 장' 등이 있다. 곧, '입체적 장'인 기본 색채어에는 '비교 색채어, 대상에 결합된 색채어, 추상적 색채어' 등이 있다.

    (11) ㄱ. 비교 색채어 : himmelblau(하늘처럼 푸른), kornblumenblau(수레국화처럼 푸른),
             lachsrot(연어처럼 붉은)
        ㄴ. 대상에 결합된 색채어 : himmelfarbig(하늘색의), lachsfarbig(수레국화색의), lachsfarbig
             (연어색의)
        ㄷ. 추상적 색채어 : rot(붉은), gelb(누른), grün(초록색의), blau(푸른), violett(보라색의)

(ㄱ)의 '비교 색채어'는 색조와 그 색을 띠고 있는 사물을 비교하는 어휘이며, (ㄴ)의 '대상에 결합된 색채어'는 색상이 특정한 대상에 결합된 색채어이다. 그리고 (ㄷ)의 '추상적 색채어'는 색채를 띠는 일정한 사물을 가리키지 않고 또한 사용할 때도 일정한 대상에 연결되지 않는 색채어이다. 이처럼 '입체적 장'은 하나의 기준에 따라서 어휘장이 규정되는데, 동일한 어휘장이 세 가지의 모습으로 구성되는 어휘장이다.

   〈 **다층적인 어휘장** 〉 '다층적인 어휘장'은 상이한 여러 가지의 기준에 의해서 규정되는 어휘장이다.

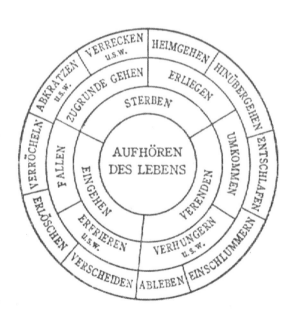

[그림 10. 독일어 '죽다'에 관한 어휘장]

[그림 10]에 제시된 것과 같이 독일어 '죽다(aufhören des lebens)'에 속하는 어휘장은 세 가지의 기준에 따라서 하위의 어휘장이 형성된다(허발 1979=1981:106).

(12) ㄱ. 대상 : sterben(사람이 죽다)-verenden(동물이 죽다)-eingehen(식물이 죽다)

　　　ㄴ. 원인 : erliegen(병사하다)-verhungern(굶어 죽다)-verdurstem(목말라 죽다)-ersticken(숨막혀 죽다)-ertrinken(물에 빠져 죽다)-erfrieren(얼어 죽다)-umkommen(비명횡사하다)-fallen(전사하다)

　　　ㄷ. 양상 : einschlummern(편히 잠자듯이 죽다)-entschlafen(고이 잠들다)-hinübergehen(귀의하다)-heimgehen(하늘나라로 가다)-erlöschen(사그라지다, 꺼지다)-abkratzen(뒈지다 : 비속어)-verrecken(뻗다 : 비속어)

[그림 10]에서 가운데를 중심으로 안쪽에서부터 첫째 줄은 (12ㄱ)처럼 '대상'에 따른 어휘장이며, 둘째 줄은 (12ㄴ)처럼 '원인'에 따른 어휘장이며, 셋째 줄은 (12ㄷ)처럼 '양상'에 따른 어휘장이다. 곧 '죽다(aufhören des lebens)'는 죽음의 '대상, 원인, 양상' 등의 기준에 따라서 각각 다른 하위 어휘장을 형성한다.

1.2.2. 통합적 어휘장 이론

트리어나 바이스게르버가 계열적인 어휘장 이론을 체계화한 것과는 달리, '포르지히(W. Porzig, 1934)'는 어휘들의 '통합 관계(syntagmatic relation)'를 바탕으로 어휘장을 체계화하려고 하였다.

〈 통합적 어휘장의 개념 〉 포르지히는 어휘장 이론의 목적이 단어들 사이의 통합에서 일어나는 '본질적인 의미 관계(wesenhaftebedeutungsbeziehungen)'를 파악하는 데에 있다고 주장하면서, '통합적 어휘장 이론'을 펼쳤다.

(13) ㄱ. gehen(걷다)　— füße(발)

　　　ㄴ. greifen(붙잡다)— hand(손)

　　　ㄷ. sehen(보다)　 — auge(눈)

예를 들어서 동사인 'gehen(걷다)'은 명사인 'füße(발)'를, 'greifen(붙잡다)'은 'hand(손)'를, 'sehen(보다)'은 'auge(눈)'를 필수적으로 요구한다.[5]

이처럼 포르지히가 말하는 '본질적 의미 관계'는 두 단어 사이에 의미적으로 성립되는 필연적 관계이다. 이러한 본질적 의미 관계는 곧 핵심이 되는 어떤 단어(서술어)에 의해서 다른 쪽(명사항)이 전제되는 관계이다.

〈**통합적 어휘장의 이론**〉 포르지히는 본질적인 의미 관계에 따라서 통합적인 어휘장을 형성하는 핵심 요소를 서술어(동사, 형용사)라고 보았다. 이처럼 서술어와 관계하는 명사항들의 묶음들은 하나의 어휘장(bedeutungsfeld)을 이루고 있는데, 이를 '계열적 어휘장'으로 파악하였다.

(14) ㄱ. X_1가 Y_1를 **먹다**.

ㄴ. X_2가 Y_2를 **마시다**.

(15) ㄱ. X_1 {사람, 개, 소, 새, 벌레, ……}

ㄴ. Y_1 {밥, 먹이, 모이, 음식, 빵, 풀, ……}

ㄷ. X_2 {사람, 개, 새, ……}

ㄹ. Y_2 {물, 술, 주스, 콜라, ……}

(ㄱ)에서는 동사인 '먹다'에 대하여 X_1의 명사항과 Y_1의 명사항이 본질적인 의미 관계를 형성하며, (ㄴ)에서는 '마시다'에 대하여 X_2의 명사항과 Y_2의 명사항이 본질적인 의미 관계를 형성한다. 여기서 X_1, Y_1와 X_2, Y_2에 들어갈 수 있는 명사항의 묶음인 X_1, X_2{사람, 개, 소, 새, 벌레…}와 Y_1{밥, 먹이, 모이, 음식, 빵, 풀…}, Y_2{물, 우유, 커피, 독약, 가스} 등은 내부적으로 '계열적 어휘장'을 형성한다.

〈**은유의 원리**〉 포르지히는 본질적인 의미 관계에 근거하여 '은유(隱喩)의 원리'를 설명하였다. 곧 '은유'를 본질적인 의미 관계에서 벗어난 표현을 의도적으로 씀으로써 새로운 표현을 낳는 것으로 보았다.

(16) ㄱ. 짖다 ― 개   (17) ㄱ. ?철수가 짖었다.

ㄴ. 피다 ― 꽃   ㄴ. ?신부의 얼굴이 활짝 피었다.

(16)에서 '짖다'와 '피다'는 원칙적으로 각각 명사항인 '개'와 '꽃' 등과 본질적인 의미 관계를 맺는다. 그런데 (17)의 문장은 이러한 본질적인 의미 관계를 의도적으로 무시하

---

5) 이처럼 특정한 서술어가 특정한 명사항을 제한하여 선택하는 현상을 문법론에서는 '선택 제약(選擇制約, selectional restriction)'이라고 한다.

여, (ㄱ)에서는 '짖다'에 '철수'가 연결되었고 (ㄴ)에서는 '피다'에 '신부의 얼굴'이 연결되었다. 이처럼 은유적 표현에서는 본질적 의미 관계에서 일탈한 표현을 의도적으로 사용함으로써 새로운 의미를 창조하였다.

포르지히의 통합적 어휘장 이론은 모든 서술어에 그 이론을 일반적으로 적용하지 못하는 문제가 있다. 예를 들어서 서술어인 '있다'는 의미적으로 {사람, 친구, 눈, 개, 돌, 꿈, 이유, 사정, 것, 바, ……} 등의 수많은 명사항에 대응될 수 있다. 그런데 '있다'에 대응되는 이들 명사항이 하나의 계열적 어휘장을 이룰 가능성은 거의 없다.

1.3. 어휘장의 기본 유형과 빈자리

1.3.1. 어휘장의 기본 유형

클라크 & 클라크(H. H. Clark & E. V. Clark, 1977:430)에 따르면 어휘장의 유형은 '균형형', '분류형', '의미 분야형'으로 나누어지는데, 대부분의 어휘장은 균형형과 분류형의 사이에 있다고 한다(아래의 내용은 임지룡 1993:77에서 재인용).

첫째, '균형형(paradigm)'의 어휘장은 어휘장 내부의 어휘들이 체계적으로 배열되어 있어서, 어휘장의 구조의 긴밀도가 가장 높은 어휘장이다.

	[종]	[남성]	[여성]	[−1세대]
[사람]	human	man	woman	child
[말]	horse	stallion	mare	colt
[개]	dog	—	bitch	puppy
[돼지]	pig	boar	sow	piglet
[양]	sheep	ram	ewe	lamb
[소]	(cattle)	bull	cow	calf

[표 6. 동물의 어휘장]

[표 6]은 균형형의 어휘장의 예인데, 어휘장 속의 어휘들이 가로와 세로가 정연하게 병립하므로 어휘 체계의 전체 구조와 빈자리를 한눈에 볼 수 있다. 그리고 서로 다른 언어에서 어휘장이 어떻게 실현되고 있는지의 대조를 손쉽게 볼 수 있다.

둘째, '분류형(taxonomy)'의 어휘장은 어휘를 주제에 따라서 '동물명, 식물명, 금속명' 등으로 나누고 하위 어휘장 속의 단어를 단순하게 나열하는 어휘장이다.

(18) ㄱ. 의생활 : 내의, 두루마기, 띠, 모자, 바지, 버선, 빨래, 솜, 수건, 신, 양복, 양말, 옷(의복) 장갑, 저고리, 주머니, 천, 치마

ㄴ. 식생활 : 간장, 감, 감자, 고구마, 고기, 고추, 곡식, 과일, 과자, 국, 국수, 굴

ㄷ. 주생활 : 건물, 계단, 광, 기둥, 다락, 담, 뜰, 마당, 마루, 문, 방, 벽, 부엌, 우물

ㄹ. 생필품 : 가구, 가방, 가위, 거울, 걸레, 의자, 그릇, 끈, 난로, 냉장고, 농, 다리미

예를 들어서 (18)은 '의식주'에 관련된 어휘장인데, 이는 다시 '의생활, 식생활, 주생활, 생필품' 등으로 하위 분류된다.

이러한 분류형은 균형형에 비하여 구조의 긴밀도가 느슨하며, 같은 지시물에 대하여 언어마다 분류 방식이 다를 수 있다. 예를 들어서 '감자'는 영어에서는 채소로 분류되나, 독일어에서는 '밀, 보리, 쌀' 등과 함께 곡물의 일종으로 분류된다.

또 분류형에서 어휘를 분류할 때에는 '민간 분류(folk taxonomy)'에 따른 것이냐 '과학적 분류(scientific classification)'에 따른 것이냐에 따라서, 동일한 어휘가 다른 어휘장으로 분류될 수도 있다.

(19) 鯨(중국), Walfisch(독일), whale(← 라틴어. squalus, 큰 물고기)

예를 들어서 '고래'는 과학적 분류로는 '포유 동물'의 어휘장에 들어가야 하지만, 민간 분류에서는 (18)에서처럼 어류의 어휘장에 넣는 경우가 허다하다.

셋째, '의미 분야형(sematic domain)'의 어휘장은 균형형과 분류형의 중간에 위치하며 구조의 긴밀도도 균형형과 분류형의 중간에 있다. 이러한 '의미 분야형'의 대표적인 예로서 '친척 어휘장'을 들 수 있다.

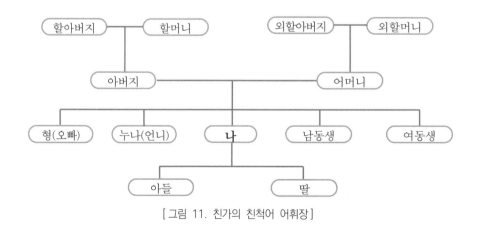

[그림 11. 친가의 친척어 어휘장]

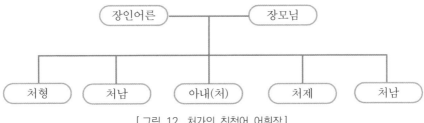

[그림 12. 처가의 친척어 어휘장]

[그림 11]은 '나(我)'를 중심으로 한 친가(親家)의 친척어 어휘장이며, [그림 12]은 아내(妻)를 기준으로 한 처가(妻家)의 친척어 어휘장이다.

1.3.2. 어휘장의 빈자리와 채우기

〈 **어휘장의 빈자리** 〉 어휘장은 완벽하게 짜여져 있는 구조체가 아니다. 곧 어떤 어휘장 속에는 개념적으로는 있어야 할 어휘가 실제로는 존재하지 않는 경우가 있는데, 이를 '어휘장의 빈자리(lexical gap)'라고 한다.

객켈러(H. Geckeler, 1971:139)에서는 라틴어의 친척어 어휘장에 나타나는 빈자리를 다음과 같이 제시하였다(임지룡 1993:126에서 재인용).

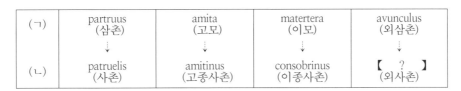

(ㄱ)	partruus (삼촌)	amita (고모)	matertera (이모)	avunculus (외삼촌)
	↓	↓	↓	↓
(ㄴ)	patruelis (사촌)	amitinus (고종사촌)	consobrinus (이종사촌)	【 ? 】 (외사촌)

[표 7. 라틴어 친척어 어휘장의 빈자리]

[표 7]에서 (ㄱ)의 예는 아버지의 형제와 어머니의 형제를 나타내는 단어들이고, (ㄴ)은 이에 대응되는 그 자녀에 대한 단어들의 어휘장이다. 그런데 (ㄴ)에서는 '어머니의 남자 형제의 자녀(외사촌)'의 개념에 대응하는 어휘가 없으므로, 이 개념에 대한 어휘는 빈자리로 남아 있는 것이다.[6]

---

6) 라틴어에서는 국어의 '외사촌'에 해당하는 개념을 하나의 단어가 아니라 명사구인 'avunculus filius (외삼촌의 아들)'로써 대체하고 있다.

〈 **빈자리의 유형** 〉 하나의 어휘장에서 상위어와 하위어의 계층적 구조가 형성될 때에는, 상위어나 하위어에서 빈자리가 발생할 수가 있다.[7]

상위어	손가락				
하위어	엄지손가락	집게손가락	가운뎃손가락	【 ? 】	새끼손가락

[표 8. 하위어의 빈자리]

상위어	【 ? 】	
하위어	아저씨	아주머니

[표 9. 상위어의 빈자리]

상위어	【 ? 】	
하위어	아들	딸

[표 10. 상위어의 빈자리]

[표 8]은 손가락의 어휘장인데 5개의 손가락 중에서 4번째 손가락에 대한 순우리말 단어가 없어서 하위어의 어휘장에 빈자리가 생겼다. 이 빈자리를 순우리말 대신에 한자어인 '장지(長指)'나 '약지(藥指)'로써 채운 것이다.[8] 반면에 [표 9]와 [표 10]에서는 상위어에 해당하는 순우리말의 단어가 없어서 어휘장에 빈자리가 생겼다. [표 8]의 상위어의 빈자리에는 '백부모(伯父母)'나 '숙부모(叔父母)'와 같은 한자어가 빈자리를 채웠고, [표 9]의 상위어 자리에는 한자어인 '자식(子息), 자녀(子女)'가 빈자리를 채웠다.

그리고 단어가 순서에 따라서 나열되면서 형성된 어휘장에서 빈자리가 발생할 수도 있다.

(20) ㄱ. 하나,　둘,　셋,　넷,　다섯,　여섯,　일곱,　여덟,　아홉,　열
　　　ㄴ. 【 ? 】, 둘째, 셋째, 넷째, 다섯째, 여섯째, 일곱째, 여덟째, 아홉째, 열째

예를 들어서 (20ㄴ)의 서수사는 일반적으로 (ㄱ)의 양수사에 순서를 나타내는 파생 접미사인 '-째'를 붙여서 형성된 파생어로 실현된다. 이러한 파생 규칙에 따라서 "둘째, 셋째, 넷째, …… , 열째" 등의 서수사가 형성되었는데, 오직 '하나'에 대응되는 '*하나째'가 현대 국어에는 쓰이지 않는다.[9] 이에 따라서 서수사의 어휘장에 빈자리가 생겼다. 이러한

---

7) 임지룡(1993:126)에서는 어휘 체계에서 빈자리가 생기는 유형을 '계층 관계, 서열 관계, 상관 관계' 등의 조건에 따라서 유형화한 바가 있다.
8) 이처럼 어휘장 속에 비어 있는 자리를 다른 어휘나 표현으로 대신 채움으로써 어휘장의 체계를 완성하는 것을 '빈자리 채우기'라고 한다.

결함을 보완하기 위하여 관형사인 '첫'에 '-째'를 붙여서 '첫째'라는 단어를 형성하여서 원래 '하나째'가 있었던 빈자리를 메웠다.10)

(21) *그끄저께 — 그제 — 어제 — 오늘 —*【 ? 】*— 모레 — 글피*

그리고 (21)은 날짜를 헤아릴 때에 쓰이는 단어의 어휘장인데, 전체적으로 순우리말 단어로써 어휘장이 형성되어 있다. 다만 '오늘'과 '모레' 사이에는 빈자리가 생겼는데, 이러한 빈자리를 한자어인 '내일(來日)'이 대신하여 어휘장의 빈자리를 채운 것이다.

〈 **빈자리를 채우는 방법** 〉 어떠한 어휘장에 빈자리가 생겼을 때에는 그 빈자리에 해당하는 개념을 표현하기 위하여 여러 가지 방법으로 빈자리를 채우게 된다(임지룡 1993:130).

첫째, 다른 단어를 빌려서 빈자리를 채우는 방법이 있다. 곧 원래 있어야 할 단어와 비슷한 의미를 나타내는 다른 단어를 빌려와서 어휘장의 빈자리를 채우는 것이다.

단수형	복수형
저	저희
너	너희
나	**우리**(*나희)

[표 11. 보충법에 의한 대명사의 형태]

예를 들어서 대명사의 일반적인 복수 표현은 '저희, 너희'처럼 대명사에 복수 접미사 '-희'와 '-들'을 붙여서 표현한다. 이러한 규칙에 따르면 '나'의 복수 형태는 '*나희'가 되어야 하는데 실제로는 '*나희'라는 표현은 쓰이지 않는다. 대신에 형태가 완전히 다른 어휘인 '우리'를 빌려 와서 대명사 복수 표현(어휘장)의 빈자리를 채웠다. 마찬가지로 앞의 (19)의 예에서 '*하나째'가 빠진 빈자리에 '첫째'가 들어간 것도 이러한 예이다.

그리고 순우리말 어휘를 빌려와서 빈자리를 채울 수 없을 때에는, 한자어를 비롯한 차용어에서 단어를 빌려 와서 빈자리를 채울 수도 있다.

---

9) 중세 국어에서는 'ᄒᆞ나차히' 등의 형태가 서수사로 쓰인 것으로 추정되는데, 이는 양수사인 'ᄒᆞ낳'에 순서를 나타내는 파생 접미사인 '-자히'가 붙어서 형성된 단어이다.

10) 이렇게 특정한 단어의 '어형 변화 틀'에 빈칸이 생겼을 때에, 어원이 다른 단어의 형태를 가지고 빈칸을 보충시키는 문법적인 현상을 '보충법(suppletion)'이라고 한다(나찬연 2013ㄴ:124).

(22) 빨강-(주황)-노랑-(초록)-파랑-(남색)-(보라)

(22)의 예는 국어 색채어의 어휘장인데 이 어휘장에 속하는 단어 가운데에서 '빨강, 노랑, 파랑'만 순우리말이다. '주황(朱黃), 초록(草綠), 남색(藍色)'은 한자어의 차용어이고, '보라'는 몽골어에서 차용된 말이다. 이 경우에 순우리말 색채어의 빈자리를 외래어가 채움으로써 어휘장의 체계를 완성한 것이다. 그리고 앞의 [표 8, 9, 10]과 예문 (21)에서 어휘장의 빈자리를 '약지(藥指), 백부모(伯父母)/숙부모(叔父母), 자녀(子女), 내일(來日)'로 채운 것도, 다른 단어를 빌려서 빈자리를 채우는 현상에 해당한다.

둘째, 하나의 어휘장을 구성하는 상위어나 하위어로써 빈자리를 채우기도 한다.

상위어	의사	
하위어	【 의사 】	여의사

[표 12. 하위어의 빈자리]

상위어	dog	
하위어	【 dog 】	bitch

[표 13. 하위어의 빈자리]

예를 들어서 [표 12]에서 '여의사'에 대립되는 '남의사'라는 단어가 없으므로, '여의사'의 상위어인 '의사'로써 대신하며, [표 13]에서는 영어에서 'bitch(암캐)'에 대한 성별 반의어가 없으므로 상위어인 'dog(개)'로써 빈자리를 채웠다.

상위어	【 길이 】	
하위어	길다	짧다

[표 14. 상위어의 빈자리]

상위어	【 넓이 】	
하위어	넓다	좁다

[표 15. 상위어의 빈자리]

그리고 [표 14]에서 보는 바와 같이 '길다'와 '짧다'는 상위 개념으로 '길이'를 설정할 수 있고, [표 15]에서 보는 바와 같이 '넓다'와 '좁다'의 상위 개념으로 '넓이'를 설명할 수 있다. 이때 상위어인 '길이'와 '넓이'는 각각 하위어인 '길다'와 '짧다'에서 명사 접미사 '-이'를 붙여서 형성된 단어이므로, 결과적으로 하위어가 상위어의 빈자리를 채운 셈이다.11)

---

11) 상위어인 '길다'와 '넓다'는 적극성(+)을 띠고 있고, 하위어인 '짧다'와 '좁다'는 소극성(−)을 띠고 있는 것이 특징이다.

1.4. 어휘장 이론의 의의와 한계

〈**어휘장 이론의 의의**〉 어휘장 이론은 단어의 체계를 매우 효율적이고 체계적으로 설명할 수 있는 이론이다. 그리고 어휘장이 인간의 의식 세계와 밀접한 관련이 있다는 사실을 감안하면, 언어의 본질을 규명하고 인간의 의식 세계의 모습을 드러내는 한 방편이라고 할 수 있다. 특히 바이스게르버가 주창한 '정신적(언어적) 중간 세계 이론'은 그 이후에 '언어 상대성 가설(Sapir-Whorf hypothesis, 사피어·워프 가설)'로 발전하게 되어서, 언어가 인간의 사고에 직접적으로 영향을 끼친다는 가설을 설정하기도 했다.

〈**어휘장 이론의 한계**〉 어휘장 이론으로 한 언어에 속한 모든 단어의 체계를 설명하는 데에는 다음과 같은 문제가 있다. 첫째, 한 어휘장에 속한 단어들이 서로 빈틈없이 짜여져서 완벽한 체계를 이룬 모습을 보이는 것은 불가능하다. 어떠한 어휘장이라도 이른바 어휘장의 빈자리를 남기게 되는데, 실제 언어를 분석해 보면 이러한 빈자리가 의외로 많아서 어휘장 이론의 큰 약점이 된다.[12] 둘째, 한 언어에 속하는 단어를 모두 일정한 수의 어휘장으로 나누고, 그 모든 어휘장을 체계화하는 것이 대단히 어렵다는 점은 분명하다.

바이스게르버가 이미 스스로 밝힌 것처럼 어휘장의 이론만으로 모든 언어 내용을 명백히 설명할 수는 없다. 그러나 어휘장의 이론은 단어의 내용(의미)을 설명하는 탁월한 방법 중의 하나인 것은 분명하다(허웅 1981:23).

---

12) 실제로 국어의 '형제자매'의 어휘장에서, '아우'는 잘 분화되어 있지 않으며 '누이'는 '누나'의 자리와 겹쳐질 수도 있다. 그리고 '언니'와 '형'은 구분 없이 쓰일 수도 있다.

【 더 배우기 】

{ 언어적 중간 세계와 언어 상대성 가설 }

인간의 문화나 사고가 언어와 밀접한 관계에 있다는 것은 일반적으로 알려진 사실이다. 그런데 문화나 사고가 중심이 되어서 언어를 지배하는 것인지, 언어가 문화나 사고에 영향을 주는지에 대하여는 논란이 벌어지고 있다.

대부분의 문화 학자나 철학자들은 문화나 사고가 언어에 영향을 주는 것으로 이해하고 있는데 반해서, 언어 상대성 가설은 '언어가 인간의 사고와 문화를 결정짓는다'는 이론이다. 18세기에 헤르더(J. Herder)와 훔볼트(W. Humbolt)가 이 가설의 단초를 제시하였다. 20세기에 들어서는 사피어(E. Sapir)가 바이스게르버의 '언어적 중간 세계 이론'을 바탕으로 하여 '언어 상대성 가설'의 기본 개념을 설정하였다. 이어서 그의 제자인 워프(B. L. Whorf)가 사피어의 이론을 발전시켰기 때문에, 이 이론을 '사피어-워프 가설(Sapir-Whorf hypothesis)'이라고도 한다.

언어 상대성 가설은 인간은 자기가 사용하는 모국어의 구조에 따라서 세계를 인식하고 해석한다는 이론이다. 워프는 영어와 에스키모 어에서 나타나는 '눈(雪)'에 관한 어휘를 비교함으로써 이 이론을 주장하였다.

> (1) snow
>
> (2) aput(땅 위의 눈), quana(내리는 눈), piqsirpoq(바람에 날리는 눈), quiumqsuq(바람에 날려 쌓인 눈)

(1)의 영어에는 '눈'을 나타내는 어휘가 'snow'만으로 표현되는 데 반해서, (2)의 에스키모 어에는 눈에 관한 어휘로서 'aput, quana, piqsirpoq, quiumqsuq' 등으로 세분화되어 있다. 워프는 두 언어에 나타나는 어휘 수의 차이를 다음과 같이 설명하였다. 에스키모 어에서 '눈'에 관련된 어휘가 다양하게 발달되어 있기 때문에, 에스키모 인들은 영어를 모국어로 사용하는 사람들이 인식하는 것보다 훨씬 세밀하고 다양하게 '눈'을 인식한다는 것이다. 곧 '눈'에 대한 언어가 사람들이 사물을 인식하는 방법에 영향을 끼친다는 주장이다.

말은 우리의 시각을 지배하는 경우도 있다. 다음의 시각적인 표현은 '언어 상대성 가설'을 설명할 때에 흔히 제시하는 예문이다.

> (3) ㄱ. 하늘이 <u>푸르다</u>.
> ㄴ. 잔디가 <u>푸르다</u>.

(4) ㄱ. The sky is <u>blue</u>.

　　ㄴ. The grass is <u>green</u>.

'언어 상대성 가설'을 따르는 사람들은 다음과 같이 설명한다. (3)에서 한국어에서는 '하늘'의 색깔도 '푸르다'로 표현하고, '잔디'의 색깔도 '푸르다'로 표현하기 때문에, 한국 사람들은 '하늘'의 색깔과 '잔디'의 색깔을 동일하게 인식한다는 것이다. 반면에 영어에서는 (4)에서처럼 하늘의 색깔은 'blue'로 표현하고, '잔디'의 색깔은 'green'으로 표현한다. 이에 따라서 영어를 모국어로 사용하는 이들은 '하늘'의 색깔과 '잔디'의 색깔을 다르게 인식한다.

　이와 비슷한 예로서 말이 우리의 청각을 지배하는 경우도 있다. 곧 사람들은 닭의 울음소리를 있는 그대로 듣는 것이 아니라, 모국어의 체계에 따라서 듣는다.

　　(5)　ㄱ. 한국어 : *꼬끼오, 꼬꼬, 꼬꼬댁*

　　　　ㄴ. 프랑어 : cocorico

　　　　ㄷ. 영　어 : cock-a-doodle-doo

한국 사람은 한국말에 따라서 '꼬끼오꼬꼬'로, 프랑스 사람은 프랑스 말에 따라서 'cocorico'로, 영어를 쓰는 사람들은 'cock-a-doodle-doo'로 인식한다. 이것은 곧 사람이 소리를 인식할 때 소리를 있는 그대로 객관적으로 인식하는 것이 아니라, 그들이 쓰고 있는 언어에 영향을 받는다는 사실을 알 수 있다.

　'언어 상대성 가설'을 뒷받침하는 또 하나의 예로서 한국어에서 높임 표현이 대단히 발달하였다. 이렇게 잘 발달한 높임 표현이 한국 사람들의 사고나 인식 방법에 영향을 끼쳐서, 결과적으로 한국 사람들이 서로 간의 신분적 관계에 대단히 민감하다는 것이다. 이러한 현상도 '언어 상대성 가설'로 설명할 수 있다.

　이론의 타당성을 논외로 하더라도, '언어 상대성 가설'은 바이스게르버 등이 주창한 계열적 어휘장 이론의 '언어적 중간 세계 이론'을 적극적으로 발전시켰다. 그리고 언어와 사고의 관계 및 언어 보편성과 특수성에 관한 논의가 활발하게 전개되는 계기를 마련하였다. 언어 상대성 가설은 더 나아가 언어학을 문화 인류학, 사회학, 심리학 등과 관련지어서 연구하여 언어 연구의 새로운 지평을 열었다는 점에서 긍정적인 평가를 받고 있다.

제2장 의미 성분의 분석

하나의 덩어리로 인식하고 있는 물질을 화학적으로 분석하면, 그 물질이 여러 가지의 구성 원소의 결합체로 되어 있음을 알 수 있다. 예를 들어서 '소금(鹽)'은 나트륨(Na)과 염소(Cl)의 원소의 결합체이며, '물(水)'도 수소(H)와 산소(O) 원소의 결합체이다. 이처럼 우리가 일상적으로 경험하고 있는 대부분의 물질은 그보다 훨씬 작은 요소로 분석할 수 있다. 일반적인 물질을 화학적으로 분석하여 구성 원소로 분석하듯이, 인간이 언어를 구성하는 단어(어휘소)의 의미를 작은 성분들이 모여서 된 것으로 보는 견해가 있다.

2.1. 의미 성분 분석의 개념

'의미 성분 분석(semantic componential analysis)'은 어떠한 단어의 의미를 몇 개의 '의미 성분(semantic component)'이 조합된 구성체로 보고, 이들 성분들을 분석함으로써 궁극적으로 어떠한 단어의 내부 의미 구조를 객관적으로 규명하려는 이론이다.

    (1) ㄱ. 총각 : [+사람], [+남성], [+성인], [+미혼]
        ㄴ. 처녀 : [+사람], [+여성], [+성인], [+미혼]

예를 들어서 의미 성분 분석의 이론에서는 (ㄱ)의 '총각'의 의미는 [+사람, +남성, +성인, +미혼]의 의미 성분의 총합으로, (ㄴ)의 '처녀'의 의미는 [+사람, +여성, +성인, +미혼]의 의미 성분의 총합으로 본다. 이렇게 단어의 의미를 그것을 구성하는 의미 성분의 총합으로 봄으로써, '처녀'와 '총각'의 의미를 객관적으로 기술할 수 있다. 뿐만 아니라 이 두 단어의 의미적인 차이도 [+남성] / [+여성]이나 '[+남성] / [-남성]' 등으로 명확하게 기술할 수 있다.

2.2. 의미 성분 분석의 방법

'아버지, 어머니, 아들, 딸'의 친족 어휘장을 예를 들어서 의미 성분 분석 이론에서 단어의 의미 성분을 분석하는 방법을 알아본다.[1]

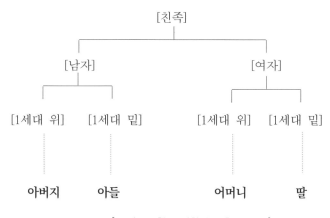

[그림 1. 친족 어휘의 계층적 구조]

〈 **의미 성분 분석의 일반적 절차** 〉 의미 성분 분석은 다음과 같은 세 가지의 일반적인 절차를 밟아서 이루어진다.

첫째, 의미 성분을 분석하기 전 단계로서, 상호 연관된 어휘소의 무리를 설정한다.

(2) { 아버지, 어머니, 아들, 딸 }

친족의 어휘 가운데서 '나'를 기준으로 한 세대 위와 한 세대 아래의 어휘를 모아서 (2)와 같은 단어의 무리(어휘장)를 설정한다.

---

1) 의미 성분을 분석할 때에는 [그림 1]처럼 어휘장의 계층적 구조를 도식화한 그림을 활용할 수 있다.

둘째, 그 어휘장에 속하는 단어들 사이에 성립하는 비례식을 만든다.

(3) ㄱ. 아버지 : 어머니 = 아들 : 딸
    ㄴ. 아버지 : 아들 = 어머니 : 딸

'아버지'와 '어머니'는 [남자]와 [여자]의 기준으로 구분되는데, 이와 동일한 기준으로 '아들'과 '딸'이 구분된다. 그리고 '아버지'와 '아들'은 [1세대 위]와 [1세대 밑]의 기준으로 구분되는데, 이와 동일한 특성으로 '어머니'와 '딸'이 구분된다. (1)의 어휘장에 속하는 네 단어들 사이에 성립하는 비례식을 설정하면 (2)와 같이 된다.

셋째, 설정한 비례식을 참조하여 각 단어의 의미 성분을 결정하는데, 이를 '성분 정의(componential definition)'라고 한다.

(4) ㄱ. 아버지 : [+사람, +친족, +남자, +1세대 위]
    ㄴ. 어머니 : [+사람, +친족, +여자, +1세대 위]
    ㄷ. 아들 : [+사람, +친족, +남자, +1세대 밑]
    ㄹ. 딸   : [+사람, +친족, +여자, +1세대 밑]

'아버지, 어머니, 아들, 딸'의 의미 성분을 결정하면 (3)과 같이 된다. 결국 '아버지'의 의미는 [+사람, +친족, +남자, +1세대 위]의 성분의 총합이며, '어머니'의 의미는 [+사람, +친족, +여자, +1세대 위]의 성분의 총합이다. 이처럼 단어의 의미는 하나의 덩어리로 되어 있는 것이 아니라 더 작은 의미의 조각(의미 성분)으로 구성되어 있는데, 이들 의미 성분의 총합을 단어의 의미라고 볼 수 있다.

이러한 방식으로 단어의 의미를 분석하면 유사한 단어끼리의 의미적인 차이를 객관적으로 분명하게 기술할 수 있다. 곧 '아버지'와 '어머니'는 [+남자]와 [+여자]의 차이에 따라서 의미가 구분되며, '아버지'와 '아들'은 [+1세대 위]와 [+1세대 밑]의 차이에 따라서 의미가 구분된다는 것을 알 수 있다.

〈 의미 성분의 표시 방법 〉 한 단어의 의미 성분은 다음과 같은 방법으로 표시한다.

첫째, 분석된 의미 성분은 대괄호로 묶어서 표시하되, 의미 성분은 알파벳의 대문자로 표시한다.

(5) ㄱ. man : [+HUMAN, +MAN, +ADULT]
    ㄴ. woman : [+HUMAN, +WOMAN, +ADULT]

　　　　ㄷ. boy　　　: [+HUMAN, +MAN, +YOUNG]
　　　　ㄹ. girl　　　: [+HUMAN, +WOMAN, +YOUNG]

둘째, 하나의 의미 성분에 대한 특성은 가급적이면 '+' 와 '−' 의 이원적(二元的)인 대립
관계로 나타낸다.

　　(6) ㄱ. man　　　: [+HUMAN, +MAN, +ADULT]
　　　　ㄴ. woman : [+HUMAN, −MAN, +ADULT]
　　　　ㄷ. boy　　　: [+HUMAN, +MAN, −ADULT]
　　　　ㄹ. girl　　　: [+HUMAN, −MAN, −ADULT]

이처럼 의미 자질을 이원적인 대립 관계로 표시하면 의미 성분 분석의 결과를 경제적으
로 기술할 수 있는 장점이 있다. 예를 들어서 (3)의 의미 성분 가운데서 [+WOMAN]과
[+YOUNG] 대신에 [−MAN]과 [−ADULT]로 표시한다. 이렇게 되면 (3)에서는
[+HUMAN, +MAN, +WOMAN, +ADULT, +YOUNG]의 다섯 가지의 의미 성분으로 기
술했는데, (4)처럼 이원적인 방법으로 나타내면 [+HUMAN, +MAN, +ADULT]처럼 세
가지의 의미 성분으로 기술할 수가 있다. 이처럼 의미 성분을 이원적 대립 관계로 표시
하면 두 단어 사이의 의미적인 차이를 명확하게 보여 줄 수 있다. 곧 'man'과 'woman'의
의미적인 차이를 [+MAN]과 [−MAN]으로 나타낼 수 있고, 'man'과 'boy'의 의미적인
차이를 [+ADULT]와 [−ADULT]로 나타낼 수 있다.
　　셋째, '아버지'와 '딸', '남편'과 '아내', '오빠'와 '여동생'처럼 다른 단어와의 관계를
나타내는 단어들이 있는데, 이렇게 단어들의 관계 속에서 파악되는 의미 성분을 '관계적
성분'이라고 한다. 이러한 관계적 성분은 [~의 어버이], [~의 자식], [~의 형제자매]와
같이 표시한다.

　　(7) ㄱ. 아버지 :　　　[+남성, +~의 어버이]
　　　　ㄴ. 딸　　　 :　　　[−남성, +~의 자식]
　　　　ㄷ. 오빠　　 :　　　[+남성, +손위, +~의 형제자매]
　　　　ㄹ. 여동생 :　　　[−남성, −손위, +~의 형제자매]

예를 들어서 (ㄱ)의 '아버지'는 [+남성, +~의 어버이]로, (ㄴ)의 '딸'은 [−남성, +~의 자식]
으로, (ㄷ)의 '오빠'는 [+남성, +손위, +~의 형제자매]로, (ㄹ)의 '여동생'은 [−남성, −손

위, +~의 형제자매]로 표시한다.

　넷째, 문장의 서술어로 쓰이는 용언(동사)이 의미적으로 특정한 명사항과 호응하는 경우가 있는데, 이를 '선택 제약(selectional restriction)'이라고 한다. 이러한 선택 제약의 규칙도 의미 성분으로 표시할 수 있다.

　　(8) 철수가 X에 Y를 { 쓰다, 끼다, 입다, 신다, 차다 }

　　(9) ㄱ. 쓰다 : [+착용, +머리, +얼굴]
　　　　ㄴ. 끼다 : [+착용, +손, +손가락]
　　　　ㄷ. 입다 : [+착용, +몸통]
　　　　ㄹ. 신다 : [+착용, +발, +다리]
　　　　ㅁ. 차다 : [+착용, +허리, +팔, +손목]

(6)에서 (ㄱ)의 '쓰다'는 [+착용, +머리, +얼굴], (ㄴ)의 '끼다'는 [+착용, +손, +손가락], (ㄷ)의 '입다'는 [+착용, +몸통], (ㄹ)의 '신다'는 [+착용, +발, +다리], (ㅁ)의 '차다'는 [+착용, +허리, +팔, +손목]의 의미 성분으로 표시한다.

　다섯째, 특정한 의미 성분을 표시함으로써 자동적으로 예측되는 '잉여적 성분(剩餘的 成分, redundant component)'은 표시하지 않는다. 예를 들어서 [+HUMAN]의 의미 성분이 있는 단어에는 반드시 [+ANIMATE]의 의미 성분이 들어 있다. 따라서 [+HUMAN]이 기술되면 [+ANIMATE]는 잉여적 성분이 된다. 이처럼 잉여 성분을 기술하지 않음으로써, 의미 성분 분석을 경제적이고 효율적으로 수행할 수 있다.

2.3. 의미 성분의 유형

　의미 성분은 그 특성에 따라서 '공통적 성분'과 '변별적 성분', '분류적 성분'과 '관계적 성분', 그리고 '보조적 성분'과 '잉여적 성분' 등으로 분류할 수 있다.
　〈 **공통적 성분과 시차적 성분** 〉 의미 성분을 '공통적 성분'과 '시차적 성분'으로 나눌 수 있다.
　첫째, '공통적 성분(共通的 成分, common component)'은 어떠한 어휘장에 속해 있는 모든 단어(어휘소)에 공통적으로 들어 있는 성분이다. 공통적 성분은 그 성분을 가진 단어를 하나의 의미 영역으로 범주화한다.

성분 \ 어휘소	man	woman	boy	girl	bull	cow	calf
[MAMMAL]	+	+	+	+	+	+	+
[HUMAN]	+	+	+	+	−	−	−
[MALE]	+	−	+	−	+	−	±
[ADULT]	+	+	−	−	+	+	−

[표 1. 공통 성분과 변별 성분]

예를 들어서 [표 1]에서 'man, woman, boy, girl, bull, cow, calf'의 동아리에서 [+MAMMAL]은 모든 단어에 나타나는 공통적 성분이며, 'man, woman, boy, girl'의 동아리에서 [+HUMAN]은 공통적 성분이다. 이러한 공통적 성분은 그 성분을 가진 단어를 하나의 의미 영역으로 범주화한다. 곧 [+HUMAN]은 'man, woman, boy, girl'의 단어를 하나의 의미 영역으로 모아 주며, [+ MAMMAL]은 'man, woman, boy, girl, bull, cow, calf'의 단어를 하나의 의미 영역으로 모아 준다.

둘째, '시차적 성분(視差的 成分, 변별적 성분, diagnostic component)'은 어떤 의미적인 동아리에 속한 단어들의 의미적인 차이를 나타내어 주는 성분이다. 위의 [표 1]에서 'man, woman, boy, girl'의 동아리와 'bull, cow, calf'의 동아리는 [HUMAN]의 의미 성분에 의해서 각각 다른 의미적인 동아리로 구분되며, 'man'과 'woman'은 [MALE]의 의미 성분에 의해서 다른 의미적인 동아리로 구분된다.

〈 분류적 성분과 관계적 성분 〉 의미 성분을 '분류적 성분'과 '관계적 성분'으로 나눌 수 있다.

첫째, '분류적 성분(分類的 成分, 고유 성분, classified component)'은 지시물 자체의 고유한 특성을 나타내는 성분이다. 분류 성분 중에서 하위의 의미 성분은 상위의 의미 성분을 함의하는 특징이 있다.

(10) H : [+HUMAN]
    M : [+MAMMAL]
    A : [+ANIMATE]

예를 들어서 [+HUMAN], [+MAMMAL], [+ANIMATE]는 각각 '사람, 포유동물, 동물'의 지시물에 들어 있는 고유한 특성을 의미 성분으로 나타낸 것이다. 이렇게 어떤 단어에 [+HUMAN]의 의미 성분이 있으면 반드시 [+MAMMAL]도 있으며, 마찬가지로 [+MAMMAL]의 성분이 있으면 [+ANIMATE]의 성분도 있게 마련이다.

둘째, '관계적 성분(關係的 成分, relational component)'은 사물 자체의 속성과는 관련이 없이 다른 사물과의 관련에서만 나타나는 상대적인 의미 성분이다. 관계적 성분은 반드시 그와 대립되는 짝이 되는 의미 성분이 있다.

성분 ＼ 어휘소	분류적 성분	관계적 성분
아버지	[+남성]	[+ ~의 어버이]
어머니	[-남성]	[+ ~의 어버이]
아 들	[+남성]	[+ ~의 자식]
딸	[-남성]	[+ ~의 자식]

[표 2. 분류적 성분과 관계적 성분]

[표 2]에서 '아버지'는 [+남성, +~의 어버이]라는 의미 성분을 나타내는데, 여기서 [+~의 어버이]는 지시물 자체의 고유의 특성이 반영된 의미 성분이 아니며, 오직 '자식'의 관계에서만 나타나는 상대적인 의미 성분이다. 그리고 '딸'의 [+~의 자식]도 지시물 자체의 특성은 아니며, 오직 '어버이'와의 관계에서 생기는 상대적인 의미 성분이다. 이러한 관계적 성분은 반드시 그와 대립되는 짝이 되는 의미 성분이 있는 것이 특징이다. 예를 들어서 [+~의 어버이]와 [+~의 자식]은 대립적인 짝을 이루며, '교사'와 '학생'의 단어에서 나타나는 [+~의 스승]과 [+~의 제자]의 관계적 성분은 서로 대립적인 짝을 이룬다.

〈 **보조적 성분과 잉여적 성분** 〉 의미적 성분을 '보조적 성분'과 '잉여적 성분'으로 나누기도 한다.

첫째, '보조적 성분(補助的 成分, supplementary component)'은 어떤 단어의 지시물에 나타나는 부차적인 특성을 의미 성분으로 기술한 것이다. 이와 같은 보조 성분은 주로 비유적인 표현에서 '성분 전이(成分 轉移, transfer feature)'가 일어난 때에 사용된다.

(11) 영자는 여우다.
    ㄱ. 여우 : [+동물, +포유동물, −사람, …], [+교활함]
    ㄴ. 영자 : [+동물, +포유동물, +사람, …], [+교활함] ⟵

(11)에서 '영자는 여우다.'라는 문장은 은유법을 사용한 비유 표현이다. 여기서 '여우'는 변별적 의미로 [−사람]의 의미 성분을 포함하고 있는 반면에, '여우'는 변별적 의미로 [+사람]의 의미 성분을 포함하고 있다. 이러한 점에서 '영자는 여우다.'라는 문장은 개념

적 의미를 나타내는 것이 아니라 내포적 의미를 나타내는 문장이다. 결국 '영자'와 '여우'
가 서로 연결될 수 있는 것은 '여우'가 가지고 있는 부차적인 특성으로서 [+교활함]의
보조적 성분이 '영자'의 의미에 전이된 결과이다.

둘째, '잉여적 성분(剩餘的 成分, redundant component)'은 어떤 단어(어휘소)의 의미 성분
을 분석함으로써 예측될 수 있는 의미 성분이다. 의미 성분을 기술할 때에 잉여적 성분
을 제외하면 단어의 의미를 간결하게 기술할 수 있는 장점이 있다.

(12) ㄱ. 아들 : [+생물, +동물, +사람, +친족, +직계, +1세대 밑, +남성]
ㄴ. 딸　 : [+생물, +동물, +사람, +친족, +직계, +1세대 밑, −남성]

(13) ㄱ. 아들 : [+사람, +친족, +직계, +1세대 밑, +남성]
ㄴ. 딸　 : [+사람, +친족, +직계, +1세대 밑, −남성]

(12)에서 '아들'과 '딸'에는 각각 (ㄱ)과 (ㄴ)과 같은 의미 성분이 있다. 이들 성분 중에서
[+사람]이 기술되면, 나머지 [+생물, +동물]은 기술되지 않아도 예측 가능하기 때문에
잉여적 성분이 된다. 따라서 (12)처럼 모든 의미 성분을 기술하는 대신에 (13)처럼 잉여
적 성분을 제외하고 필수적인 성분을 기술하는 것이 더욱 간결하다.

2.4. 의미 성분 분석의 실제

다음에서는 특정한 어휘장에 속한 단어들의 의미 성분을 명사류, 용언류, 부사류 등으
로 나누어서 분석한다.

2.4.1 명사류의 의미 성분 분석

명사류의 의미 성분을 '부모', '방계 친척', '일하는 여자'의 어휘장에 속한 단어들의
의미 성분을 분석한다.

〈 '부모' 관련 어휘의 의미 성분 분석 〉 '부모'를 가리키는 어휘장에 속한 단어로서 '가친
(家親), 선친(先親), 춘부장(椿府丈), 선대인(先大人), 모친(母親), 선비(先妣), 자당(慈堂), 선대
부인(先大夫人)' 등이 있다.

성분＼어휘소	가친	선친	춘부장	선대인	모친	선비	자당	선대부인
[남자]	+	+	+	+	−	−	−	−
[자기]	+	+	−	−	+	+	−	−
[생존]	+	−	+	−	+	−	+	−

[표 3. '부모'에 관련된 명사의 의미 성분 분석]

이들 단어들은 그 지시 대상의 성별에 따른 기준과, 자신의 부모인지 남의 부모인지에 따른 기준과, 살아 있는 부모인지 돌아가신 부모인지에 따른 기준으로 의미 성분을 설정할 수 있다. 이 세 가지의 기준에 각각 [남자], [자기], [생존]의 의미 성분을 부여하면 [표 3]과 같은 의미 성분의 표가 이루어진다.

〈 '**방계 친척' 관련 어휘의 의미 성분 분석** 〉 한 세대 위인 '방계(傍系) 친척'의 어휘장에 속한 단어로서, '삼촌, 외삼촌, 고모부, 이모부, 숙모, 외숙모, 고모, 이모' 등이 있다.

성분＼어휘소	삼촌	외삼촌	고모부	이모부	숙모	외숙모	고모	이모
[남자]	+	+	+	+	−	−	−	−
[부계]	+	−	+	−	+	−	+	−
[혈연]	+	+	−	−	−	−	+	+

[표 4. '방계 친척'에 관련된 명사의 의미 성분 분석]

이들 단어들은 지시 대상의 성별에 따른 기준과, 부계(父系)냐 모계(母系)냐에 따른 기준과, 혈연(血緣) 관계냐 아니냐에 기분으로 의미 성분을 설정할 수 있다. 이 세 가지의 기준에 따라서 각각 [남자], [부계], [혈연]의 의미 성분을 부여하면 [표 4]와 같은 의미 성분의 표가 이루어진다.

〈 '**남의 집에서 일을 하는 여자' 관련의 어휘 성분 분석** 〉 예전에 여자들이 남의 집안의 일을 해 주고 보수를 받는 예가 많았는데, 이러한 직업을 가진 여자에 대한 명칭이 여러 가지가 있었다.[2] 어휘의 개념적인 의미를 바탕으로 '공통 성분'과 '변별 성분'을 정할 수 있다(양태식 1984:279).

---

2) ① 침모: 남의 집 바느질을 하고 품삯을 받는 여자, ② 난침모: 남의 집에 드나들며 바느질을 맡아하는 여자], ③ 든침모: 남의 집에 있으면서 바느질을 맡아하는 여자, ④ 부엌데기: 남의 집에서 주로 부엌일을 맡아하는 여자], ⑤ 젖어미: 남의 집 아이를 젖을 먹여 양육하는 여자, ⑥ 드난꾼: 남의 집에 드나들며 고용살이 하는 여자, ⑦ 안잠자기: 남의 집에 있으면서 고용살이 하는 여자

성분 \ 어휘소	침모	난침모	든침모	부엌데기	젖어미	드난꾼	안잠자기
[여자]	+	+	+	+	+	+	+
[남의 집 일]	+	+	+	+	+	+	+
[일의 종류]	+	+	+	+	+	−	−
[바느질]	+	+	+	−	−	±	±
[부엌일]	−	−	−	+	−	±	±
[드나듦]	±	+	−	±	±	+	−

[표 5. '남의 집에서 일하는 여자'에 관련된 명사의 의미 성분 분석]

먼저 이들 어휘의 공통적 의미 성분으로서 [+여자]와 [+남의 집 일을 하다]를 설정한다. 그리고 변별적 의미 성분으로서, 첫째로 그들이 종사하는 일의 종류에 따라서 [±일의 종류]의 성분을, 둘째로 종사하는 일이 '바느질'이냐 아니냐에 따라서 [±바느질]의 성분을, 셋째로 종사하는 일이 '부엌일'이냐 아니냐에 따라서 [±부엌일]의 성분을, 넷째로 출퇴근을 하느냐 아니냐에 따라서 [±드나듦]의 성분을 설정한다. 이렇게 설정한 의미 성분에 따라서 '남의 집 일을 하는 여자'의 어휘장에 속한 단어에 대한 의미 성분을 종합적으로 정리하면 위 [표 5]처럼 된다.

2.4.2. 용언의 성분 분석

〈 용언의 풀이 양상에 따른 의미 성분 분석 〉 용언(동사, 형용사)의 풀이 양상에 따라서 설정한 의미적 특성은 다음과 같이 기술할 수 있다.

(12) ㄱ. 상태(state) : 붉다, 넓다, 둥글다, 푸르다

ㄴ. 적극적 행위(action) : 달리다, 먹다, 쓰다, 놀다, 날다

ㄷ. 상태의 변화(process) : 녹다, 죽다, 자라다, 넓어지다, 둥글어지다, 붉어지다

ㄹ. 사동(causative) : 높이다, 늦추다, 먹이다, 돋우다

곧 (ㄱ)의 '붉다'처럼 주체에 변화가 일어나지 않는 상태를 [+STATE]로, (ㄴ)의 '달리다'처럼 주체가 적극적으로 수행하는 적극적 행위를 [+ACTION]으로 의미 성분을 설정한다. 그리고 (ㄷ)의 '녹다'처럼 주체의 상태에 변화가 일어나는 과정을 [+PROCESS]로, 주체가 다른 주체로 하여금 어떠한 행동을 하게 하거나 어떠한 주체의 상태를 변화시키는 행위(사동)를 [+CAUSATIVE]로 설정한다. 이렇게 설정한 의미 성분에 따라서 용언의 어휘 성분을 분석하면 아래의 [표 6]과 같다.

성분 \ 어휘소	붉다	달리다	녹다	높이다
[상 태]	+	−	−	−
[적극적 행위]	−	+	−	+
[상태의 변화]	−	−	+	+
[사 동]	−	−	−	+

[표 6. '풀이 양상'에 따른 용언의 의미 성분 분석]

〈 **'양육' 관련 동사에 대한 성분 분석** 〉 양육(養育)에 대한 어휘장에 속하는 단어로서 '기르다, 치다, 키우다, 가꾸다' 등에 대한 의미 성분을 분석할 수 있다. 이러한 양육 동사가 문장 속에서 목적어를 취할 때에 나타나는 '선택 제약'을 다음과 같이 의미 성분으로 표시할 수 있다.

성분 \ 어휘소	기르다	치다	키우다	가꾸다
[사 람]	+	−	+	−
[동 물]	+	+	+	−
[식 물]	+	−	+	+
[추상물]	+	−	+	+

[표 7. '양육'에 관련된 동사의 의미 성분 분석]

양육 동사인 '기르다, 치다, 키우다, 가꾸다'는 그 대상인 [사람], [동물], [식물], [추상물]을 기준으로 하여 구분되어서 실현된다. 이처럼 양육 동사를 그 대상을 기준으로 하여 설정한 의미 성분 분석은 [표 7]과 같다.

〈 **'온도' 관련 어휘에 대한 성분 분석** 〉 형용사의 예로서 '온도 어휘'인 '춥다, 덥다, 차갑다, 뜨겁다, 서늘하다, 따뜻하다, 미지근하다, 뜨뜻하다'에 대하여, 다음과 같이 성분 분석을 분석할 수 있다.

성분 \ 어휘소	춥다	덥다	차갑다	뜨겁다	서늘하다	따뜻하다	미지근하다	뜨뜻하다
[긍정적]	−	−	−	−	+	+	+	+
[확장적]	−	+	−	+	−	+	−	+
[전신적]	+	+	−	−	+	+	−	−

[표 8. '온도'에 관련된 형용사의 의미 성분 분석]

온도에 대한 주체의 호불호의 반응에 따라서 [±긍정적]의 의미 성분을, 온랭(溫冷)의 감각에 따라서 [±확장적]의 의미 성분을, 온도를 몸 전체로 느끼느냐 몸의 부분으로 느끼느냐하는 방법에 따라 [±전신적]의 의미 성분을 설정한다. 이러한 [긍정적], [확장적], [전신적]의 의미 성분에 따라서 온도 어휘를 성분 분석하면 [표 8]과 같다.

2.4.3. 부사의 의미 성분 분석

부사 중에서 사물이나 현상의 모양이나 상태를 표현하는 부사를 '양상 부사(樣相副詞)'라고 한다. 이에 해당하는 '멈칫, 섬뜩, 깜짝, 소스라치게, 짐짓' 등의 어휘장에 대한 의미 성분을 다음과 같이 분석할 수 있다.

	멈칫	섬뜩	깜짝	소스라치게	짐짓
의도적	−	−	−	−	+
단절적	+	−	−	−	−
공포	−	+	−	+	−
놀람	−	+	+	+	−

[표 9. '양상 부사'의 의미 성분 분석]

동작의 양상을 표현하는 의미 성분을 행위자의 의도성과 비의도성에 따라서 [±의도적]의 의미 성분을, 행위의 성격이 단절적이냐 비단절적이냐에 따라서 [±단절적]의 의미 성분을 설정한다. 그리고 행위자가 공포를 느끼느냐 느끼지 않느냐에 따라서 [±공포]의 의미 성분을, 행위자가 놀라느냐 놀라지 않느냐에 따라서 [±놀람]의 의미 성분을 설정한다. 이렇게 [의도적], [단절적], [공포], [놀람]의 의미 성분에 따라서 온도 어휘를 성분 분석하면 [표 9]와 같다.

2.5. 의미 성분 분석의 활용

의미 성분 분석은 단어의 의미를 객관적으로 기술하는 방법 중의 하나이다. 그런데 의미 성분 분석의 방법은 의미를 객관적으로 기술하는 데에 쓰일 뿐만 아니라, 단어 사이의 의미적인 관계나 문장의 의미적인 특성을 설명하는 데에도 활용할 수 있다.

2.5.1. 단어의 의미 관계 검증

의미 성분 분석을 통하여 단어의 '동의 관계, 상하 관계, 반의 관계(대립 관계), 다의 관계' 등을 검증할 수 있다.

첫째, 단어 사이에 성립하는 '동의 관계(同意 關係)'를 검증할 수 있다.

(13) ㄱ. 나무와 나무 사이에 조그만 <u>틈</u>이 생겼다.
    ㄴ. 나무와 나무 사이에 조그만 <u>*겨를</u>이 생겼다.

(14) ㄱ. 틈　 : [+사이, +시간, +공간]
    ㄴ. 겨를 : [+사이, +시간, -공간]

'틈'과 '겨를'은 공통적으로 [+사이, +시간]의 의미 성분을 포함하는 점에서는 동의어에 가깝다. 하지만 (13)에서 (ㄱ)의 문장은 문법적이지만 (ㄴ)의 문장은 비문법적이다. 이 사실을 감안하면, '틈'에는 [+공간]의 의미 성분을 포함되는 데에 비해서 '겨를'에는 [-공간]의 의미 성분이 들어 있다는 차이를 알 수 있다. 이렇게 두 단어의 의미 성분을 분석함으로써, '틈'과 '겨를'은 완전한 동의어 관계가 아니라 부분적인 동의 관계에 있다는 사실을 알 수 있다.

둘째, 단어 사이에 성립하는 '상하 관계(上下關係)'를 검증할 수 있다.

(15) ㄱ. 어버이 : [+사람, +혈연, +직계, +1세대 위]
    ㄴ. 아버지 : [+사람, +혈연, +직계, +1세대 위, +남성]

공통적 성분을 포함하고 있는 두 단어 중에서 한 단어가 특정한 의미 성분을 더 많이 가질 때에, 상하 관계가 성립한다. 예를 들어서 '어버이'와 '아버지'는 상하 관계가 발생하는데, 이 두 단어의 의미 성분을 분석하면 (15)와 같다. (15)에서 '아버지'와 '어버이'는 [+사람, +혈연, +직계, +1세대 위]의 성분을 공통 성분으로 가지지만, '아버지'는 '어버이'보다 [+남성]이라는 성분을 더 가진다는 사실을 알 수 있다.

셋째, 단어 사이에 성립하는 '반의 관계(反意 關係)'를 검증할 수 있다.

(16) ㄱ. 총각 : [+사람, +성인, -결혼, +남자]
    ㄴ. 처녀 : [+사람, +성인, -결혼, -남자]

반의어는 두 단어가 여러 가지의 공통적 성분을 가지면서, 동시에 오직 하나의 성분만 정반대인 단어의 짝이다. 예를 들어서 반의어를 이루는 단어들은 (16)의 '총각'과 '처녀'처럼 [+사람, +성인, −결혼]이라는 공통 성분을 가지면서, 동시에 오직 하나의 의미 성분만 [+남자]와 [−남자]로 정반대의 의미 성분을 포함하는 단어의 짝이다.

넷째, 한 단어 내에서 일어나는 '다의 관계(多義 關係)'를 검증할 수 있다.

> (17) ㄱ. 마당이 <u>넓다</u> : [+면적, −좁다]
> ㄴ. 길이 <u>넓다</u>   : [+폭, −좁다]

(17)에서 '넓다'는 (ㄱ)의 문맥에서는 [+면적]의 의미 성분을 포함하고, (ㄴ)의 문맥에서는 [+폭]의 의미 성분을 포함한다. 이렇게 [+면적]과 [+폭]의 의미적 차이성 때문에 '넓다'는 다의어가 되는 것이다.

2.5.2. 문장의 의미 관계 검증

의미 성분 분석을 통하여 특정한 문장에서 나타나는 의미 관계를 기술할 수 있다. 첫째, 문장에 나타나는 '항진 관계[3]'를 의미 성분 분석을 통해서 기술할 수 있다.

> (18) 우리 아버지는 남자이다.

> (19) ㄱ. 아버지   [+남성, +성인, +어버이]
> ㄴ. 남자   [+남성, +성인]

'아버지'와 '남자'는 [+남성, +성인]의 공통 성분이 있는데, '아버지'는 '남자'보다도 [+어버이]라는 의미 성분을 더 가진다. 그런데 (18)처럼 'A는 B이다' 형식으로 된 문장에서 하위어가 주어(A= 아버지)로 쓰이고 상위어가 서술어(B= 남자)로 쓰이면, 그 문장은 진리치가 항상 '참(眞)'이 된다(= 항진 명제).

둘째, 문장에서 나타나는 '모순 관계[4]'를 의미 성분 분석을 통해서 기술할 수 있다.

---

3) '항진 명제(恒眞命題, tautology)'는 어떠한 발화 상황에서도 항상 '참(眞)'인 명제이다.
4) '모순 명제(矛盾命題, contradiction)'는 어떠한 발화 상황에서도 항상 '거짓(僞)'인 명제이다.

(20) ?우리 아버지는 여자이다.

(21) ㄱ. 아버지 : [+남성, +성인, +어버이]
　　 ㄴ. 여자　 : [-남성, +성인]

(21)에서 '아버지'에는 [+남성]의 의미 성분이 있고 '여자'에는 [-남성]의 의미 성분이 있다. 이처럼 정반대의 의미 성분을 포함하고 있는 어휘들이 (20)처럼 'A는 B이다.' 형식의 문장에서 A항이나 B항으로 함께 쓰이면, 그 문장은 진리치가 항상 거짓인 문장(모순 명제)이 된다.

　　셋째, 문장에서 나타나는 '잉여 관계5)'를 의미 성분 분석을 통해서 기술할 수 있다.

(22) ㄱ. 새신랑, 역전앞
　　 ㄴ. 아름다운 미인, 앞으로 전진하다, 뒤로 후퇴하다
　　 ㄷ. 만일 비가 계속 내리면 낙동강 주변은 물에 잠길 거야.
　　 ㄹ. 비록 대학을 다니지 않았더라도 노력하면 성공할 수 있다.

(ㄱ)에서 '새신랑'은 관형사 어근인 '새'와 체언인 '신랑'이 합쳐져서 된 합성 명사이다. '새신랑'을 형성하는 '새'와 '신랑'에는 각각 동일한 [+NEW]의 의미 성분이 들어 있어서 '잉여 관계'가 나타난다. (ㄴ)에서 형용사인 '아름다운'과 '미인'의 '미'에는 [+美]의 의미 성분이 나타난다. 그리고 (ㄷ)에서는 부사인 '만일'과 연결 어미인 '-면'에 공통적으로 [+가정]의 의미 성분이 나타나고, (ㄹ)에서는 부사인 '비록'과 연결 어미인 '-아도'는 [+양보]의 의미 성분이 나타난다. 따라서 (ㄷ)의 '만일'과 '-면', (ㄹ)의 은 '비록'과 '-아도'는 잉여 관계에 있으며, 결과적으로 (ㄷ)과 (ㄹ)의 문장은 잉여성을 띤 문장이다.

(23) ㄱ. 새　 : [+NEW]　　　 신랑 : [+MAN, +MARRIED, +NEW]
　　 ㄴ. 만일 : [+부사, +가정]　~　-면　: [+연결 어미, +가정]
　　 ㄷ. 비록 : [+부사, +양보]　~　-아도 : [+연결 어미, +양보]

　　넷째, 의미 성분을 분석함으로써 '선택 제약'6)에 대한 정보를 기술할 수 있다.

---

5) '잉여 관계(剩餘 關係)'는 정보의 과잉 현상이 일어나는 의미적 관계이다.
6) 서술어와 이에 대응하는 명사항에서 나타나는 의미적인 호응 관계를 '선택 제약(選擇制約, selectional restriction)'이라고 한다.

(24) 마시다 { [+유정물]_주어 — [+액체, +기체]_목적어 }

(25) ㄱ. *바위가 물을 **마신다** [주 어 : +유정물]   cf. 바위 [−유정물]
      ㄴ. *영희는 빵을 **마신다** [목적어 : +액체, +기체]   cf. 빵 [−액체, −기체]

예를 들어서 (24)에서 '마시다'는 주어로는 [+유정물]의 의미 성분을 포함하고 있는 체언을 선택하고, 목적어로는 [+액체]나 [+기체]의 의미 성분을 포함하고 있는 체언을 선택하는 통사·의미적 제약이 있다. 그런데 (25)에서 (ㄱ)의 문장은 '마시다'에 포함된 주어에 대한 선택 제약을 어겼으며, (ㄴ)의 문장은 '마시다'에 포함된 목적어에 대한 선택 제약을 어겼다. (24)처럼 서술어에 호응하는 주어와 목적어의 의미 성분을 분석하여 제시함으로써, 문장에서 나타나는 의미적인 적절성을 검증할 수 있다.

2.6. 의미 성분 분석의 한계

의미 성분 분석 이론은 의미를 객관적으로 분석할 수 있는 장점이 있고, 여러 가지 의미 관계를 객관적으로 기술하는 데에도 유용하다. 그러나 의미 성분 분석은 다음과 같은 한계도 있다.

첫째, 의미 성분 분석에서 사용하는 의미 성분의 용어가 명확하지 않다는 문제가 있다. 곧 성분 분석에 필요한 상위 언어(메타 언어)로서 의미 성분의 목록을 어느 정도까지 구체화하여 분석해야 하는가에 대한 문제가 있다.

(26) 총각 : [+사람, +성인, −결혼, +남자]

예를 들어서 총각을 [+사람, +성인, −결혼, +남자]의 의미 성분으로 분석하는데, 이때 개개의 의미 성분인 [+사람], [+성인], [−결혼], [+남자] 등도 더 분석될 가능성이 있다.

둘째, 성분 분석은 주로 개념적 의미를 분석하는 데에 그치고, 함축적 의미와 같은 나머지 연상적인 의미는 분석의 대상이 되지 않는다. 실제로 의미 성분 분석은 구조적으로 잘 짜인 몇몇 어휘군(친척어, 공간어 등)이나 구체성을 띤 대상을 분석하는 데에 한정되어 있다. 여타의 추상적인 개념을 나타내는 다양한 어휘들을 분석하는 데에 적용할 수 있는 일반적인 방법론은 개발되지 못했다.

(27) 노처녀 : [+여성, +인간, +결혼 적령기를 넘김, +α]

예를 들어서 '노처녀'의 의미 성분은 [+여성, +인간, +결혼 적령기를 넘김]으로 분석되는데, 이는 '노처녀'의 개념적인 의미를 의미 성분으로 분석한 것이다. 그러나 '노처녀'의 함축적인 의미로서 [+α]를 설정할 수 있는데, 이러한 함축적인 의미를 의미 성분으로 분석하기가 쉽지 않다.

셋째, 의미 성분의 보편성에 관한 문제로서, 여러 언어에 공통적으로 적용할 수 있는 일정한 의미 성분이 존재하는가가 문제로 남는다. 곧 의미 성분 분석의 이론에서는 상위 언어(메타 언어)로서의 의미 성분은 모든 개별 언어에 공통적으로 존재한다고 가정하고 있다. 그러나 의미 성분이 모든 언어에 목록의 상태로 보편적으로 존재하고 그 가치 또한 모든 언어에서 동일하게 나타나는가에 대하여는 의문이 든다.

제3장 의미의 계열 관계

한 언어 속해 있는 어휘들은 서로 아무런 관계없이 개별적으로 흩어져 있는 것은 아니다. 곧, 하나의 단어는 다른 단어와 의미적으로 관련을 맺고 있는데, 이렇게 특정한 단어와 단어 사이에 발생하는 의미적인 관련성을 '의미의 계열 관계'라고 한다. 제3장에서는 국어의 어휘 체계에 속해 있는 단어와 단어 사이에 나타나는 '의미의 계열 관계'를 '동의 관계', '반의 관계', '상하 관계', '다의 관계', '동음 관계'로 나누어서 살펴본다.

3.1. 동의 관계

3.1.1. 동의 관계의 규정

〈 **동의어의 개념** 〉 '동의 관계(同意關係, synonymy)'는 형태가 다른 둘 이상의 단어(어휘소)가 동일하거나 유사한 의미를 나타낼 때에 성립하는 의미 관계이다. 이러한 동의 관계에 있는 단어들을 '동의어(同意語, synonym)'라고 한다.

서로 다른 단어 N_1, N_2, N_3 등이 동일한 의미인 S_1을 나타낼 때, N_1, N_2, N_3 등은 동의 관계에 있다고 할 수 있으며 N_1, N_2, N_3은 모두 동의어가 된다. 예를 들어서 '자라다, 크다, 성장하다'는 모두 '성장(成長)'이라는 의미를 나타내므로 동의 관계가 형성된다.

〈 **동의어의 유형** 〉 두 단어의 의미가 모든 상황에서 동일한 경우는 드물다. 곧, 두 단어의 개념적 의미가 동일한 경우는 흔히 있으나, 연상적 의미나 주제적인 의미까지 동일한 동의어는 드물다. 따라서 동의 관계는 동일성의 정도에 따라서 '절대적 동의 관계'와 '상대적 동의 관계'로 나뉜다.

첫째, '절대적 동의 관계(absolute synonymy)'는 동의어들이 개념적 의미뿐만 아니라 '연상적 의미'와 '주제적 의미'까지 동일하며, 모든 문맥에서 대치가 가능한 의미 관계이다.

(1) 호랑이/범, 봉투/피봉, 찌/동동이, 광견병/공수병, 메아리/산울림, 속옷/내의

(1)의 동의어는 개념적 의미와 연상적 의미 모두가 동일하며, 거의 모든 문맥에서 대치가 가능하므로 절대적 동의 관계에 있다.

둘째, '상대적 동의 관계(relative synonymy)'는 동의어들이 문맥에 따른 대치가 어렵거나, 개념적 의미에 한정하여서 동의 관계가 성립하는 의미 관계이다. 이러한 상대적 동의 관계는 다시 두 가지 유형으로 나뉜다.

첫째, 개념적 의미만 동일하고 나머지 연상적인 의미가 달라서, 서로 대치하기가 어려운 동의 관계가 있다.

(2) 부친/아버지/아빠, 모친/어머니/엄마, 얼굴/면상, 까까/과자, 잠/낸내

곧 '부친/아버지/아빠' 등의 동의어는 개념적 의미는 동일하지만 어감이나 화용론적인 쓰임에서 차이가 나기 때문에 상대적인 동의 관계에 있다.

둘째, 특정한 문맥에서만 개념적 의미·연상적 의미·주제적 의미가 동일하여, 동일한 문맥 안에서만 대치가 가능한 동의 관계가 있다.

(3) 참다/견디다, 눈치/낌새, 틈/겨를

(4) ㄱ. 그는 고통을 { 견디었다/참았다 }
　　ㄴ. 댐이 수압을 { 견디지/*참지 } 못하고 무너졌다.

(5) ㄱ. 그가 {눈치/낌새}를 챘다.

　　ㄴ. {눈치/*낌새}가 좀 있어라.

(6) ㄱ. 일꾼들은 잠시 앉아서 쉴 {틈/겨를}도 없다.

　　ㄴ. 나무와 나무 사이에 조그만 {틈/*겨를}이 생겼다.

(4~6)에서 '참다/견디다, 틈/겨를, 눈치/낌새'는 상대적인 동의어다. 이들 상대적 동의어는 각각 (ㄱ)의 문맥에서는 서로 대치될 수 있지만 (ㄴ)의 문맥에서는 대치될 수 없다. 이처럼 (3)의 단어들은 제한된 문맥에서만 동의 관계를 형성하므로, 상대적인 동의 관계에 있다.

3.1.2. 동의어의 형성 요인

잭슨(H. Jackson, 1988:68~74)에서는 동일한 대상을 지시하지만 문맥상의 용법이 다른 '상대적 동의어'가 형성되는 5가지의 요인을 제시했다.

첫째, '지역 방언(地域 方言, dialect)'의 차이 때문에 동의어가 생길 수 있다. 곧 서로 다른 방언권에 있는 사람들이 동일한 지시 대상에 대하여 서로 다른 단어를 사용하여서 동의어가 형성된다.

(7) ㄱ. 부추(중부 방언)/정구지(충청, 경상, 전북)

　　ㄴ. 부엌(중부 방언)/정지(강원, 경상, 전라, 충청)

(7)에서 '부추'와 '정구지', 그리고 '부엌'과 '정지'는 지역적인 차이에 따라서 성립하는 동의어이다.

둘째, '문체(文體, style)'나 '격식(格式, level of formality)'의 차이에 따라서 동의어가 생길 수 있다. 이러한 동의어는 고유어와 한자어와 외래어의 차이에서 발생하는데, 대체로 고유어는 입말 또는 비격식체로 쓰이고 외래어는 글말 또는 격식체로 쓰인다.

(8) ㄱ. 머리/頭上, 이/齒牙, 술/藥酒, 중/僧侶, 대꾸/對答, 늙은이/老人

　　ㄴ. 食量/먹거리, 自立/홀로서기, 索引/찾아보기, 交配/짝짓기

(9) ㄱ. 불고기집/가든, 가게/슈퍼마켓, 삯/페이

ㄴ. 서클/동아리, 미팅/모임

(10) 소젖/우유/밀크, 집/가옥/하우스, 잔치/연회/파티

(11) 대한민국/한국, 경상남도/경남, 한국은행/한은, 수산업협동조합/수협

(8)의 예는 고유어와 한자어 사이에서, (9)는 고유어와 서양 외래어 사이에서, (10)은 고유어와 한자어와 서양 외래어 사이에서, (11)은 본딧말과 준말 사이에서 일어나는 상대적 동의어이다. 이러한 동의어들의 짝은 문체나 격식상의 차이를 보인다.

셋째, '전문성(專門性, technicality)'의 차이에 따라서, '전문어'나 '은어'가 발생하여 동의어가 생길 수 있다.

(12) ㄱ. 티비(T.B)/결핵, 캔서/암, 충수/맹장, 늑골/갈비뼈, 담낭/쓸개

ㄴ. 염화나트륨/소금, 지방/기름, 에틸알콜/주정(酒精)

ㄷ. 곡차/술, 화엄경/화투, 천주/하느님, 열반하다/죽다

ㄹ. 얼차려/벌, 부식/반찬, 관물/물품, (총기)수입/손질

(12)의 예는 모두 각 전문 분야에서 쓰이는 전문어와 일상어로 말미암아서 생기는 상대적 동의어들이다. (ㄱ)은 의학 분야, (ㄴ)은 화학 분야, (ㄷ)은 종교 분야, (ㄹ)은 군대 분야에서 전문어와 일상어가 동의어로 나타나는 예이다.

넷째, '내포(內包, connotation)'의 차이에 따라서 동의어가 생길 수 있다. 이는 동의 관계로 맺어진 단어에서 한 쪽이 내포적 의미를 나타내고, 다른 쪽에서는 내포적 의미를 나타내지 않을 때에 생긴다.

(13) ㄱ. 일본인/쪽발이, 중국인/되놈, 미국인/양키, 한국인/조센징, 노인/늙은이, 승려/중놈, 정치가/정치꾼, 대답/대꾸

ㄴ. 경찰/순사, 국가정보원/중앙정보부, 기무사/보안사

(14) 운전사/운전 기사, 차장/안내원, 간호부/간호사, 형무소/교도소, 장애인/장애우, 맹인/시각장애우, 변소/화장실

(15) 동무/친구, 인민/국민

(13~15)의 예는 단어들의 내포적인 의미가 각각 '긍정적/중립적/부정적'으로 차이를 보이는 상대적 동의어들이다. (13)의 예는 '중립/부정'으로, (14)의 예는 '중립/긍정'으로 내포적인 의미의 차이를 나타내는 상대적 동의어들이다. (15)에서 '동무'와 '인민'은 원래 중립적인 단어였는데, 북한에서 정치적인 의미가 더하여져서 쓰이게 되자 부정적인 단어가 되었다.[1] 결과적으로 '동무'와 '인민'은 각각 '친구'와 '국민'과 부정적 의미와 중립적인 의미로 대립하게 된다.

다섯째, '완곡 어법(婉曲語法, euphemism)'에 따라서 동의어가 생길 수 있다. 완곡 어법은 '죽음, 질병, 성(性)' 등에 관한 금기어(禁忌語)를 완곡어로 대체할 때에 일어난다.

(16) ㄱ. 천연두/마마/손님, 폐병/가슴앓이, 뱀/긴당이, 호랑이/산중호걸/산신령
　　　ㄴ. 죽다/돌아가다/세상버리다

(17) ㄱ. 똥/대변, 오줌/소변, 변소/화장실, 월경/보경이/달거리
　　　ㄴ. 간통하다/바람나다, 강간하다/욕보이다, 아이의 생식기/고추

(16)의 예는 두려움을 느낄 수 있는 단어를 회피하기 위하여, (17)의 예는 거북함을 느낄 수 있는 단어를 회피하기 위하여 다른 단어로 대체하여 표현한 것이다. 이처럼 금기어나 완곡어로 대체하는 과정에서 상대적 동의어가 생긴 것이다.

3.1.3. 동의어의 충돌

둘 이상의 단어가 동일한 지시 대상을 표현하게 됨으로써, 동의어들 사이에는 충돌(대립)이 생기게 된다.

〈 **동의어의 충돌에서 나타나는 힘의 원리** 〉 동의어들이 서로 대립할 때에는, 다음의 세 가지 원리에 의해서 우열(優劣)의 관계가 나타난다.

---

1) '동무'는 원래는 '늘 친하게 어울리는 사람'의 뜻으로 쓰였다. 그런데 이 단어가 북한에서는 '혁명을 위하여 함께 싸우는 사람을 친근하게 이르는 말'로 쓰임에 따라서, 남한에서는 부정적인 단어로 인식하게 되었다. 그리고 '인민'도 원래는 '국가나 사회를 구성하고 있는 사람들'이라는 뜻으로 중립적인 단어였다. 이 단어가 북한에서 지배자에 대한 피지배자(= 민중)를 이르는 의미로 쓰이게 되자, 남한에서는 '인민'을 부정적인 단어로 인식하게 되었다.

첫째, '음절 경제성의 원리'이다. 음절의 길이가 짧은 쪽과 음절이 긴 쪽이 충돌하여 대립할 때에는, 대체로 길이가 짧은 쪽이 더 큰 세력을 얻는다.

(18) ㄱ. ㄱ룸/江 → 강, 지게/門 → 문, ㅂ룸/壁 → 벽, 미르/龍 → 용, 그윗글왈/公文 → 공문, 아
　　　니한스싀/暫時 → 잠시, ㅂ룸마즌병/中風 → 중풍

　　ㄴ. 낯/顔 → 낯, 눈/目 → 눈, 코/鼻 → 코, 귀/耳 → 귀, 입/口 → 입, 손/手 → 손, 발/足 → 발

(ㄱ)에서 15세기 국어에서는 'ㄱ룸'과 '강(江)'이 동의어로서 함께 쓰였다. 이들 단어가 충돌한 결과 음절이 짧은 '강(江)'이 세력을 얻어서 남고, 음절이 긴 'ㄱ룸'이 사라졌다. 반면에 순우리말과 한자어의 음절 수가 같을 때에는, 순우리말의 단어가 남는 경우도 있다. 예를 들어서 (ㄴ)에서 '낯'과 '안(顔)'은 둘 다 1음절의 단어이다. 이들 단어가 동의 어를 형성하여 충돌한 결과로 순우리말인 '낯'이 세력을 얻고 '안(顔)'은 사라졌다.

둘째, '동음 관계 회피의 원리'이다. 동의어 중에 한 쪽의 어휘가 다른 어휘와 동음 관계에 놓여 있을 때에, 동음 관계가 없는 어휘가 살아남는 경향을 말한다.

(19) ㄱ. 문(門)/ 부체₁　　　　　　　—　부체₂(煽)

　　ㄴ. 이자(利子) / 길₁　　　　　　—　길₂(道)

　　ㄷ. 농사(農) / 녀름₁ (〉여름₁)　—　녀름₂(夏)(〉여름₂)

　　ㄹ. 연기(嗅) / 닉〉내₁　　　　　—　내₂(川)

(20) ㄱ. 재단하다(裁)/ㅁㄹ다₁　　　—　ㅁㄹ다₂(乾)

　　ㄴ. 범하다(犯)/적시다₁　　　　—　적시다₂(浸)

　　ㄷ. 존귀하다(貴)/고맙다₁　　　—　고맙다₂(謝)

　　ㄷ. 전염되다(染)/닮다₁　　　　—　닮다₂(似)

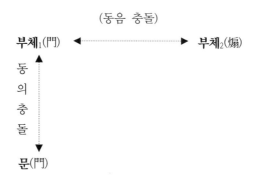

(동음 충돌)

부체₁(門) ◀┄┄┄┄┄┄▶ 부체₂(煽)

동
의
충
돌

문(門)

예를 들어서 중세어에서 '문(門)'과 동의 관계를 이루는 단어로서 '부체₁'이 있었다. 그런데 '부체₁'은 '부체₂(煽)'와 동음 관계를 이루고 있었기 때문에, 두 단어의 형태가 혼동될 수 있는 가능성이 있었다. 이에 따라서 동음 관계를 이루는 어휘를 갖지 않은 '문(門)'이 세력을 얻어서 살아남고 '부체₂(煽)'와 동음 관계를 이루고 있는 '부체₁(門)'은 사라지게 되었다.

셋째, '문화적 우열에 따른 힘의 원리'이다. 이는 서로 다른 문화권에서 나온 어휘들이 동의어를 형성하여 충돌할 때에는, 힘이 강한 문화권의 어휘가 힘이 약한 문화권의 어휘보다 유리하다는 원리이다.

    (21) ㄱ. 수리/단오(端午), 깁/비단(緋緞), 물마루/파도(波濤)

        ㄴ. 오락/레크에이션, 선전/피알(P.R.), 휴가/바캉스

        ㄷ. 강내미/옥시기/옥수수, 무시/무, 정구지/부추, 정지/부엌

(ㄱ)에서는 순우리말과 한자어가, (ㄴ)에서는 우리말과 서양 외래어가, (ㄷ)에서는 방언과 표준어가 동의어 충돌을 일으킨 결과, 힘이 강한 문화권의 말이 세력을 얻어서 널리 쓰인다.[2]

〈 **동의어 충돌의 결과** 〉 동의 관계에 있는 어휘들이 서로 충돌할 때에는 그 결과가 다음과 같이 나타난다.

첫째, 동의 관계에 있는 어휘들이 현실 언어에서 동의어로서 함께 쓰일 수 있다.

    (22) ㄱ. 메아리/산울림, 보조개/볼우물, 꼬리별/살별

        ㄴ. 멍게/우렁쉥이, 물방개/선두리, 강냉이/옥수수, 애순/어린순

        ㄷ. 목숨/생명, 사람/인간, 달걀/계란, 아내/처, 버릇/습관, 먹을거리/음식

        ㄹ. 목도리/머플러, 깃/칼라, 동아리/서클, 휴대전화/모바일폰/핸드폰

(ㄱ)은 순우리말과 순우리말이, (ㄴ)은 방언과 표준어가, (ㄷ)은 순우리말과 한자어가, (ㄹ)은 순우리말과 서양 외래어가 각각 동의어로서 현실 언어에서 함께 쓰인 예이다.

둘째, 동의 관계에 있는 단어 중에서 한쪽은 살아남고 다른 한쪽은 소멸할 수 있다.

---

2) 이는 일종의 '과시 동기(prestige motive)'에서 일어나는 현상이다. 예전에는 중국어가 우리말보다 우위에 있었으며 최근에는 서양 외래어가 우리말보다 우위에 있다. 그리고 우리말의 방언 중에서는 서울말이 다른 지역어보다 동의 충돌에서 우위를 차지한다.

(23) ㄱ. 江/ᄀᆞ름 → 강, 山/뫼 → 산, 門/지게 → 문, 壁/ᄇᆞ름 → 벽, 龍/미르 → 용, 千/즈믄 → 千, 仲介人/즈름 → 중개인

ㄴ. 危殆롭다/바드랍다 → 위태롭다, 寬大하다/어위크다 → 관대하다, 富裕하다/가ᅀᆞ멸다 → 부유하다

(ㄱ)에서 한자어인 '강(江)'과 순우리말인 'ᄀᆞ름'이 동의어로서 경쟁을 벌이다가, 'ᄀᆞ름'이 사라지고 '강'이 살아남았다. 그리고 (ㄴ)에서는 '위태롭다'와 '바드랍다'가 동의어로서 경쟁을 하다가 '바드랍다'가 사라지고 '위태롭다'가 살아남았다.

셋째, 동의 관계에 있는 단어들이 '동의 중복(tautology)'의 형태가 되어서, 한 단어(복합어)로 합쳐질 수 있다.

(24) ㄱ. 틈새, 가마솥 ; 개川, 뼈骨 ; 兩親父母 ; 깡통, 드럼통

ㄴ. 驛前앞, 鐵路길 ; 妻家집, 面刀칼, 屋上위

ㄷ. 술酒정, 뱀蛇湯, 아침朝회 ; 손手巾, 속內衣, 새新郎, 큰大門

ㄹ. 몸保身, 애肝腸, 돌碑石 ; 拍手치다, 結論맺다, 被害입다

ㅁ. 라인線줄

(ㄱ)은 동의 관계에 있던 두 형태가 완전히 독립적으로 결합하여 하나의 합성어가 된 유형이다. (ㄴ)은 한자어로 된 앞 요소를 뒤의 고유어가 풀이하는 유형이며, (ㄷ)은 고유어로 된 앞 요소를 뒤의 한자어가 풀이하는 유형이다. (ㄹ)은 동의 중복이 다른 요소를 사이에 두고 나타나는 유형이며, (ㅁ)은 세 개의 동의어가 중복된 유형이다.

넷째, 동의어 가운데에서 한쪽의 단어가 나타내는 의미의 범위가 바뀔 수 있는데, 이 유형은 또 다시 세 가지의 하위 유형으로 나누어진다.

동의 관계에 있는 단어 중에서, 한쪽의 단어가 나타내는 의미가 축소될 수 있다.

(25) ㄱ. 時 / 삐   : 삐(식사 + 식사시간) → 끼(식사)

ㄴ. 飯/뫼   : 뫼(밥 + 진지) → 메(제사밥)

ㄷ. 愚昧하다/어리다 : 어리다(愚) → 어리다(愚 + 幼) → 어리다(幼)

ㄹ. 形體/얼굴   : 얼굴(形體) → 얼굴(形體 + 顔) → 얼굴(顔)

(ㄱ)에서 '삐'는 원래 '식사'와 '식사 시간'이라는 두 가지 의미를 나타내었는데, 이때에는 한자어 '時'와 '삐'는 부분적으로 동의 충돌을 한다. 그런데 그 후에 '삐'의 형태가 '끼'로

변하면서 '식사'의 의미로만 쓰이게 되어서, '時'와 '끼'는 동의 충돌이 해소되었다.

　동의 관계에 있는 단어 중에서, 한쪽의 단어가 나타내는 의미가 확대될 수 있다.

　　(26) ㄱ. 宗親/겨레 : 겨레(宗親)　→ 겨레(民族)

　　　　ㄴ. 百/온　 : 온(百)　　 → 온(全體)

(ㄱ)에서 '겨레'는 원래 '혈연관계가 있는 사람'의 뜻으로 쓰이면서, '宗族'과 '겨레'가 동의 충돌을 하였다. 그 후에 '겨레'는 '민족'의 뜻으로 쓰였는데, 이렇게 '혈연관계가 있는 사람'의 뜻에서 '민족'의 뜻으로 바뀐 것은 의미의 확대에 해당한다.

　동의 관계에 있는 단어 중에서, 한쪽의 단어가 나타내는 의미가 다른 의미로 교체될 수 있다.

　　(27) ㄱ. 모자(帽子)/감투　　　: 감투(모자)　→ 감투(벼슬)

　　　　ㄴ. 뇌물(賂物)/인정(人情) : 인정(뇌물)　→ 인정(따뜻한 마음씨)

　　　　ㄷ. 변명(辨明)/발명(發明) : 발명(변명)　→ 발명(새로 만들어냄)

　　　　ㄹ. 석방(釋放)/방송(放送) : 방송(석방)　→ 방송(매스컴)

(ㄱ)에서 '감투'는 원래 '모자(帽子)'의 뜻으로 쓰여서 '모자'와 동의 충돌하였다. 그 이후에 '감투'는 '벼슬'의 뜻으로 쓰이게 되었는데, 이는 의미의 교체에 해당한다.

　다섯째, 동의 충돌의 결과로서 동의어 중에서 한쪽의 가치가 바뀔 수 있다.

　　(28) 標的/보람 : 보람(표적) → 보람(좋은 결과)

　　(29) ㄱ. 부인/마담, 숙녀/레지, 소년/보이

　　　　ㄴ. 女子/계집, 貴人/마누라, 齒牙/이, 頭上/머리

　　　　ㄷ. 밀크/소젖, 액세서리/노리개

(28)의 '보람'은 원래 '약간 드러나 보이는 표적'이라는 의미로 쓰였는데, 한자어 '표적(標的)'과 동의 충돌의 결과로 원래의 의미보다 가치가 높아진 예이다. (29)에서 (ㄱ)의 '마담, 계집, 소젖' 등은 동의 충돌의 결과로서 의미의 가치가 낮아진 예이다.

3.2. 반의 관계

3.2.1. 반의어의 규정

〈 반의어의 개념 〉 둘 이상의 단어에서 의미가 서로 짝을 이루어 대립하는 관계를 '반의 관계(反意關係, antonymy)'라고 하고, 이러한 관계에 있는 단어들을 '반의어(反意語, antonym)'라고 한다. 반의 관계에 있는 두 단어는 오직 한 개의 의미 성분만 다르고 나머지 의미 성분들은 모두 같다.

(1) ㄱ. 아버지: [+사람], [+직계], [+1세대 위], [+남성]
    ㄴ. 어머니: [+사람], [+직계], [+1세대 위], [−남성]

(2) ㄱ. 총각 : [+사람], [+성인], [+미혼], [+남성]
    ㄴ. 처녀 : [+사람], [+성인], [+미혼], [−남성]

(1)에서 '아버지'와 '어머니'는 [+사람], [+직계], [+1세대 위]의 공통 성분을 가지면서 동시에 [남성]의 한 성분만 대립적이다. 그리고 (2)에서 '총각'과 '처녀'는 [+사람], [+성인], [+미혼]의 공통 성분을 가지면서 동시에 [남성]의 성분으로만 대립된다.

〈 반의어의 성립 조건 〉 반의어가 성립하기 위해서는 '동질성의 조건'과 '이질성의 조건'을 갖추어야 한다(심재기 1989:36).

첫째, 반의 관계에 있는 단어는 동일한 의미 범주에 속해야 하며, 동시에 품사와 형태가 동일해야 한다(동질성의 조건).

(3) ㄱ. 남편/아내, 위/아래, 삶/죽음
    ㄴ. *오빠/탁자, *기쁘다/무겁다, *기다/때리다

(4) ㄱ. 기쁨/슬픔, 기쁘다/슬프다
    ㄴ. *기쁨/슬프다, *슬픔/기쁘다

(5) ㄱ. 무겁다/가볍다(기본형), 무거운/가벼운(관형사형), 무거우냐/가벼우냐(의문형)
    ㄴ. *살다(기본형)/죽은(관형형), *살았다(과거 평서형)/*산다(현재 평서형)

(3)에서 (ㄱ)의 '남편'과 '아내'는 동일한 범주에 속하므로 반의 관계가 성립하지만, (ㄴ) 의 '오빠'와 '탁자'는 이질적인 의미 범주에 속하므로 반의 관계를 형성하지 않는다. (4) 에서 (ㄱ)의 '기쁨'과 '슬픔'은 동일한 품사이므로 반의어를 형성할 수 있으나, (ㄴ)의 '기쁨'과 '슬프다'는 다른 품사이므로 반의 관계가 성립하지 않는다. (5)에서 (ㄱ)의 '무겁 다'와 '가볍다'는 둘 다 기본형으로서 반의어를 형성하지만, (ㄴ)의 '살다'와 '죽은'은 그 활용 형태의 범주가 다르므로 반의어를 형성하지 못한다.

　둘째, 반의 관계에 있는 단어는 '대조적 배타성'이 있어야 한다(이질성의 조건).

> (6) ㄱ. 아들/딸
> 　　 ㄴ. 길다/짧다

(6)에서 (ㄱ)의 '아들'과 '딸'은 '성(性)'과 관련하여, (ㄴ)의 '길다'와 '짧다'는 '장단(長短)'과 관련하여 대조적인 배타성이 있어서 반의 관계를 형성한다.

3.2.2. 반의어의 유형

　반의어는 그 의미적 특성에 따라서 '등급 반의어', '상보 반의어', '방향 반의어'의 세 가지 유형으로 나눌 수가 있다.(임지룡 1993:158 참조.)

3.2.2.1. 등급 반의어

　〈 등급 반의어의 개념 〉 '등급 반의어(等級 反意語, gradable antonym)'는 두 단어 사이에 정도성(gradablity)이 있는 반의어이다.[1]

> (7) ㄱ. 뜨겁다/차갑다, 덥다/춥다, 길다/짧다, 쉽다/어렵다
> 　　 ㄴ. 뜨겁다 – (따뜻하다) – (미지근하다) – (시원하다) – 차갑다

(7)에서 '뜨겁다'와 '차갑다'의 사이에는 '따뜻하다, 미지근하다, 시원하다'의 어휘가 중 간 단계의 의미가 들어갈 수 있다. 이렇게 정도성이 있으면서 반의 관계를 형성하는 단어의 짝을 '등급 반의어'라고 한다.

---

1) 임지룡(1993:158)에서는 'gradable antonym'를 '반의 대립어(反意. 對立語)'로 번역하였고, 윤평현 (2011:142)에서는 '등급 반의어(等級 反意語)'로 번역하였다.

〈 **등급 반의어의 특성** 〉 등급 반의어는 두 단어 사이에 중간 단계의 상태가 있을 수 있으므로, 다음과 같은 특징이 나타난다.

첫째, 등급 반의어 중에서 한쪽을 '단언(assertion)'하고 다른 쪽을 '부정(negation)'하면, 단언문과 부정문 사이에 '일방적 함의 관계(一方的 含意 關係)'가 성립한다.

(단언문)　　　　　　　**(부정문)**

(8) ㄱ. 이 치마는 <u>길다</u>　　이 치마는 <u>짧지</u> 않다.

　　ㄴ. 이 연필은 <u>짧다</u>　　이 연필은 <u>길지</u> 않다.

(ㄱ)에서 단언문인 'X는 길다.'가 참이면 부정문인 'X는 짧지 않다.'도 참이 되는 반면에, 역으로 'X는 짧지 않다.'가 참이라도 'X는 길다.'가 항상 참이 되는 것은 아니다. 마찬가지로 (ㄴ)에서 단언문인 'Y는 짧다.'가 참이면 'Y는 길지 않다.'가 참이 되지만, 역으로 'Y는 길지 않다.'가 참이더라도 'Y는 짧다.'가 항상 참이 되는 것은 아니다.

둘째, 등급 반의어 사이에는 중간 단계의 상태가 있기 때문에, 반의 관계에 있는 두 어휘 항목을 동시에 부정해도 모순이 되지 않는다.

(9) 이 바지는 <u>길지도</u> 않고 <u>짧지도</u> 않다.

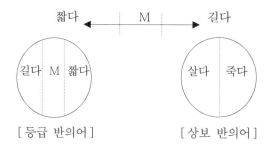

[그림 1. 등급 반의어와 상보 반의어의 차이]

(9)의 문장은 등급 반의어인 '길다'와 '짧다'를 동시에 부정한 문장이다. 이렇게 등급 반의어를 동시에 부정한 문장이 성립하는 것은 '길다'와 '짧다'의 중간 단계인 상태가 개념적으로 존재하기 때문이다.

셋째, 등급 반의어는 정도 부사의 수식을 받을 수 있으며, 비교 표현이 가능하다.

(10) ㄱ. 이 연필은 { 조금, 꽤, 매우 } <u>길다/짧다</u>.

　　ㄴ. 이 연필은 저 연필보다 더 <u>길다/짧다</u>.

(ㄱ)에서 '조금, 꽤, 매우' 등의 정도 부사는 등급 반의어인 '길다'와 '짧다'를 수식할 수 있다. 그리고 (ㄴ)에서처럼 '길다'와 '짧다'는 비교를 나타내는 부사격 조사 '-보다'와 비교 부사 '더'를 실현하여 비교의 뜻을 나타내는 표현을 할 수 있다.

넷째, 등급 반의어는 평가의 기준이 절대적이지 않고 상대적이다.

(11) ㄱ. 강이 <u>길다/짧다</u>.
    ㄴ. 손가락이 <u>길다/짧다</u>.

(12) ㄱ. <u>작은</u> 코끼리
    ㄴ. <u>큰</u> 쥐

등급 반의어인 '길다/짧다'는 표현 대상에 따라서 표현 기준이 차이가 난다. 곧 (11)에서 '강이 길다'와 '손가락이 길다'로 표현되는 실제 대상의 '길이'는 차이가 매우 크다. 그리고 (12)에서 '작은 코끼리'와 '큰 쥐'로 표현되는 실제 대상의 크기는 정반대이다.

〈 등급 반의어의 유형 〉 등급 반의어의 하위 유형으로는 '척도 반의어, 평가 반의어, 정감 반의어' 등이 있다.

첫째, '척도 반의어(尺度 反意語)'는 대상에 관련된 객관적 기준에 따라서 대립되는 등급 반의어이다. 척도 반의어는 대립의 양상을 자나 저울 등의 계측기(計測器)를 사용하여 어느 정도 객관적으로 측정할 수가 있다.

(13) ㄱ. [+공간성] : 길다/짧다, 높다/낮다, 깊다/얕다, 멀다/가깝다, 넓다/좁다, 굵다/가늘다
    ㄴ. [-공간성] : 많다/적다, 무겁다/가볍다, 빠르다/느리다, 세다/여리다, 밝다/어둡다

척도 반의어는 (ㄱ)의 '길다'와 '짧다'처럼 공간성에 따른 척도 반의어와 (ㄴ)의 '많다'와 '적다'처럼 공간성이 없는 척도 반의어로 나뉜다.

둘째, '평가 반의어(評價 反意語)'는 화자가 자신의 주관적 판단으로, 어떠한 대상을 평가하는 방식(긍정/부정)에 따라서 대립되는 등급 반의어이다.

(14) 좋다/나쁘다, 쉽다/어렵다, 부지런하다/게으르다, 선하다/악하다, 영리하다/우둔하다, 아름답다/추하다, 유능하다/무능하다, 부유하다/가난하다

예를 들어서 '좋다'와 '쉽다, 부지런하다, 선하다' 등은 화자가 특정한 대상에 대하여

긍정적으로 평가하는 어휘들이며, 반면에 '나쁘다, 어렵다, 게으르다, 악하다' 등은 부정적으로 평가하는 어휘들이다.

셋째, '정감 반의어(情感 反意語)'는 화자의 주관적 감각이나 감정 또는 반응에 따라서 대립되는 등급 반의어이다.

(15) ㄱ. 덥다/춥다, 뜨겁다/차갑다, 달다/쓰다

ㄴ. 기쁘다/슬프다, 자랑스럽다/수치스럽다, 상쾌하다/불쾌하다

(ㄱ)에서 '덥다/춥다' 등은 화자가 느끼는 주관적인 감각(촉각)에 따라서 대립하며, (ㄴ)에서 '기쁘다/슬프다' 등은 주관적인 감정이나 반응에 따라서 대립한다. 이러한 정감 반의어는 평가 반의어보다도 화자 자신의 주관적이고 개인적인 판단에 더 좌우된다.

3.2.2.2 상보 반의어

〈 **상보 반의어의 개념** 〉 '상보 반의어(相補 反意語, complementary opposite)'는 반의 관계에 있는 어떤 개념적 영역을 상호 배타적인 두 구역으로 나누는 반의어이다.

(16) ㄱ. 남성/여성, 미혼자/기혼자, 참/거짓, 삶/죽음

ㄴ. 출석하다/결석하다, 합격하다/불합격하다, (과녁에) 맞다/빗나가다.

(ㄱ)에서 어떠한 사람이 '남성'이면 '여성'이 될 수 없으며, 반대로 '여성'이면 '남성'이 될 수 없다. 그리고 (ㄴ)에서 어떤 사람이 수업에 '출석'하면 '결석'이 성립되지 않으며, 반대로 수업에 '결석'하면 '출석'이 성립될 수가 없다. 이처럼 상보 반의어는 두 어휘 사이에 중간 단계의 의미 영역이 존재하지 않아서 절대로 양립(兩立)할 수 없는 반의어이다.

〈 **상보 반의어의 특성** 〉 상보 반의어의 사이에는 중간 단계의 의미 영역이 존재하지 않으므로, 다음과 같은 특징이 나타난다.

첫째, 상보 반의어 중에서 한쪽을 '단언(assertion)'하고 다른 쪽을 '부정(negation)'하면, 단언문과 부정문 사이에 상호 함의 관계(相互 含意 關係)가 성립한다.

(17) ㄱ. 이병헌은 <u>남자</u>이다. ⟷ 이병헌은 <u>여자</u>가 아니다.

ㄴ. 김태희는 <u>여자</u>이다. ⟷ 김태희는 <u>남자</u>가 아니다.

(ㄱ)에서 단언문인 'X는 남자이다.'가 참이면 부정문인 'X는 여자가 아니다.'도 참이 되며, 동시에 부정문인 'X가 여자가 아니다.'가 참이면 단언문인 'X는 남자이다.'도 항상 참이 된다. 마찬가지로 (ㄴ)에서 단언문인 'Y는 여자이다.'가 참이면 'Y는 남자가 아니다.'가 참이 되며, 역으로 부정문인 'Y는 남자가 아니다.'가 참이면 단언문인 'Y는 여자이다.'도 항상 참이 된다.

둘째, 상보 반의어를 동시에 긍정하거나 부정하게 되면 모순이 일어난다.

(18) ㄱ. [?]이병헌은 남자이기도 하고 여자이기도 하다.
ㄴ. [?]김태희는 남자도 여자도 아니다.

위의 문장은 상보 반의어인 '남자'와 '여자'를 동시에 부정한 문장인데, 이들 문장은 의미적으로 성립하지 않는 모순 문장이다. 이렇게 상보 반의어를 동시에 부정한 문장이 성립하지 않는 것은 '남자'와 '여자'의 중간 단계인 의미 영역이 존재하지 않기 때문이다.

셋째, 상보 반의어는 정도 부사로써 수식할 수 없으며, 비교 표현으로 쓰일 수도 없다.

(19) ㄱ. [*]김수현은 <u>매우</u> {남자/여자}이다.
ㄴ. [*]근혜는 철수보다 <u>더</u> {남자/여자}이다.

(ㄱ)에서 '매우' 등의 정도 부사는 상보 반의어인 '남자'와 '여자'를 수식할 수 없다. 그리고 (ㄴ)에서처럼 '남자'와 '여자'는 비교를 나타내는 부사격 조사인 '-보다'와 정도 부사인 '더'를 실현하여 비교의 뜻을 나타내는 표현을 할 수 없다.

넷째, 상보 반의어는 평가의 기준이 절대적이다.

(20) ㄱ. 등급 반의어 : 길다/짧다, 뜨겁다/차갑다, 착하다/나쁘다
ㄴ. 상보 반의어 : 남자/여자, 죽다/살다

(ㄱ)에서 '길다'와 '짧다'와 같은 등급 반의어는 그것을 판단하는 주체에 따라서 판단의 기준이 달라질 수 있었다. 이에 반하여 (ㄴ)에서 '남자'와 '여자'와 같은 상보 반의어는 그것을 판단하는 주체와 관계없이 항상 동일한 기준이 적용된다.

3.2.2.3. 방향 반의어

'방향 반의어(方向 反意語, directional opposite)'는 두 단어가 어떠한 공간이나 시간상의 위치나 관계를 기분으로 대립하는 반의어이다.[2] 이때의 방향은 어떤 기준점을 중심으로 한 상대적 개념이다.

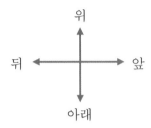

예를 들어서 위의 그림에서 '앞'과 '뒤'와 '위'와 '아래'는 화살표에서 교차점의 위치를 기준으로 직선으로 서로 대립되는 방향에 있다. 따라서 이들 단어들은 서로 반의 관계를 형성한다.

방향 반의어는 의미적 특성에 따라서 다음과 같이 하위 유형으로 나누어진다.(임지룡 1993:164 참조.)[3]

    (21) ㄱ. 앞/뒤, 동/서, 오른쪽/왼쪽, 부모/자식, 형/동생, 주인/하인, 팔다/사다, 주다/받다
         ㄴ. 꼭대기/밑바닥, 출발선/결승선, 시작/끝, 출발하다/도착하다, 하나/열, 머리/발끝
         ㄷ. 가다/오다, 들어가다/나오다, 오르다/내리다, 올라가다/내려오다, 전진하다/후퇴하다
         ㄹ. 언덕/구렁, 두둑/고랑, 암나사/수나사, 양각/음각, 볼록거울/오목거울

(ㄱ)은 어떤 축을 중심으로 특정한 요소의 방향을 다른 쪽에 상대적으로 명시함으로써, 두 단어 사이의 관계를 나타내는 반의어이다. (ㄴ)은 두 단어가 방향의 양극단을 나타내는 반의어이다. (ㄷ)은 주체가 맞선 방향으로 이동이나 변화를 나타내는 반의어이다. (ㄹ)은 어떤 균일한 표면이나 어떠한 추상적인 상태에서 서로 방향이 다른 쪽을 나타내는 반의어이다.

---

2) '방향 반의어'를 윤평현(2011:145)에서는 '관계 반의어(關係 反意語, relative antonym)'로 이름을 붙였다.
3) 임지룡(1993:164)에서는 방향 반의어를 하위 분류하여서 (ㄱ)을 역의어(逆意語, converse), (ㄴ)을 대척어(對蹠語, antipodal), (ㄷ)을 역동어(逆動語, reversive), (ㄹ)을 대응어(對應語, counterpart)로 명명하였다.

3.2.3. 반의 관계의 특성

3.2.3.1. 반의어의 양립 불가능성

〈**양립 불능 관계의 개념**〉 '양립 불능 관계(兩立不能關係)'는 단어 사이에 하나 이상의 대조적인 의미 성분을 가지고 있는 관계이다.[4] 그 결과로 두 단어가 함께 성립할 수 없는 관계에 있는 것이다.

　(22) 월요일, 화요일, 수요일, 목요일, 금요일, 토요일, 일요일

　(23) 총각 ― 처녀 ― 부인
　　　　　　│
　　　　　남편

(22)에서 어떤 날이 '월요일'이면 다른 요일은 될 수가 없으므로, '월요일'은 다른 요일과 양립 불능 관계(배타적 관계)에 있다. 그리고 (23)에서 '처녀'는 [–남성]의 의미 성분에서는 '총각'과, [–결혼]의 의미 성분에서는 '부인'과, [–남성, –결혼]의 의미 성분에서는 '남편'과 양립 불능의 관계에 있다.

〈**양립 불능 관계의 하위 유형**〉 '양립 불능 관계'의 하위 유형은 이원 분류와 다원 분류로 나누어 볼 수 있다.

　첫째, '이원 분류(二元分類, binary taxonomy)'는 양립 불능의 어휘 항목이 단 둘인 경우인데, 대부분의 반의어들은 이원 분류의 양립 불능 관계에 해당된다.

　(24) 여자/남자, 위/아래, 죽다/살다, 때리다/맞다

(24)에서 '여자'와 '남자'는 상보적 반의어로서 단 두 개 단어가 양립 불능 관계를 맺고 있다. 이러한 단어들은 한쪽이 인정되면 다른 쪽은 인정되지 않는다. 결국 대부분의 반의어는 양립 불능 관계에 있는 어휘들 중에서 이원 분류를 하는 특수한 어휘라고 할 수 있다.

　둘째, '다원 분류(多元分流, multiple taxonomy)'는 양립 불능의 어휘 항목이 셋 이상인

---

4) '반의 관계'는 다른 의미 성분이 모두 공통적이면서 오직 하나의 의미 성분만 대조적인 관계인데에 반하여, 양립 불능 관계는 하나 이상의 의미 성분이 대조적이다. 따라서 양립 불능 관계 속에는 반의 관계의 개념이 포함되어 있다고 할 수 있다.

경우이다.

(25) ㄱ. 월요일, 화요일, 수요일, 목요일, 금요일, 토요일, 일요일

ㄴ. 일월, 이월, 삼월, 사월, 오월, 유월……십일월, 십이월

ㄷ. 봄, 여름, 가을, 겨울

ㄷ. 빨강, 주황, 노랑, 초록, 파랑, 남색, 보라

(25)에서 (ㄱ)은 요일을 나타내는 단어들의 어휘장인데, 이들 어휘장에 드는 단어 중에서 특정한 요일이 선택되면 다른 요일은 모두 선택되지 못한다. 이처럼 다원 분류의 양립 불능 관계에 놓여 있는 단어들은 서로 반의 관계를 형성하지 못한다.

3.2.3.2. 반의 관계의 복합성

한 단어가 둘 이상의 반의어와 대응될 수도 있는데, 이를 '반의 관계의 복합성'이라고 한다. 이러한 반의 관계의 복합성은 두 가지 요인에 따라서 나타난다.

첫째, '복수의 비교 기준에 따른 대립'으로서, 한 단어가 두 가지 이상의 비교 기준에 따라서 각각 반의어를 형성한다.

(26) ㄱ. 처녀 : [+인간], [+성숙], [−남성], [−결혼]

ㄴ. 총각 : [+인간], [+성숙], [+남성], [−결혼]

ㄷ. 부인 : [+인간], [+성숙], [−남성], [+결혼]

예를 들어서 (ㄱ)의 '처녀'는 [남성]이라는 비교 기준에 따라서 (ㄴ)의 '총각'과 반의 관계를 맺으며, [결혼]이라는 비교 기준에 따라서 (ㄷ)의 '부인'과 반의 관계를 맺는다.

둘째, '다의적 해석에 따른 대립'으로서, 하나의 단어가 다의성(多義性)을 띠게 됨으로써 결과적으로 여러 개의 반의어를 형성한다.

(27) 깊다

ㄱ. [강물이 깊다] ↔ 얕다

ㄴ. [병환이 깊다] ↔ 가볍다

ㄷ. [애정이 깊다] ↔ 없다

(28) 벗다

    ㄱ. [옷을 벗다] ↔ 입다

    ㄴ. [모자를 벗다] ↔ 쓰다

    ㄷ. [안경을 벗다] ↔ 끼다

    ㄹ. [신을 벗다] ↔ 신다

(28)에서 '깊다'는 문맥에 따라서 (ㄱ~ㄷ)처럼 세 가지의 의미로 쓰인다. 그러므로 '깊다' 가 나타내는 다의적 의미에 따라서 각각 '얕다, 가볍다, 없다'와 반의 관계를 맺는다. (29)에서 '벗다'도 문맥에 따라서 (ㄱ~ㄹ)처럼 다르게 쓰이는 다의적 의미에 따라서, '입 다, 쓰다, 끼다, 신다' 등과 반의 관계를 맺는다.

3.3. 상하 관계

3.3.1. 상하 관계의 개념

〈 **상하 관계의 개념** 〉 '상하 관계(上下 關係, hyponymy)'는 단어의 의미에 대한 계층적 구조 로서, 한 단어가 의미상 다른 단어를 포함하거나 다른 쪽에 포함되는 관계를 말한다(잭 슨, H. Jackson, 1988:65).

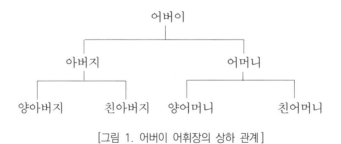

[그림 1. 어버이 어휘장의 상하 관계]

예를 들어서 [그림 1]에서 '어버이'는 '아버지/어머니'와 상하 관계를 형성하며, '아버지' 도 '양아버지/친아버지'와 상하 관계를 형성한다.

  'G. A. Miller & P. N. Johnson—Laird(1976:240)'에서는 의미의 포함 관계를 '장소의 포함 관계', '부분–전체의 포함 관계', '부류의 포함 관계'로 나누었다.[1] 라이온즈 (1968:453)는 이 가운데에서 'X는 Y이다'의 형식으로 나타나는 '부류 포함 관계(class inclusion)'를 '상하 관계'로 명명하였다.

(1) ㄱ. 진달래는 꽃이다. :   (하위어) 진달래 ⊂ 꽃 (상위어)
 ㄴ. 꽃은 식물이다. :   (하위어) 꽃   ⊂ 식물 (상위어)
 ㄷ. 식물은 생물이다. :   (하위어) 식물   ⊂ 생물 (상위어)

〈 **상위어와 하위어** 〉 상하 관계에서는 특수한 의미를 나타내는 어휘소가 일반적인 어휘소에 포함되기 마련인데, 이 경우에 일반적인 어휘소를 '상위어(上位語, 상의어, hyperonym)'라고 하고 특수한 어휘소를 '하위어(下位語, 하의어, hyponym)'라고 한다. 그리고 특정한 하위어와 동위(同位) 관계에 있는 어휘소들을 '공하위어(共下位語, 공하의어, co-hyponyms)'라고 한다.

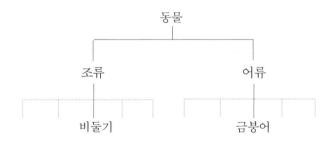

[그림 2. 동물의 분류 체계]

[그림 2]는 동물의 분류 체계에서 나타나는 상하 관계의 예를 보인 것이다. 첫째, '동물'은 '조류, 어류, 비둘기, 금붕어'의 상위어이며, '비둘기'는 '동물'과 '조류'의 하위어이다. 둘째, '동물'과 '조류' 그리고 '동물'과 '어류'는 직접 상하 관계가 성립하며, '동물'과 '비둘기', 그리고 '동물'과 '금붕어'는 간접 상하 관계가 성립한다. 셋째, '조류'와 '어류'는 '동물'의 공하위어인데, 이들 공하위어들은 '양립 불능의 관계'에 놓이게 된다.2)

상위어는 하위어보다 더 일반적이고 포괄적인 지시 범위를 차지하지만, 역으로 어휘에 포함되는 의미 성분의 수는 하위어가 상위어보다 더 많다.

---

1) '장소의 포함 관계'는 'X가 Y에 있다'로 나타나며, '부분-전체의 포함 관계'는 'X의 Y'의 관계로 표현된다. 끝으로 '부류의 포함 관계'는 'X는 Y이다'로 표현된다.
2) 상하 관계에서 다루는 분류법은 생물학과 같은 '과학적 분류법(science taxonomy)'이 아니다. 상하 관계에서 사용되는 분류법은 언어 공동체에 속한 일반 화자들이 보편적으로 내리는 판단으로 결정되는 '민간 분류법(folk taxonomy)'에 따른다. 예를 들어서 '감자'는 독일어에서는 쌀, 밀, 보리와 함께 곡물류로 분류되고, 한국어와 일본어에서는 '채소'로 분류된다.

(2) 동물 ⊃ 인간 ⊃ 여자 ⊃ 어머니   [어휘의 지시 범위]

(3) ㄱ. 동　물 : [+생물], [+동작성]

　　ㄴ. 인　간 : [+생물], [+동작성], [+인간]

　　ㄷ. 여　자 : [+생물], [+동작성], [+인간], [+여성]

　　ㄹ. 어머니 : [+생물], [+동작성], [+인간], [+여성], [+모성]

상위어와 하위어의 의미 성분을 분석하면, (3)에서처럼 '인간, 여자, 어머니' 등의 하위어로 내려갈수록 의미 성분이 더 추가된다.

3.3.2. 상하 관계의 의미적 특성

3.3.2.1. 상하 관계와 함의

〈 **함의의 개념과 유형** 〉 함의(含意, entailment)는 어떤 개념, 또는 명제(命題)가 다른 개념 또는 명제의 의미를 포함하는 것이다. 곧, "문장 p가 참이면 반드시 문장 q가 참일 때에, p는 q를 함의한다."

(4) p : 철수는 <u>남자</u>이다.

　　q : 철수는 <u>사람</u>이다.

(4)에서 문장 p가 참이면 반드시 문장 q도 참이므로 p는 q를 함의한다. 반면에 문장 q가 참이더라도 p가 항상 참이 되는 것은 아니므로 q는 p를 함의하지는 않는다. 이를 달리 표현하면 단어 '남자'는 '사람'을 함의하고 '사람'은 '남자'를 함의하지 않는다.

　이러한 함의는 두 문장 사이에 발생하는 함의의 방향에 따라서 '일방 함의'와 '상호 함의'로 나뉜다.

　첫째, '일방 함의(一方 含意, unilateral entailment)'는 문장 p가 문장 q를 함의하지만 문장 q는 문장 p를 함의하지 않을 때에 성립하는 함의이다.

(5) p : 철수네 집안 <u>사람</u>은 모두 대졸이다.

　　q : 철수네 집안 <u>여자</u>는 모두 대졸이다.

(5)에서 문장 p가 참이면 반드시 문장 q도 참이므로 p는 q를 함의하지만, q가 참이어도

p가 반드시 참이 되지는 않는다. 따라서 p와 q의 사이에는 일방 함의가 성립한다.

둘째, '상호 함의(相互 含意, mutual entailment)'는 문장 p는 문장 q를 함의하고, 문장 p도 q를 함의할 때에 성립하는 함의이다.

> (6) p : 학생 <u>개개인</u>은 담배를 피울 권리가 있다.
> 　　q : 학생 <u>모두</u>는 담배를 피울 권리가 있다.

(6)에서 문장 p가 참이면 문장 q도 참이며, 그리고 q가 참이면 p도 참이다. 따라서 p와 q 사이에는 상호 함의가 성립한다.

〈**상하 관계와 함의**〉 동일한 통사 구조로 짜인 문장에서 어떤 두 단어가 동일한 위치에서 실현되고 문장 사이에 일방 함의가 성립하면, 두 단어는 상하 관계에 있다(Cruse, 1975:25).

> (7) ㄱ. 밸런타인데이에 철수가 영숙이에게 <u>송편</u>을 선물했다.
> 　　ㄴ. 밸런타인데이에 철수가 영숙이에게 <u>떡</u>을 선물했다.

(7)에서 (ㄱ)과 (ㄴ)의 문장은 통사적인 구조가 동일하고 이들 문장에 실현된 '송편'과 '떡'의 어휘만 다르다. 이 경우에는 '송편'이 실현된 (ㄱ)의 문장은 '떡'이 실현된 (ㄴ)의 문장을 함의한다.

> (8) ㄱ. 송편(하위어) → 떡(상위어)
> 　　ㄴ. 송편(하위어) ↚ 떡(상위어)

(8)과 같은 함의 관계가 성립하는 경우에 '송편(하위어)'과 '떡(하위어)' 사이에는 상하 관계가 성립한다. 곧, 하위어는 상위어를 함의하지만 역으로 상위어는 하위어를 함의하지는 않으므로, 하위어와 상위어 사이에는 '일방 함의 관계'가 성립한다.

3.3.2.2. 상하 관계와 의미 성분

하위어는 상위어보다 의미 성분이 더 많다. 예를 들어 '어버이'의 어휘장을 형성하는 '어버이, 아버지, 어머니, 친아버지, 양아버지'의 의미 성분은 다음과 같다.

(9) ㄱ. 어버이　 : [+사람], [+직계], [+1세대 위]

　　ㄴ. 아버지　 : [+사람], [+직계], [+1세대 위], [+남성]

　　ㄷ. 어머니　 : [+사람], [+직계], [+1세대 위], [-남성]

　　ㄹ. 친아버지 : [+사람], [+직계], [+1세대 위], [+남성], [+혈연]

　　ㅁ. 양아버지 : [+사람], [+직계], [+1세대 위], [+남성], [-혈연]

　　ㅂ. 친어머니 : [+사람], [+직계], [+1세대 위], [-남성], [+혈연]

　　ㅅ. 양어머니 : [+사람], [+직계], [+1세대 위], [-남성], [-혈연]

여기서 상하 관계에 있는 어휘들의 의미 성분을 비교해 보면 다음과 같은 사실을 알 수 있다. 첫째, '어버이'와 '아버지'를 비교할 때에, '어버이'처럼 의미 성분의 수가 적은 쪽이 상위어이며 '아버지'처럼 의미 성분이 많은 쪽이 하위어이다. 둘째, '아버지'와 '어머니'처럼 의미 성분의 수가 같은 때에는 공하위어가 된다. 셋째, 하위어는 구체적·특수적이며, 상위어는 추상적·일반적이다. 넷째, 상위어는 내포가 좁고 외연이 넓은 반면, 하위어는 내포가 넓고 외연이 좁다.

　그리고 상위어와 하위어가 나타내는 의미의 지시 범위를 비교하면, 상위어는 하위어를 포함한다. 반면에 상위어와 하위어의 의미 성분을 비교하면, 하위어의 의미 성분은 상위어의 의미 성분을 포함한다.

(10) ㄱ. 어버이 ⊃ 아버지 ⊃ 양아버지　　　　[의미의 지시 범위]

　　ㄴ. 어버이 ⊂ 어머니 ⊂ 친어머니　　　　[의미 성분]

결론적으로 상위어는 하위어보다 상대적으로 의미 성분의 수가 더 적으며, 이에 따라서 하위어는 상위어를 함의하게 된다.

3.3.2.3. 상하 관계와 양립 불능 관계

　어떠한 상위어에 대한 공하위어들은 '양립 불능 관계(兩立 不能 關係, incompatibility)'에 있다. 곧 어떤 상위어에 속한 단어(어휘소) A, B, C 가운데에서, A를 주장하면 나머지 B, C의 거짓을 함의하게 된다.

(11) 꽃 : { 장미, 튤립, 호박 }

　　ㄱ. 그것은 장미이다. → { 그것은 튤립이 아니다. / 그것은 호박이 아니다. }

ㄴ. 그것은 튤립이다. → { 그것은 장미가 아니다. / 그것은 호박이 아니다. }

ㄷ. 그것은 국화이다. → { 그것은 장미가 아니다. / 그것은 튤립이 아니다. }

(11)에서 '꽃'의 어휘장에 '장미, 튤립, 국화'가 들어 있다고 하면 이들 '장미', '튤립', '국화'는 공하위 관계에 있다. 따라서 이들 공하위어 중 '장미' 선택하여 주장한 문장 (ㄱ)이 참이면, 나머지 공하위어를 선택하여 주장한 문장 (ㄴ)이나 (ㄷ)은 거짓이 된다. 이처럼 특정한 단어의 어휘장에 속한 공하위어들은 양립 불능의 관계에 놓인다.

공하위어에서 나타나는 양립 불능의 관계는 '모순 관계'와 '상반 관계'로 나뉜다.

첫째, 모순 관계(矛盾 關係, contradictory)는 어떠한 상위어에 대한 공하위어가 두 개인 경우에 성립한다. 이때에는 공하어들이 '단순 이원 대립(單純 二元 對立, binary opposition)'을 하는데, 공하위어의 한쪽을 부정하면 다른 쪽이 함의된다.

(12) 꿩(장끼/까투리), 생물(동물/식물), 어버이(아버지/어머니), 밤낮(밤/낮)

'장끼'와 '까투리'는 '꿩'의 공하위어이며, 단순 이원 대립을 하는 단어이다. 이러한 공하위어에서 '장끼'를 부정하면 '까투리'가 되며, 역으로 '까투리'를 부정하면 '장끼'가 된다. 이러한 양립 불능 관계를 '모순 관계'라고 한다.

둘째, 상반 관계(相反 關係, contrary)는 어떠한 상위어에 대한 공하위어가 셋 이상인 경우에 성립한다. 이때에는 공하위어가 '다원 분류(多元 分類, multiple taxonomy)'를 하는데, 공하위어의 한쪽을 부정하더라도 다른 쪽이 함의되지는 않는다.

(13) 손가락 : { 엄지손가락, 집게손가락, 가운뎃손가락, 약지, 새끼손가락 }

'손가락'의 어휘장에는 다섯 개의 단어가 포함되는데, 이들은 모두 다원적인 분류를 한다. 따라서 '엄지손가락'을 부정하더라도, '집게손가락'이 선택되는 것은 아니다. 이러한

양립 불능 관계를 '상반 관계(相反 關係)'라고 한다.

3.4. 다의 관계와 동음 관계

하나의 형태나 표현이 둘 또는 그 이상의 의미를 나타내는 현상을 '의미의 복합 관계'라고 하는데, 이에는 '다의 관계'와 '동음 관계'가 포함된다.

3.4.1. 다의 관계

3.4.1.1. 다의 관계의 개념

'다의 관계(多義 關係, polysemy)'는 하나의 단어(어휘소)에 서로 관련이 있는 두 가지 이상의 의미가 대응되는 의미 관계이다. 일반적으로 단어는 이러한 다의 관계가 성립하느냐에 따라서 '단의어'와 '다의어'로 구분할 수 있다. 곧 '단의어(單意語, monosemic word)'는 하나의 의미만을 나타내는 단어이며, '다의어(多意語, polysemic word)'는 하나의 단어가 서로 관련이 있는 여러 가지 의미를 나타내는 단어이다.

(1) 먹다　　ㄱ. 중심 의미: [밥을 먹다] ― 음식물을 입안으로 삼키는 행위

　　　　　　ㄴ. 주변 의미: (담배, 뇌물, 욕, 마음, 겁, 나이, 더위, 물, 두 섬, 녹)을 먹다

단어 '먹다'는 문맥에서 따라서 아주 많은 의미를 나타내는데, 이들 의미 가운데에서 (ㄱ)은 중심적인 의미인 '기본 의미'이며, (ㄴ)은 주변적인 의미인 '파생 의미'이다. 이러한 기본 의미와 파생 의미 사이에는 의미적 유연성(motivation)이 유지된다.

울만(Ullman, 1962:62)은 '단의어, 동의어, 다의어'의 의미 관계를 다음과 같이 나타내었다(S= 의미, N= 명칭(소리)).

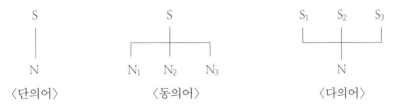

[그림 1. 단의어, 동의어, 다의어의 구조]

3.4.1.2. 다의어의 생성 요인

'다의성'은 인간 언어의 기본적인 특성 중의 하나인데, 다의어가 생기는 요인으로는 다음과 같이 다섯 가지의 사항을 들 수 있다(울만, Ullman, 1962:159~167).

〈**적용의 전이**〉 '적용의 전이(適用 轉移, shifts in application)'는 단어가 사용되는 문맥에 따라 다수의 다른 의미를 나타내는 현상이 굳어 버리는 경우로서, 특히 형용사의 의미에서 잘 나타난다.

    (2) ㄱ. 밝다

        ㄴ. (구체적) 빛 → 색 → 표정 → 분위기 → 눈/귀 → 사리 (추상적)

    (3) ㄱ. 거칠다

        ㄴ. ① 피부가 거칠다. ② 밀가루가 거칠다. ③ 말투가 거칠다. ④ 숨소리가 거칠다. ⑤ 운전이 거칠다. ⑥ 성격이 거칠다.

(2)에서 '밝다'는 '빛'과 같은 구체적인 의미에서 '사리(事理)'와 같은 추상적인 의미로 적용이 전이되면서 다의적 의미가 형성된다. 그리고 (3)에서 '거칠다'도 ①의 '피부가 거칠다'의 구체적인 의미에서 ⑥의 '성격이 거칠다'의 추상적인 의미로 적용이 전이되면서 다의적 의미가 형성된다. 우리가 사용하고 있는 대부분의 다어의들은 '적용의 전이'에 따라서 구체적인 의미에서 추상적인 의미로 의미가 바뀜으로써 성립되었다.

〈**사회 환경의 특수화**〉 '사회 환경의 특수화(社會環境 特殊化, specialization)'는 일반 사회에서 널리 쓰이는 단어가 특정한 사회 환경에서 특수한 의미로 쓰여서 양자 간에 다의어가 된 경우이다. 이것은 표현의 일부가 생략에 의해서 다의어가 발생한 것인데, 생략된 부분의 의미는 사회적 환경에 따라서 복원된다.

    (4) action(행동, 조치), 서울, 국어, 믿음

(4)에서 영어에서 'action'은 일반 사회에서는 원래 '행동, 조치'를 뜻하는 말이었는데, 법률 분야에서는 'legal action(소송)'의 의미로 쓰이며, 군사 분야에서는 'fighting action(작전)'의 의미로 쓰인다. 그리고 일반 사회에서 일반적인 의미로 쓰이던 '서울, 국어, 믿음' 등도 특수한 분야에서 '대한민국의 서울', '대한민국의 국어', '하나님에 대한 믿음' 등의 특수한 의미로 쓰인 결과로 다의어가 형성된다.

〈 비유적 표현 〉 '비유적 표현(比喩的 表現, figurative language)'은 단어가 고유한 의미 이외에 비유적인 의미를 획득한 결과로서, 고유한 의미와 비유적인 의미가 공존하게 되어서 다의어가 형성된 경우이다.

울만(Ullman, 1962)은 비유적 언어의 예로서 은유(隱喩)와 환유(換喩)를 들었다. 이때 은유는 사물의 '유사성(類似性)'에 바탕을 두고 있고, 환유는 '인접성(隣接性)'에 바탕을 두고 있다.

(5) crane, 삿대질, 다리

(5)는 대상의 유사성에 바탕을 둔 '은유'에 따라서 다의 관계가 형성된 예이다. 'crane'은 원래 '학(鶴)'인데, 그 형태의 유사성에 따라서 '기중기'의 뜻으로도 쓰인다. '삿대질'은 원래 '삿대로 노를 젓는 동작'인데, 그 행동의 유사성으로 '주먹 따위를 상대편 얼굴 쪽으로 내지르는 행동'의 의미로도 쓰인다. '다리'는 원래 사람의 '다리(脚)'의 뜻을 나타내었으나, 모양과 기능의 유사성 때문에 '물체의 아래쪽에 붙어서 그 물체를 받치거나 직접 땅에 닿지 아니하게 하거나 높이 있도록 버티어 놓은 부분'의 의미로도 쓰인다.

(6) ㄱ. 동궁(東宮), 중전(中殿)
    ㄴ. 아침(朝/朝食)

(6)은 인접성에 바탕을 둔 환유에 따라서 다의 관계가 형성된 예이다. (ㄱ)에서 '동궁(東宮)'은 원래 '대궐에서 동쪽에 지은 궁궐로서 왕세자의 거처'를 나타내는 말이다. 그런데 이 단어는 공간적인 인접성에 따라서 '거처의 이름'이 그곳에서 사는 '왕세자'를 나타내게 되었다. 그리고 '중전(中殿)'도 왕비가 거치하는 궁전인데, 이 또한 공간적인 인접성에 바탕을 둔 환유에 따라서 왕비의 뜻으로 쓰이게 되었다. 그리고 (ㄴ)에서 '아침'은 원래 '날이 새면서 오전 반나절쯤까지의 동안'을 이르는 말인데, 이 시기에 먹는 밥도 '아침'으로 표현하게 되었다. 이는 시간적인 인접성에 바탕을 둔 환유에 따라서 다의어가 형성된 예이다.

〈 동음어의 재해석 〉 '동음어의 재해석(同音語 再解釋, homonyms reinterpreted)'은 어원적으로는 별개의 단어(동음어)였지만 음성 및 그에 따른 글자가 변화하여서, 언중들이 두 단어 사이에 의미상 어떠한 관련성을 부여하여 두 단어를 다의어로 재해석한 것이다.

(7)　　　 15C 　　　→ 　　17C 　　 → 　　21C

　　ㄱ. 여름(果) 　　 → 　여름₁(果) 　 → 　열매(果)

　　ㄴ. 녀름(夏/農事) → 　여름₂(夏/農) → 　여름(夏)

15세기의 중세 국어에서 '여름'은 '열매(果)'의 뜻으로 쓰였으며, '녀름'는 '여름(夏)'과 '농사(農)'의 뜻으로 쓰였다. 따라서 '여름'과 '녀름'은 형태나 의미적으로 아무런 관련성이 없었다. 그러다가 17세기 무렵에는 중세 국어의 '녀름'의 형태가 '여름'으로 변하게 되었는데, 그 결과 언중들은 '여름'의 단어에 '果'의 뜻과 함께 '夏/農'의 뜻을 부여하게 되었다. 이렇게 된 것은 언중들이 '果'의 의미가 '夏'나 '農'의 서로 관련이 있는 것으로 재해석했기 때문이다. 결국 17세기 이후 근대 국어의 시기에 이르면, 원래는 서로 관련이 없었던 동음어들의 의미를 언중들이 다의어로 해석한 것이다.³⁾

〈 **외국어의 영향** 〉 '외국어의 영향(foreign influence)'은 원래의 단어인 기층어(基層語)의 의미가 외국어 때문에 변하거나, 기층어의 자리를 외국어가 차지하는 것이다.⁴⁾

(8) ㄱ. 하느님 　　　 ― 옥황상제(玉皇上帝) / God

　　ㄴ. 인간(人間) 　　― 사람이 사는 세상 / 사람(人)

(8ㄱ)에서 '하느님'은 원래 민속 신앙에서 '옥황상제(天神)'를 나타내는 말이었으나, 서양에서 기독교가 전래됨에 따라서 '여호와(God)'의 뜻으로도 쓰이게 되었다. 그리고 (8ㄴ)에서 국어에서는 '인간(人間)'은 원래 '사람이 사는 세상(속세)'이라는 뜻으로 쓰였으나, 일제 강점기 때에 일본어의 한자어인 'にんげん(人間)'이 유입된 이후로는 '사람'의 뜻으로도 쓰인다. '하느님'과 '인간'은 외래어의 영향으로 새로운 뜻을 나타내게 됨으로써 다의어로 된 예이다.

---

3) 이처럼 근대 국어의 시기에는 '여름'이라는 한 단어에 '果/夏/農'의 세 가지의 뜻이 공존하였는데, 그 결과로서 의미적인 혼동이 빚어졌다. 이렇게 되자 이번에는 의미에 따라서 다시 형태가 분화되었다. 곧 현대 국어에서는 '夏'의 의미는 기존의 '여름'이 담당하고, '果'는 새로운 단어인 '열매'가 담당하였으며, 마지막으로 '農'의 의미는 '농사(農事)'라는 한자어가 담당하고 있다.

4) 두 개의 언어(방언)가 접촉하여서 하나의 언어 공동체 속에 두 개의 언어가 공존하면서 계층적인 위계를 형성할 수가 있다. 이들 언어(방언) 중에서 새로운 언어의 모델이 되는 지배 계층의 언어를 '상층어(上層語)'라 한다. 반면에 우위의 언어를 배우기 위해 버려지되 새로운 언어에 영향을 미치게 되는 피지배 계층의 언어를 '기층어(基層語)' 혹은 '저층어(底層語)'나 '하층어(下層語)'라고 한다.

3.4.1.3. 다의어의 의미 구조

다의어의 구조는 의미 변화의 내부적인 동기인 '유사성(類似性, similarity)'과 '인접성(隣接性, contiguity)'에 따라서 대별된다.

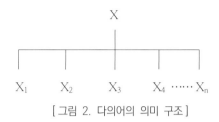

[그림 2. 다의어의 의미 구조]

곧, [그림 2]처럼 어떤 단어 X의 의미가 X₁, X₂, X₃, X₄, ……, Xₙ'의 의미로 분화되는 과정에서, 그들 사이의 관계가 형태·기능상으로 유사하거나 시간·공간상으로 인접되어 있다. 이때 'X'는 가장 기본적이고 핵심적인 의미인 '기본적(중심적) 의미'이며, 'X₁, X₂, …, Xₙ'는 중심적인 의미가 문맥이나 상황에 따라서 그 범위가 확장되어서 다른 의미를 나타내는 '파생적(주변적) 의미'가 된다.

예를 들어서 동사인 '죽다'가 나타내는 기본적인 의미와 파생적인 의미를 살펴보면 다음과 같다.

    (9) 죽다(死)

        ㄱ. 그 사람은 병으로 앓다가 <u>죽었다</u>.   (목숨이 끊어지다)

        ㄴ. 채질을 잘못하니 팽이가 <u>죽었다</u>.   (멈추다)

        ㄷ. 모닥불이 다 <u>죽었다</u>.   (꺼지다)

        ㄹ. 입술이 새파랗게 <u>죽어</u> 있다.   (거무스름하게 되다)

        ㅁ. 젊은 시절과 달리 성질이 많이 <u>죽었다</u>. (무디어지다)

        ㅂ. 바둑에서 대마가 결국 <u>죽었다</u>.   (잡히다)

        ㅅ. 옷의 풀기가 <u>죽었다</u>.   (사라지다)

        ㅇ. 입사 시험에 실패하고 기가 <u>죽었다</u>.   (꺾이다)

        ㅈ. 옷의 색깔이 <u>죽었다</u>.   (빛이 우중충하다)

'죽다'는 (ㄱ)에서는 '목숨이 끊어지다', (ㄴ)에서는 '멈추다', (ㄷ)에서는 '꺼지다', (ㄹ)에서는 '거무스름하게 되다', (ㅁ)에서는 '무디어지다', (ㅂ)에서는 '잡히다', (ㅅ)에서는 '사라지다', (ㅇ)에서는 '꺾이다', (ㅈ)에서는 '빛이 우중충하다'의 뜻을 나타낸다. 대체적으로 볼 때 (ㄱ)의 '목숨이 끊어지다'는 기본적 의미로 간주되며 (ㄴ)에서 (ㅈ)의 차례로 중심적 의미에서 멀어지는 파생적 의미가 된다.

〈 **유사 구조** 〉 '유사 구조(類似構造, similarity)'는 사물이나 개념 사이에 형태·기능·속성의 유사로 말미암은 다의어의 구조이다.

첫째, '형태의 유사성'에 따라서 다의어의 구조가 형성될 수 있다.

    (10) 목(頸)
        ㄱ. 사람의 머리와 가슴 사이에 있는 신체의 잘록한 부분
        ㄴ. ① 자라목, 기린목, 황새목 ② 손목, 발목, 팔목 ③ 병목, 버선목 ④ 길목, 골목, 다릿목, 건널목 ⑤ 물목, 여울목

(10)에서 '목'은 (ㄱ)의 의미가 중심적인 의미인데, '두 대상이 이어지는 잘록한 부분'이라고 하는 형태적 유사성에 따라서 (ㄴ)의 ①~⑤와 같은 의미로 파생되어서 다의어의 구조가 형성된다.

둘째, '기능의 유사성'에 따라서 다의어의 구조가 형성될 수 있다.

    (11) 손(手)
        ㄱ. 무엇을 만지거나 잡는 기능을 지닌 신체의 한 부분
        ㄴ. ① 손발이 되다. ② 손이 달리다. ③ 손을 잡다. ④ 손이 크다

(11)에서 '손'은 (ㄱ)의 의미가 중심적인 의미인데, '손으로써 여러 가지 일을 할 수 있다'는 기능적 유사성에 따라서 (ㄴ)의 ①~④와 같은 의미로 파생되어서 다의어의 구조가 형성된다.

셋째, '속성의 유사성'에 따라서 다의어의 구조가 형성될 수 있다.

    (12) 높다(高)
        ㄱ. 아래에서 위까지의 수직상의 길이가 길다.
        ㄴ. ① 기온이 높다. ② 소리가 높다. ③ 학식이 높다. ④ 인기가 높다. ⑤ 코가 높다(도도하다).

(12)에서 '높다'는 (ㄱ)의 의미가 중심적인 의미인데, '길다'라고 하는 속성적인 유사성에

따라서 (ㄴ)의 ①~⑤와 같은 의미로 파생되어서 다의어의 구조가 형성된다.

〈 **인접 구조** 〉 '인접 구조(隣接構造, contiguity)'는 사물이나 개념 사이에 공간 및 시간상의 인접, 또는 인과 관계에 따른 다의어이다.

첫째, '공간의 인접성'에 따라서 다의어의 구조가 형성될 수 있다.

(13) ㄱ. <u>가슴</u>을 내밀다.   [가슴, 胸]

　　 ㄴ. 그녀는 <u>가슴</u>이 빈약하다.   [유방]

　　 ㄷ. <u>가슴</u>이 나쁘다.   [폐]

　　 ㄹ. <u>가슴</u>을 태우다.   [속]

(14) ㄱ. 철수는 <u>코</u>가 크다.   [코, 鼻]

　　 ㄴ. <u>코</u>를 흘리다.   [콧물]

(15) ㄱ. <u>손</u>으로 밧줄을 꽉 쥐었다.   [손, 手]

　　 ㄴ. 탈락자는 <u>손</u>을 드세요.   [팔]

　　 ㄷ. <u>손</u>에 땀을 쥐다.   [손바닥]

　　 ㄹ. <u>손</u>꼽아 기다린다.   [손가락]

(13)의 '가슴'은 그것이 인접해 있는 '유방, 폐, 속'의 뜻으로 다의어의 구조를 형성한다. 마찬가지로 (14)의 '코'는 '콧물'의 뜻으로, (15)의 '손'은 '팔, 손바닥, 손가락'의 뜻으로 다의어의 구조를 형성한다.

둘째, '시간의 인접성'에 따라서 다의어의 구조가 형성될 수 있다.

(16) ㄱ. <u>아침</u>(점심, 저녁)에 일을 한다.

　　 ㄴ. <u>아침</u>(점심, 저녁)을 맛있게 먹었다.

(17) ㄱ. 이번 <u>가을</u>에는 꼭 시집갈 거야.

　　 ㄴ. 이번 <u>가을</u>이 끝나면, 누나를 시집 보낸다.

(16)에서 '아침, 점심, 저녁'은 원래 (ㄱ)처럼 하루의 시각을 나타내는 말인데, (ㄴ)에서는 아침, 점심, 저녁 때에 먹는 '밥'의 의미로 쓰이게 되었다. (17)에서 (ㄱ)의 '가을'은 계절의 이름인데, (ㄴ)에서는 가을철에 하는 '추수(秋收)'의 의미로 쓰였다. 이처럼 (16)과 (17)

에 나타난 다의어의 구조는 시간의 인접성에 따라서 형성된 것이다.

셋째, '원인과 결과의 인접성'에 따라서 다의어의 구조가 형성될 수 있다.

(18) 잔   (19) 떨다
　ㄱ. <u>술잔</u>   　ㄱ. 추위에 <u>떨었다</u>.
　ㄴ. 한 <u>잔</u> 더 마셨다.   　ㄴ. 시험에 떨어질까 봐 <u>떨었다</u>.

(18)에서 '잔'은 원래 (ㄱ)처럼 음료나 주류를 따라 마시는 데에 쓰는 작은 그릇이라는 뜻으로 쓰였는데, (ㄴ)에서는 음료나 술을 담아서 분량을 세는 단위를 나타내는 말로 쓰였다. 그리고 (19)에서 (ㄱ)에서 '떨다'는 원래 '몹시 추워서 몸을 반복적으로 흔들다'의 뜻으로 쓰였는데, (ㄴ)에서 '떨다'는 '몹시 긴장하여 마음을 졸이다'의 뜻으로 쓰였다.

3.4.1.4. 다의어의 의미 확장 방법

다의어의 의미 확장은 중심 의미의 용법을 다른 상황에 적용한 것으로서, 다음과 같은 여섯 가지 확장 유형이 있다.

(20) ㄱ. 먹다 : (사람이 음식을 먹다) → (짐승이 먹이를 먹다) → (풀잎이 물기를 먹다) → (종이가 기름을 먹다)
　　ㄴ. 밝다 : (빛이 밝다) → (표정이 밝다) → (분위기가 밝다) → (눈/귀가 밝다) → (事理가 밝다)
　　ㄷ. 짧다 : (연필이 짧다) → (시간이 짧다) → (경험이 짧다)
　　ㄹ. 있다 : (서재에 있다) → (군대에 있다) → (마음속에 있다)
　　ㅁ. 길다 : (밧줄이 길다) → (수명이 길다) → (발이 길다)
　　ㅂ. 버리다 : (종이를 버리다) → (종이를 찢어 버리다)

위의 예들은 모두 기본(중심) 의미에서 주변(파생) 의미로 확장되었다. (ㄱ)의 '먹다'는 '사람 → 짐승 → 식물 → 무생물'로, (ㄴ)의 '밝다'는 '구체성 → 추상성'으로, (ㄷ)의 '짧다'는 '공간 → 시간 → 추상'으로, (ㄹ)의 '있다'는 '물리적 존재 → 사회적 존재 → 심리적 존재'로, (ㅁ)의 '길다'는 '일반성 → 비유성 → 관용성'으로, (ㅂ)의 '버리다'는 '내용어(본용언) → 기능어(보조 용언)'로 확장되었다(임지룡 외 2005:321).

3.4.2. 동음 관계

3.4.2.1. 동음어의 개념

'동음 관계(同音關係, homonymy)'도 하나의 표현에 여러 개의 의미가 대응되는 복합적 의미 관계이다. 동음 관계에 있는 단어(어휘소)를 '동음어(同音語, homonym)'라고 하는데, 동음어는 우연히 형태(소리)만 같을 뿐이지 형태(소리) 속에 담겨 있는 의미는 전혀 무관하다.

(1) ㄱ. 풀(草)/풀(糊)
ㄴ. 가마(釜)/가마(旋毛)/가마(乘轎)

(2) 치다
ㄱ. 눈보라가 <u>치다</u>
ㄴ. 북을 <u>치다</u>
ㄷ. 줄을 <u>치다</u>
ㄹ. 초를 <u>치다</u>
ㅁ. 병풍을 <u>치다</u>
ㅂ. 소를 <u>치다</u>
ㅅ. 밭을 <u>치다</u>

(1)에서 '풀'의 형태는 [草]와 [糊]의 두 가지 의미를 나타내고, '가마'의 형태는 [釜], [旋毛], [乘轎]의 의미를 나타낸다. 그리고 (2)에서 '치다'의 형태는 각각 (ㄱ)에서 (ㅅ)까지 의미를 나타낸다. 그런데 이들 단어는 어원이나 의미적인 관련성이 없이 우연히 형태가 같아진 경우인데, 이러한 단어의 의미적인 관계를 '동음 관계'라고 한다.

3.4.2.2. 동음어의 유형

라이온즈(J. Lyons, 1995)는 동음 관계를 어느 정도 엄밀하게 규정하느냐에 따라서, '절대적 동음 관계(absolute homonymy)'와 '부분적 동음 관계(partial homonymy)'로 구별할 수 있다고 하였다.
RHCD(1975)에서는 소리와 글자에 따라 동음의 형태를 다음과 같이 규정하였다.

	소리	철자	의미	동음 형태
동음(同音, homophone)	同	異	異	A형
	同	同	異	B형 (homonym)
동철(同綴, homograph)	同	同	異	
	異	同	異	C형

[표 1. 동음의 형태]

[표 1]에서 'homophone'은 소리만 같고 의미는 다른 경우이며 'homograph'는 글자만 같고 의미는 다른 경우이다. 그리고 'homonym'은 소리(음소와 운소)뿐만 아니라 글자까지 같으나 의미가 다른 완전 동음어에 해당한다.

〈 **절대적 동음어** 〉 라이온즈(J. Lyons, 1995)에 따르면 '절대적 동음어(絶對的 同音語, 완전 동음어, absolute homonym)'는 첫째로 의미에서 연관성이 없어야 하며, 둘째로 두 단어의 어형이 음운과 철자의 양면에서 동일하며, 셋째로 두 가지 형태가 문법적으로 대등해야 한다는 조건을 지킬 때에 성립한다. 이러한 절대 동음어는 철자도 같고 소리도 같으므로 '동철자 동음 이의어(同綴字 同音異意語, homograph)'라고 할 수 있다.

(3) ㄱ. 때(時)/때(垢), 비(雨)/비(彗, 빗자루), 재(炭)/재(嶺), 쓰다(用)/쓰다(書), 절다(소금기가 배다)/절다(기우뚱거리며 걷다), 빨다(손가락을~)/빨다(빨래를~), 잠기다(문이~)/잠기다(물에~)

ㄴ. 국내(國內)/국내(局內), 기사(技士)/기사(記事)/기사(記寫)

ㄷ. 시내(川)/시내(市內), 철(季節)/철(分別力)/철(鐵)

(ㄱ)의 예는 순우리말과 순우리말에서 나타나는 절대적 동음어이다. 여기서 '때₁(時)'와 '때₂(垢)'는 의미적으로 관련이 없고, 음운과 철자가 모두 동일하며 문법적으로 명사이다. 이러한 점에서 '때₁(時)'과 '때₂(垢)'는 절대적 동음어이다.5) 그리고 (ㄴ)의 '국내₁(國內)'과 '국내₂(局內)'는 한자어와 한자어에서, (ㄷ)의 '시내₁(川)'과 '시내₂(市內)'는 순우리말과 한자어의 사이에서 나타나는 절대적 동음어이다.

〈 **부분적 동음어** 〉 '부분적 동음어(部分的 同音語, partial homonym)'는 글자의 형태나 소리에서 차이를 보이는 동음어이다.

---

5) 반면에 '새₁(鳥)'과 '새₂(新)'는 소리가 같고 의미가 다르다는 점에서는 동음어이지만, 각각 명사와 관형사로서 품사가 다르고 기능이나 활용 모습이 다르다. 이러한 점에서 '새₁(鳥)'과 '새₂(新)'는 '절대적 동의어'가 아니고 '유사 동의어'에 해당한다.

첫째, '이철자 동음 이의어(異綴字 同音 異意語, homophone)'는 철자가 다르면서 소리가 같은 동음어이다.

(4) ㄱ. 잎(葉)/입(口), 묽다/묶다/묵다, 낫(鎌)/낮(晝)/낯(面)/낱(各)/낟(穀), 빚(債務)/빗(櫛)/빛(光), 곳(所)/곶(串)/곧(卽), 값(價)/갑(匣)

ㄴ. 학문(學問)/항문(肛門)

ㄷ. 반듯이/반드시, 넘어/너머, 붙이다/부치다, 달이다/다리다, 식히다/시키다, 졸이다/조리다, 줄이다/주리다

(ㄱ)에서 '잎₁(葉)'과 '입₂(口)'은 기본 형태는 다르지만 '음절 끝소리 규칙'에 따라서 특정한 음운적 환경에서 동음어가 된다. 그리고 (ㄴ)에서 '학문₁(學問)'은 자음 동화에 따라서 '항문₂(肛門)'와 동음어가 되었고, (ㄷ)에서 '반듯이₁(直)'은 연음 법칙(Linking)에 따라서 '반드시₂(必)'와 동음어가 되었다. (4)의 동음어들은 모두 철자는 다르지만 소리가 같은 이철자 동음 이의어이다.

둘째, '동철자 이음 이의어(同綴字 異音 異意語, heteronym)'는 철자나 음소(자음과 모음)가 같으면서도 소리의 높이, 길이, 세기 등의 운소가 다른 동음어이다.

(5) ㄱ. 말(言) : / 말(斗) / 말(馬) (6) ㄱ. 눈(雪) : / 눈(眼)

ㄴ. 배(培) : / 배(梨) / 배(舟) / 배(腹) ㄴ. 발(簾) : / 발(足)

ㄷ. 손(孫) : / 손(客) / 손(手) ㄷ. 벌(蜂) : / 벌(罰)

(7) ㄱ. 우리 : '나(我)'의 복수형

ㄴ. 우리 : 짐승을 가두어 기르는 곳

(5~7)의 동음어들은 철자나 음소(音素)가 동일하지만 소리의 높이, 길이, 세기와 같은 운소가 다른 것이 특징이다. 곧, (5)에서 '말₁(言), 말₂(斗), 말₃(馬)'과 (6)에서 '눈₁(雪)'과 '눈₂(眼)'도 길이(長短)가 다르게 실현된다. 그리고 (7)에서 '우리₁(我)'과 '우리₂(柵)'는 세기(强勢)가 다르게 실현된다.

동음어 사이에서 나타나는 소리와 철자의 동형성에 따라서, 동음어의 유형을 정리하면 다음과 같다.

동음어의 종류		철자	소리	의미	예
절대적 동음어	동철자 동음 이의어	同	同	異	때(時) : 때(垢)
부분적 동음어	이철자 동음 이의어	異	同	異	잎(葉) : 입(口)
	동철자 이음 이의어	同	異	異	말(言) : 말(斗) : 말(馬)

[표 2. 동음어의 유형]

3.4.2.3. 동음어의 생성 원인

언어 기호에는 자의성이 있는데, 동음어가 생성되는 것은 언어 기호의 자의성과 불가분의 관계를 맺고 있다. 언어 기호의 '자의성(恣意性, arbitrarity)'은 음성(시니피앙)과 의미(시니피에)의 관계가 필연적이 아니라는 특징이다. 곧 단어는 의미와 형태(소리)가 우연적으로 결합되는데, 이러한 우연의 일치로 동음어가 형성한다.

(8) 때(時)/때(垢), 절(禮)/절(寺), 움(芽)/움(穴), 밤(栗)/밤(夜)

언어는 자의성이 있기 때문에 (8)에서 /때/라는 시니피앙에 [時]의 의미만 결합할 수 있는 것이 아니라 [垢]의 의미도 결합할 수 있다. 그리고 /움/이라는 하나의 시니피앙에 [芽]의 의미뿐만 아니라 [穴]의 의미도 결합할 수 있다. 이처럼 동음어가 생성될 수 있는 것은 기본적으로 시니피앙과 시니피에의 결합이 필연적이지 않기 때문이다.

울만(Ullman, 1962:176~80)은 동음어가 생성되는 구체적인 원인을 '음운 변화에 따른 음성적 일치', '의미적 분화', '외국어의 영향'의 세 가지로 들고 있다.[6]

〈 **음운의 변화** 〉 '음운의 변동이나 변화'의 결과에 따라서, 두 단어의 형태가 같아질 수 있다.

첫째, 음운이 공시적으로 변동됨에 따라서 동음어가 만들어질 수가 있다. 곧, 특정한 음운이 동일한 시대에 형태소 사이에서 일어나는 변동 현상의 결과로서, 우연히 두 단어의 형태가 같아진 것이다.

(9) 벗(友)/벚(樺), 입(口)/잎(葉), 짓다(作)/짖다(吠), 읽다(讀)/익다(熟)

---

6) 울만은 단음절어가 다음절어보다 약 4배나 되는 동음어를 갖는다고 주장하였다. 이는 형태가 짧으면 짧을수록 우연성이 개재될 가능성이 높기 때문인데, 중국어, 영어, 불어 등에서 동음어가 많은 것은 이들 언어에 단음절어가 많기 때문이다.

(10) 학문(學問)/항문(肛門), 옆문(側門)/염문(艶聞)

(11) 넘어/너머, 반듯이/반드시, 붙이다/부치다, 식히다/시키다

(9)의 동음어는 모두 '음절 끝소리 규칙'의 결과로서 동음 관계가 형성되었으며, (10)에서 '학문(學問)'과 '옆문(側門)'은 '자음 동화'의 결과로서 각각 '항문(肛門)', '염문(艶聞)'과 동음 관계를 형성한다. 그리고 (11)에서 '넘어, 반듯이, 붙이다, 시키다'는 '연음 법칙'과 '구개음화', '거센소리되기' 등의 음운 변동 현상이 적용되어서, 각각 '너머, 반드시, 부치다, 시키다'와 동의 관계를 형성한다.

　둘째, 음운의 통시적인 변화에 따라서 동음어가 만들어질 수가 있다. 곧, 어휘들은 시간이 지남에 따라서 형태가 변할 수가 있는데, 이러한 통시적인 형태의 변화에 따라서 동음어가 형성될 수가 있다.

　　(12) ㄱ. 숧　　→ 살(肉) / 살(矢)
　　　　ㄴ. 쁘다 → 쓰다(用) / 쓰다(書)
　　　　ㄷ. 뎔　　→ 절(寺) / 절(禮)
　　　　ㄹ. ㄱ숨 → 가음 → 감(材料) / 감(柿)
　　　　ㅁ. 쇼　　→ 소(牛) / 소(沼)
　　　　ㅂ. 량식 → 양식(糧食) / 양식(樣式)

(ㄱ)에서는 '숧'의 /·/가 근대 국어 시대에 /ㅏ/로 교체됨에 따라서 '살(肉)'과 '살(矢)'이, (ㄴ)에서는 '쁘다'의 /ㅄ/이 /ㅆ/으로 바뀜에 따라서 '쓰다(用)'와 '쓰다(書)'가 동음어를 이룬다. 그리고 (ㄷ)에서는 '뎔'이 구개음화에 따라서 /ㄷ/이 /ㅈ/으로 바뀜에 따라서 '절(寺)'과 '절(禮)'이 동음어가 되었다. (ㄹ)에서는 /·/가 소실되어 /ㅏ/와 /ㅡ/로 교체된 뒤에, 다시 둘째 음절에서 /ㅡ/ 모음이 탈락하여 결과적으로 '감(材料)'과 '감(柿)'이 동음어를 이룬다. (ㅁ)에서는 '쇼'가 단모음화에 따라서 '소'로 바뀜에 따라서 '소(牛)'와 '소(沼)'가, (ㅂ)에서는 '량식'이 두음 법칙에 따라서 '양식'으로 바뀜에 따라서 '양식(糧食)'과 '양식(樣式)'이 동음어를 이룬다.

　〈 **의미의 분화** 〉 '의미의 분화(意味分化, semantic divergence)'는 다의어의 의미가 분화되는 과정에서, 중심 의미와 주변 의미가 멀어질 수 있다. 그 결과로 중심 의미와 주변 의미가 서로 관련성을 잃게 됨으로써, 두 단어가 동음어가 될 수가 있다.

　울만(Ullman, 1957:128)에서는 영어에서 'flower'가 동음어를 형성하는 과정을 다음과

같이 설명하였다.

(13) 'flower'의 동음화 과정 [울만, 1957:128]

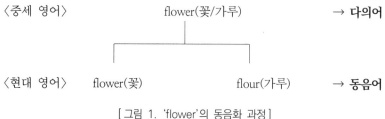

[그림 1. 'flower'의 동음화 과정]

'flower'는 중세 영어에서는 '꽃'의 뜻과 '가루'의 뜻으로 쓰여서 다의어를 형성하였다. 그러나 현대 영어에서는 그 의미가 분화되어서 'flower'는 '꽃'의 뜻을 나타내고 'flour'는 '가루'의 뜻을 나타내게 된 결과, 'flower'와 'flour'는 동음어가 되었다.

(14) ㄱ. 물 마신다.　　　　　　　　　　　[水]
　　　ㄴ. 옷에 물이 빠졌다.　　　　　　　　[色]

(15) ㄱ. 고개가 아프다.　　　　　　　　　　[頸]
　　　ㄴ. 고개 너머 마을　　　　　　　　　[峴]

(16) ㄱ. 아침 해가 눈부셨다.　　　　　　　[太陽]
　　　ㄴ. 한 해가 지났다.　　　　　　　　　[年]

(17) ㄱ. 달이 밝다.　　　　　　　　　　　[月]
　　　ㄴ. 한 달이 지났다.　　　　　　　　　[個月]

(14)에서 '물'은 중세 국어에서는 모두 '水'의 뜻과 관련을 가져서 다의어로 쓰였으나, 현대어에서는 의미적인 관련성을 잃어버리고 '水, 色'의 각각 다른 뜻으로 쓰여서 동음 관계를 형성한다. (15)의 '고개(頸/峴)', (16)의 '해(太陽/年)', (17)의 '달(月/個月)'도 중세 국어에서는 모두 다의어로 쓰였으나, 현대 국어에서는 의미적인 관련성을 잃어버린 결과 동음어가 형성되었다.

〈 **원래 요소와 외부 요소의 접촉** 〉　원래 있던 기층 언어(基層言語)와 외부에서 새로 유입된 언어가 접촉함으로써 동음어가 형성될 수 있다.

첫째, 기존의 방언에 다른 방언이 들어와서 두 방언의 어휘가 동음어를 형성한다.

　(18) 시름하다(角抵)방언1/시름하다(憂)방언2, 살(米)방언1/살(膚)방언2, 삼(쌀, 包飯)방언1/삼(麻)방언2

　(19) 모시방언1/모시(紵)방언2

　(20) ㄱ. 짐(海苔, 雜草)방언1/짐(貨物)방언2
　　　　ㄴ. 질다(長)방언1/질다(泥)방언2
　　　　ㄷ. 지름(油)방언1/지름(直徑)방언2

경상 방언에서는 /ㅆ/의 음소가 존재하지 않고 /ㅅ/으로 대체되어 있다. 따라서 (18)에서처럼 중부 방언에서 쓰이는 '씨름하다(角抵), 쌀(米), 쌈(包飯)7)'은 경상 방언에서는 각각 '시름하다, 살, 삼'의 형태로 실현되어서, '시름하다(憂), 살(膚), 삼(麻)'과 동음어를 이룬다. 그리고 중부 방언에서 '닭이나 날짐승의 먹이'라는 뜻으로 쓰이는 '모이'가 경상 방언에서는 '모시'의 형태로 쓰이는데, 이렇게 되면 (19)처럼 경상 방언의 '모시'는 '모시(紵)'와 동음어를 이룬다. 그리고 근대 국어 시기에 일어난 구개음화의 영향으로 경상 방언에서는 모음 /ㅣ/ 앞에서 /ㄱ/이 /ㅈ/으로 변화함에 따라서, 중부 방언의 '김(海苔, 雜草), 길다(長), 기름'이 경상 방언에서는 (20)처럼 '짐, 질다, 지름'으로 바뀌었다. 그 결과로 '짐(貨物), 질다(泥), 지름(直徑)'과 동음어를 이룬다.

둘째, 국어에 외래어가 들어와서 국어와 외래어가 동음어를 형성한다.

　(21) ㄱ. 해(태양)/해(海), 사랑(愛)/사랑(舍廊), 말미(休暇)/말미(末尾), 가로(橫)/가로(街路)
　　　　ㄴ. 형(兄)/형(型)/형(刑), 수상(首相)/수상(手相)/수상(受賞)/수상(授賞)/수상(水上)

(21)은 한자어 어휘가 들어옴에 따라서 이들 어휘와 발음이 같은 동음어가 형성된 예이다. 이 중에서 (ㄱ)은 외국에서 들어온 한자어가 순우리말과 동음어를 형성하는 예이며, (ㄴ)은 한자어와 한자어가 동음어를 형성하는 예이다.

---

7) '쌈'은 밥이나 고기, 반찬 따위를 상추, 배추, 쑥갓, 깻잎, 취, 호박잎 따위에 싸서 먹는 음식이다.

3.4.2.4. 동음어의 충돌

어휘 체계 안에서 동음어가 생기면 하나의 형태에 둘 이상의 의미가 존재하게 되어서 단어의 의미를 파악하는 데에 지장이 생길 수 있는데, 이러한 현상을 '동음어의 충돌'이 라고 한다.

가. 동음어가 충돌할 때의 우열 관계

동음어가 충돌할 때에는 동음어 중에서 어느 한쪽이 세력이 커지고 다른 쪽이 세력이 약해져서 우열 관계가 형성될 수 있다. 이때에는 동음어 중에서 약한 쪽이 형태를 바꿈 으로써 동음어의 충돌이 해소된다.

첫째, 구체어와 추상어가 동음어로서 서로 충돌하는 경우에는, 구체어가 추상어보다 형태를 쉽게 보존한다.

(22) ㄱ. 내(川) → 내
     ㄴ. 내(嗅) → 냄새(嗅)

(23) ㄱ. 서리(霜) → 서리(霜)
     ㄴ. 서리(間) → 사이(間)

중세 국어에서는 '내(川)'와 '내(嗅)'가 동음어를 형성하였다. 이들 중 구체어인 '내(川)'는 형태가 그대로 유지된 반면에 추상어인 '내(嗅)'는 '냄새'로 바뀌었다. 그리고 '서리'는 [霜]과 [間]의 뜻으로 쓰여서 동음어를 형성하였는데, 이 중에서 구체어인 '서리(霜)'는 형태가 유지된 반면에 추상어인 '서리(間)'는 '사이'로 형태가 교체되었다.

둘째, 동음어 중에서 그 어느 한쪽에 동의어가 있다면, 동의어가 없는 쪽은 동의어가 있는 쪽보다 형태를 쉽게 보존한다.

(24) ㄱ. <u>가마(旋毛)</u>   → 가마
     ㄴ. <u>가마(釜)</u>/솥(釜) → 솥(釜)

(25) ㄱ. <u>부체(扇)</u>   → 부채
     ㄴ. <u>부체(門)</u>/문(門) → 문(門)

(26) ㄱ. 잣(栢)   → 잣(栢)

ㄴ. 잣(城)/성(城)   → 성(城)

(27) ㄱ. 뫼(山)/산(山)   → 산(山)

ㄴ. 뫼(飯)/밥(飯)   → 밥(飯)

(24)에서 '가마(旋毛)'와 '가마(釜)'는 동음어를 형성하였는데, 이 중에서 '가마(釜)'는 이미 '솥(釜)'과 동의어를 형성하고 있었다. 이러한 때에는 동의어를 이미 가지고 있는 '가마(釜)'가 소멸하고 동의어를 가지지 않은 '가마(旋毛)'는 형태가 유지된다. 나머지 (25)의 '부체(扇)'와 '부체(門)', (26)의 '잣(栢)과 잣(城)', (27)의 '뫼(山)'와 '뫼(飯)'의 동음어들도 동의어가 없는 쪽의 단어가 형태를 보존하였다.

셋째, 구조상의 안정성이 높은 쪽이 안정성이 낮은 쪽보다 형태를 쉽게 보존한다.

(28) ㄱ. 김(苔) → 김(苔)

ㄴ. 김(草) → 김(草)/풀(草)

(29) ㄱ. 금(金) → 금(金)

ㄴ. 금(線) → 금(線)/줄(線)

(28)에서 '김(苔)'과 '김(草)'은 동음어를 형성한다. 여기서 '김(苔)'은 단일어로서 구조상의 안정성이 높은 반면에, '김(草)'은 동사 '깃다'[8]에서 파생되었다는 점에서 구조적으로 안정성이 낮다. 이러한 경우에 '김(苔)'은 형태가 그대로 유지되지만, '김(草)'은 '풀(草)'과 동의어를 이룬다. 그리고 (29)에서 '금(金)'은 단일어로서 구조적으로 안정성이 높아서 형태가 그대로 유지되는 반면에, '금(線)'은 동사인 '긋다'에서 파생되어서 안정성이 낮아서 '줄(線)'과 동의어를 이룬다.

넷째, 기초 어휘가 일반 어휘보다 동음어 충돌에서 형태를 유지하기가 유리하다.

(30) ㄱ. 문(門) → 문(門)   (31)ㄱ. 실(絲) → 실(絲)

ㄴ. 문(紋) → 무늬(紋)   ㄴ. 실(甑) → 시루(甑)

---

8) '깃다'는 '논밭에 잡풀이 많이 나다.'라는 뜻을 나타내는 단어이다.

(30)에서 '문(門)'과 '문(紋)'은 동음어인데, 기초 어휘인 '문(門)'은 형태를 유지하지만 일반 어휘인 '문(紋)'은 '무늬'로 형태가 변했다. 마찬가지로 (31)에서 '실(絲)'과 '실(甑)'은 동음어를 형성하는데, 기초 어휘인 '실(絲)'은 형태를 유지하였지만 일반어인 '실(甑)'은 '시루'로 형태가 바뀌었다.

나. 동음어 충돌의 유형

〈 동음 충돌이 유지되는 유형 〉 동음어가 충돌하기는 해도 동음어의 양쪽 형태가 그대로 유지되어서, 동음 충돌이 그대로 유지되는 유형이 있다.

(32) 뿟다 → 짜다(織/搾/鹽), 고개(頸/峴) → 고개, 눈(眼/雪) → 눈, 열다(開/結) → 열다

중세 국어에서 '뿟다'는 [織], [搾], [鹽]의 세 가지 뜻으로 쓰여서 동음어가 형성되었다. 이들 동음어들은 현대 국어에서 모두 '짜다'의 형태로 바뀌어서 이들 단어의 동음 관계가 중세 국어의 때와 마찬가지로 그대로 유지된다. 나머지 '고개(頸/峴)', '눈(眼/雪)', '열다(開/結)'의 동음어들도 동일한 방법으로 동음어의 충돌이 해소되었다.

〈 동음 충돌이 해소되는 유형 〉 동음어를 형성하는 어휘가 변화함에 따라서, 동음어에서 나타나는 동음 충돌이 해소되는 경우가 있다.

첫째, 동음어 충돌의 결과로서 한쪽은 원형을 유지하고 다른 쪽은 형태가 바뀌어서, 결과적으로 동음어의 충돌이 해소되는 유형이 있다.

(33) ㄱ. 말(斗/橛)   → 말(斗)/말뚝(橛)
    ㄴ. 개(犬/浦)   → 개(犬)/개펄(浦)
    ㄷ. 시름(憂/角抵) → 시름(憂)/씨름(角抵)
    ㄹ. 키(丈/大)   → 키(丈)/크기(大)

중세 국어에서 (ㄱ)의 '말'은 [斗]과 [橛]의 뜻으로 쓰여서 동음어가 형성되었다. 이들 단어들 중에서 '말(斗)'은 형태가 그대로 유지되었으나 '말(橛)'은 '말뚝'으로 형태가 바뀌어서 동음 충돌이 해소되었다. 나머지 (ㄴ~ㄹ)의 '개(犬/浦)', '시름(憂/角抵)', '키(丈/大)'의 동음어들도 한쪽의 형태만 바뀌어서 동음어의 충돌이 해소되었다.

둘째, 동음어 충돌의 결과로서 동음어들이 모두 형태가 바뀌어서, 동음어의 충돌이 해소되는 유형이 있다.

(34) ㄱ. 바회(巖/輪)   → 바위(巖)/바퀴(輪)

    ㄴ. ᄀᆞᄅᆞ(紛/橫)   → 가루(紛)/가로(橫)

    ㄷ. 석다(混/朽)   → 섞다(混)/썩다(朽)

중세 국어에서 '바회'는 [巖]과 [輪]의 뜻으로 쓰여서 동음어가 형성되었다. 이들 단어들은 현대 국어에서 '바회(巖)'는 '바위'로, '바회(輪)'는 '바퀴'로 형태가 바뀌었다. 나머지 (ㄴ)의 'ᄀᆞᄅᆞ(紛/橫)'와 (ㄷ)의 '석다(混/朽)'도 동음 관계에 있던 두 단어의 형태가 모두 바뀜으로써, 동음어의 충돌이 해소되었다.

3.4.2.5. 다의어와 동음어의 구분

가. 다의어와 동음어의 개념적 차이

다의어와 동음어는 개념상으로 다음과 같은 차이를 보인다. 곧 '다의어'는 하나의 단어 형태가 서로 관련이 있는 2가지 이상의 의미를 나타내는 단어이다. 반면에 '동음어'는 하나의 단어 형태가 서로 관련이 없는 2가지 이상의 의미를 나타내는 단어의 묶음이다. 이와 같은 다의어와 동음어의 의미 관계를 그림으로 요약하여 보이면 다음과 같다.

[그림 2. 다의어의 의미 관계]   [그림 3. 동음어의 의미 관계]

예를 들어서 '속'은 [그림 2]처럼 다의어의 의미 관계를 나타내고, '눈'은 [그림 3]처럼 동음어의 의미 관계를 나타낸다.

(35) '속'의 다의성

    ㄱ. 나의 지갑은 안방 서랍 속에 있었다.   [內]

    ㄴ. 술을 너무 많이 마셔서 속이 쓰리다.   [內臟]

    ㄷ. 그 말을 듣고 속으로 무척 섭섭했다.   [心]

    ㄹ. 속이 꽉 찬 배추를 골라 김장을 했다.   [中心]

(36) '눈'의 동음성

    ㄱ. 햇살에 <u>눈</u>이 부셔서 뜨지 못하겠다.   [眼]

    ㄴ. 봄이 오면 나뭇가지에도 <u>눈</u>이 튼다.   [芽]

    ㄷ. 저울의 <u>눈</u>을 속여 파는 일이 있다.   [値]

    ㄹ. 틈나는 대로 그물의 <u>눈</u>을 손질한다.   [罟]

(35)에서 '속'은 (ㄱ)에서는 '內', (ㄴ)에서는 '內臟', (ㄷ)에서는 '心', (ㄹ)에서는 '中心'의 뜻을 나타낸다. (ㄱ)~(ㄹ)의 문맥에서 '속'은 모두 어원이 같으며, 이들 단어가 나타내는 뜻도 모두 '內'의 뜻과 관련이 있으므로 다의성을 띤다. 반면에 (36)에서 '눈'은 (ㄱ)에서는 '眼', (ㄴ)에서는 '芽', (ㄷ)에서는 '値', (ㄹ)에서는 '罟'의 뜻을 나타낸다. 이처럼 (ㄱ~ㄹ)의 문맥에 실현된 '눈'의 어휘들은 의미적으로 아무런 관련이 없으므로 동음어로 처리된다.[9]

    다의어와 동음어의 개념은 분명히 차이가 나지만, 실제 단어들이 다의어인지 동음어인지를 구분해 내기가 어렵다. 아래에서는 다의어와 동음어를 구분하는 기준을 살펴본다.

나. 다의어와 동음어의 구분 기준

    다의어와 동음어는 일반적으로 '어원에 대한 의식'과 '의미의 유사성'에 따라서 구분할 수 있다.

    첫째, 어원적으로 같은 단어는 현재, 두 가지 의미가 멀어져서 유연성(有緣性)을 상실하였을지라도 다의어로 간주한다. 반면에 어원적으로 보아서 전혀 다른 두 단어가 우연하게 그 형태가 같아졌다면 그것은 동음어로 처리한다.

(37) ㄱ. mouth(입/식솔/강어귀), tongue(혀/언어)

    ㄴ. 다리(사람의 다리/책상의 다리/안경 다리), 속(사람의 속/배추의 속)

(38) ㄱ. fan₁ (부채) / fan₂ (애호가)

    ㄴ. 배₁ (船) / 배₂ (腹) / 배₃ (梨)

    ㄷ. 초₁ (식초) / 초₂ (양초)

---

9) '눈'이 나타내는 '眼, 芽, 値, 罟'의 의미는 어원적으로는 관련성이 있으나, 현대 국어에서는 언중들이 이러한 관련성을 인식하지 못한다.

곧 (37)에서 'mouth(입)'와 'mouth(식솔)', 'mouth(강어귀)' 등의 단어는 동일한 어원에서 나왔으므로, 의미적인 차이에도 불구하고 다의어로 처리한다. 반면에 (38)에서 'fan$_1$(부채)'과 'fan$_2$(애호가)'는 어원적으로 아무런 관련성이 없으므로 동음어로 처리한다.

둘째, 다의어와 동음어의 판단 기준으로 의미의 유사성을 들 수 있다. 원칙적으로 두 형태가 의미적으로 상호 공통성이 있으면 다의어로 판단하고, 그렇지 않으면 동음어로 판단한다. 곧 역사적으로 볼 때에 비록 두 형태가 동일한 어원에서 나왔다고 할지라도, 현재의 의미가 아주 동떨어져 있으면 동음어로 간주하는 것이다.

(39) portus(라틴어)

    ㄱ. port$_1$ (항구)

    ㄴ. port$_2$ (포도주의 일종)

(40) long

    ㄱ. long$_1$ (그리워하다)

    ㄴ. long$_2$ (길다)

(41) sole ： sole$_1$ (발뒤축) / sole$_2$ (넙치)

(42) 눈 : 눈$_1$ (眼) / 눈$_2$ (芽) / 눈$_3$ (値) / 눈$_4$ (罟)

예를 들어서 (39)에서 'port$_1$(항구)'과 'port$_2$(포도주의 일종)는 둘 다 라틴어인 'portus'에서 나온 말이므로 다의어로 처리할 가능성이 있다. 그러나 이들 단어는 어원이 동일함에도 불구하고 현대어에서 의미적인 관련성이 없으므로 동음어로 간주한다. 마찬가지로 (40) 의 'long$_1$(그리워하다), long$_2$(길다)'와 (41)의 'sole$_1$(발뒤축), sole$_2$(넙치)'도 동일한 어원에서 온 말이기는 하나, 현재의 의미에 관련성을 인식하지 못하므로 동음어로 처리된다. 그리고 (42)에서 '눈$_1$(眼)', '눈$_2$(芽)', '눈$_3$(値)', '눈$_4$(罟)'도 동일한 어원에서 나온 단어인데, 현대어에서는 그 의미적인 관련이 없어졌으므로 동음어로 처리한다.

그런데 원래는 어원이 달랐던 두 단어가 우연히 형태가 같고 의미적으로 관련됨에 따라서, 언중들이 어원이 같은 것으로 자의적으로 해석하여 다의어로 취급하는 경우도 있다(리치, G. N. Leech, 1974:229).

(43) ㄱ. wēod → weed [잡초]

　　ㄴ. wœd → weed [(과부의) 상복]

(44) ㄱ. éare → ear (귀)

　　ㄴ. éar → ear (이삭)

(43)에서 'weed(잡초)'는 'wēod'에서 온 말이고 'weed(과부의 상복)'는 'wœd'에서 온 말로서, 어원적으로 아무런 관련이 없었다. 그러나 현대어에서는 두 단어의 형태가 우연히 'weed'로 같아짐에 따라서 언중들이 두 단어의 의미의 관련이 있는 것으로 판단하게 됨으로써 다의어로 취급한다. 마찬가지로 (44)에서 'ear(귀)'와 'ear(이삭)'은 각각 형태가 다른 말에서 나왔지만, 현대어에서는 이 두 단어의 형태가 같아져 버려서 언중들이 자의적으로 이들 단어를 다의어로 해석한다.

제4장 의미의 결합 관계

어떠한 단어(어휘소)가 다른 단어와 횡적으로 맺는 의미 관계를 '의미의 결합 관계'라고 한다. 의미의 결합 관계에서 다루는 언어 형식의 유형으로는, '합성어'의 내부에서 나타나는 의미 관계와 '관용어'의 내부에서 나타나는 의미 관계가 있다.

> (1) ㄱ. 바지-저고리, 오-가다 ; 칼-날, 긁어-모으다 ; 밤-낮, 날-뛰다
>
> ㄴ. 바가지를 씌우다, 미역국 먹다, 손을 떼다

(ㄱ)의 합성어에서 '바지-저고리'는 어근인 '바지'와 '저고리'가 횡적으로 결합하면서, 어근의 본래의 의미인 '바지와 저고리'의 의미 이외에도 제3의 의미를 나타내기도 한다. 그리고 (ㄴ)의 관용어에서 '바가지를 씌우다'는 '바가지를 씌우는 행위'를 나타낼 수도 있지만, 이들 단어들이 하나의 관용어를 이루어서 제3의 의미를 나타낼 수도 있다. 이처럼 특정한 단어가 다른 단어와 맺는 횡적인 의미 관계를 '의미의 결합 관계'라고 한다.

4.1. 합성어의 의미

실질 형태소인 어근과 어근이 합쳐져서 형성된 새로운 단어를 '합성어(合成語, compound word)'라고 한다. 이러한 합성어는 어근들이 결합할 때 생기는 의미 관계에 따라서 유형을 정할 수 있다.

4.1.1. 합성어의 유형

합성어는 어근과 어근이 나타내는 의미적인 관계에 따라서, '대등 합성어, 종속 합성어, 융합 합성어'로 분류할 수 있다.

〈 대등 합성어 〉 '대등 합성어'는 두 어근이 독립된 뜻을 나타내면서, 서로 같은 자격으로 어울려서 이루어진 합성어이다.

> (2) ㄱ. 마-소, 앞-뒤, 안-팎(← 안ㅎ + 밖), 논-밭, 물-불
>
> ㄴ. 오-가다, 오르-내리다, 검-붉다

(ㄱ)에서 '마소'는 '말과 소'처럼 어근이 독립적인 의미를 나타내고, (ㄴ)에서 '오가다'도 '거리나 길을 오거니 가거니 하다.'처럼 각 어근이 독립적인 의미를 나타낸다. 이처럼 대등 합성어는 그것을 구성하는 어근들이 형태와 의미의 측면에서 대등한 자격으로 결합하여 하나의 단어(어휘소)를 이루는 것이다.

대등 합성어를 이루는 어근들에는 품사, 형태, 의미의 측면에서 다음과 같은 특징이 나타난다.

첫째, 대등 합성어를 구성하는 어근들은 품사나 형태적인 측면에서 유사해야 한다.

> (3) ㄱ. 논밭, 여기저기, 하나둘
>
> ㄴ. 오가다, 높푸르다
>
> ㄷ. 붉으락푸르락, 기나길다, 차디차다

(ㄱ)의 '논밭(명사 + 명사)'과 (ㄴ)의 '오가다(동사 + 동사)'와 (ㄷ)의 '붉으락푸르락(형용사 + 형용사)' 등은 어근의 형태들이 품사나 형태적인 측면에서 유사하다.

둘째, 의미적인 측면에서 볼 때에, 대등적 합성어를 이루는 어근들이 동일 어휘장 안에서 '양립 불능 관계'에 있어야 한다.

> (4) 아들딸 : [아들 + 딸]
>
> ㄱ. 아들 : [+HUMAN], [+RELATIVE], [+UNDER ONE GENERATION], **[+MALE]**
>
> ㄴ. 딸　 : [+HUMAN], [+RELATIVE], [+UNDER ONE GENERATION], **[-MALE]**

예를 들어서 '아들딸'은 '아들'과 '딸'의 두 어근이 합쳐져서 형성된 단어인데, 이때 '아

들'과 '딸'은 동일한 의미 성분을 공유하고 있으면서 [MALE]의 의미 성분만 차이가 난다. 따라서 대등적 합성어인 '아들딸'의 두 어근은 양립 불능의 관계에 있다.

그리고 합성어를 이루는 어근들은 동일한 어휘장에 속하는 어휘들이어야 한다.

> (5) ㄱ. 소년 + 책상 → *소년책상
> ㄴ. 소년 + 하늘 → *소년하늘
> ㄷ. 소년 + 토끼 → *소년토끼

앞의 (4)에서 '아들딸'의 합성어를 짜이루는 어근인 '아들'과 '딸'은 모두 친족 어휘장 속에 속하는 어휘들이다. 반면에 (5)에서 (ㄱ)의 '소년'과 '책상', (ㄴ)의 '소년'과 '하늘', (ㄷ)의 '소년'과 '토끼' 등은 동일한 어휘장에 속하는 단어가 아니므로 대등 합성어를 형성하지 못한다.

〈 **종속 합성어** 〉 '종속 합성어'는 두 어근이 각각 독립된 뜻을 나타내기는 하지만, 앞 어근의 의미가 뒤 어근의 의미를 한정하는 합성어이다.

> (6) ㄱ. 칼-날, 시골-집, 겨울-비, 술-집, 늦-벼, 누비-이불, 새-집, 이-것, 늙은-이, 잔-소리
> ㄴ. 긁어-모으다, 들어-가다, 얻어-먹다, 얕-보다, 붙-잡다, 늦-되다

(ㄱ)에서 '칼날'은 체언 어근 '칼'과 '날'이 결합하여 '칼의 날'의 뜻을 나타내며, (ㄴ)의 '긁어모으다'는 용언 어근인 '긁다'와 '모으다'가 결합하여서 '긁어서 모으다'의 뜻을 나타낸다. 이러한 종속적 합성어는 앞의 어근이 뒤의 어근을 의미적으로 '한정(제한)'하는 것이 특징이다.

〈 **융합 합성어** 〉 '융합 합성어'는 앞의 어근과 뒤의 어근의 의미가 서로 녹아 붙어서, 각 어근의 본래의 뜻이 유지되지 않고 새로운 의미를 나타내는 합성어이다.

> (7) ㄱ. 밤낮(恒常), 춘추(年齡), 강산(自然, 國土), 삼촌(叔父)
> ㄴ. 캐내다(糾明, 調查), 날뛰다(放縱), 돌보다(保護), 감돌다(有)

(ㄱ)에서 '밤낮'은 체언 어근인 '밤'과 '낮'이 결합하여 새로운 의미인 '항상'의 뜻을 나타내고, (ㄴ)에서 '캐내다'는 용언 어근인 '캐다'와 '내다'가 결합하여서 새로운 의미인 '어떤 사실을 밝혀내다.'의 뜻을 나타낸다. 이처럼 두 어근이 결합하여 새로운 단어를 형성하되 어근의 의미와는 다른 제3의 의미를 나타내는 합성어를 융합 합성어라고 한다.

그런데 대부분의 융합 합성어는 대등 합성어나 종속 합성어의 뜻을 함께 나타낸다.

(8) ㄱ. 며칠 밤을 내리 새운 뒤 이틀 <u>밤낮</u>을 잠만 잤다.
　　ㄴ. <u>밤낮</u> 일만 해도 먹고살기가 힘들다.

(9) ㄱ. 할머니는 밭에서 감자를 <u>캐냈다</u>.
　　ㄴ. 김 형사는 그의 서류에서 비밀을 <u>캐내었다</u>.

(8)에서 '밤낮'은 (ㄱ)에서는 대등 합성어로서 '밤과 낮(명사)'의 뜻으로 쓰였으나, (ㄴ)에서는 '밤과 낮을 가리지 않고 늘(부사)'의 뜻으로 쓰였다. 그리고 (9)에서 '캐내다'도 (ㄱ)에서는 종속 합성어로서 '땅속에 묻힌 자연 생산물을 파서 끄집어내다.'의 뜻으로 쓰였으나, (ㄴ)에서는 융합 합성어로서 '자세히 따져서 속 내용을 알아내다.'의 뜻으로 쓰였다. 그러므로 어근의 의미 관계를 기준으로 합성어의 유형을 정할 때에는, 합성어가 실현된 문맥을 고려해야만 한다.

4.1.2. 합성어 생성의 원인

연상 관계에 있는 두 단어의 개념이 서로 환기할 만큼 긴밀해지면, 두 개념이 합쳐지는 '개념의 연합(槪念聯合)'이 일어나게 된다. 이렇게 개념이 연합되어서 생성된 새로운 개념은 완전히 새로운 형태와 결합하여 새로운 단어를 형성하는 경우도 있고, 기존의 형태를 그대로 유지하면서 새로운 단어를 형성하는 수도 있다.

첫째, 개념의 연합에 참여한 본래의 요소의 형태와는 전혀 다른, 새로운 형태의 단어(단일어)가 생길 수가 있다('A + B = C'형).

(10) ㄱ. 장끼 + 까투리 → 꿩
　　ㄴ. 고랑 + 두둑　 → 이랑
　　ㄷ. 놀 + 골　　　 → 파도
　　ㄹ. 바지 + 저고리 → 옷
　　ㅁ. 남자 + 여자　 → 사람

예를 들어서 (ㄱ)에서는 '수꿩'을 나타내는 '장끼'와 '암꿩'을 나타내는 '까투리'의 개념이 결합하여 '꿩'이라는 단어로써 '암수를 포괄하는 꿩'의 뜻을 나타낸다. 이와 마찬가지로

(ㄴ)의 '이랑'은 '고랑'과 '두둑'이 합쳐진 개념을, (ㄷ)의 '파도'는 '놀'과 '골'이 합쳐진 개념을, (ㄹ)에서 '옷'은 '바지'와 '저고리'가 합쳐진 개념을, (ㅁ)에서 '사람'은 '남자'와 '여자'가 합쳐진 개념을 새로운 형태의 단일어로 나타내었다.

둘째, 개념 연합에 참여한 본래의 단어 형태를 그대로 유지하여서 합성어를 형성하는 경우가 있다('A + B = AB'형).

(11) ㄱ. 밤 + 낮 → 밤낮
    ㄴ. 논 + 밭 → 논밭
    ㄷ. 손 + 발 → 손발

예를 들어서 (ㄱ)에서는 '밤'과 '낮'의 개념이 결합하여 기존의 어근의 형태를 그대로 유지하면서 '밤낮'의 합성어를 형성하였다. (ㄴ)에서는 '논'과 '밭'의 개념이 합쳐져서 '논밭'의 합성어를, (ㄷ)에서는 '손'과 '발'의 개념이 합쳐져서 '손발'의 합성어를 형성하였다.

그런데 두 가지 개념이 연합될 때에는 합성어인 'AB'형이 단일어인 'C'형보다 훨씬 생산적이다. 키스너(R. Kisner, 1979)에 따르면 언어는 새로운 형태를 만들어 내기보다는 이미 쓸 수 있는 것을 이용하는 경향이 있다고 한다. 곧 개념의 연합이 필요할 때에는 아주 새로운 단일어를 만들어 내는 것보다 이미 알고 있는 어근을 합성한 형식인 합성어를 형성하는 것이 새로운 단어를 익히고 기억하는 데에 부담이 적다. 이러한 이유 때문에 여러 개념이 연합될 때에는 합성어를 생성하여서 연합된 개념을 표현하는 것이다.

4.1.3. 합성어에서 생기는 형태와 의미의 변화

합성어는 어근의 형태와 의미를 어느 정도로 보존하고 있느냐에 따라서, 그 유형을 분류할 수 있다(임지룡 1993:179).

첫째, 형태 변화의 유무에 따른 유형으로서, 어근의 형태가 그대로 유지되는 것과 어근의 형태가 바뀌는 것이 있다.

(12) ㄱ. 논 + 밭   → 논밭
    ㄴ. 오빠 + 누이   → 오누이

(ㄱ)의 '논밭'은 어근인 '논'과 '밭'의 기본꼴이 유지되고 있는 합성어이며, (ㄴ)의 '오누

이'는 어근인 '오빠'와 '누이'의 기본꼴이 바뀐 합성어이다.

둘째, 의미 변화의 유무에 따른 유형으로서, 어근의 의미가 유지되는 것과 어근의 의미가 유지되지 않는 것이 있다.

    (13) ㄱ. 그녀는 <u>춘추</u>로 옷을 맞춘다.
         ㄴ. 선생님, <u>춘추</u>가 어떻게 되시는지요?

'춘추(春秋)'는 (ㄱ)에서는 [봄과 가을]의 뜻으로 쓰여서 어근의 의미가 그대로 유지되었고, (ㄴ)에서는 [나이의 높임]의 뜻으로 쓰여서 어근의 의미가 바뀌었다.

셋째, 형태와 의미 양쪽의 변화 유무에 따른 유형으로서, 어근의 형태와 의미가 동시에 바뀌는 것이 있다.

    (14) ㄱ. 나라 <u>안팎</u>에서 성금을 모금하였다.   (안과 밖)
         ㄴ. 그 집은 <u>안팎</u>이 모두 부지런하다.   (부부)

'안팎'은 어근인 '안'과 '밖'이 결합하는 과정에서 /ㅎ/이 덧생겨서 형태가 '안팎'으로 바뀌었다. 그리고 의미 면에서는 (ㄱ)의 '안팎'은 '안과 밖'의 뜻으로 쓰여서 어근의 의미가 그대로 유지되는 반면에, (ㄴ)의 '안팎'은 '부부(夫婦)'의 뜻으로 쓰여서 어근의 의미가 바뀌었다.

단어의 예	유형	꼴 바뀜	뜻 바뀜
논밭	논 + 밭	−	−
오누이	오빠 + 누이	+	−
춘추	춘 + 추	−	±
안팎	안 + 밖	+	±

[표 1. 어근의 합성 과정에서 나타나는 의미와 형태의 변화]

4.1.4. 합성어의 어순

합성어의 어순은 대체로 정해져 있다. 즉 AB에서 앞 어근인 A와 뒤 어근인 B의 순서를 결정하는 데에는 언중들의 심리가 많이 반영되어 있다. 곧 합성어를 구성하는 어근이 실현되는 순서는 '시간, 수(數), 성(性), 거리, 방향, 적극성과 소극성, 긍정과 부정' 등과 같은 요인에 따라서 결정된다(임지룡 1993:180).

〈**시간의 합성어**〉 시간을 나타내는 합성어의 어순을 결정하는 요인으로는 다음과 같은 것이 있다.

첫째, 앞선 시간을 나타내는 어근은 앞자리에 위치하고, 뒤따르는 시간을 나타내는 어근은 뒷자리에 위치한다.

(15) ㄱ. 어제오늘, 오늘내일, 아침저녁
ㄴ. 작금, 금명간, 조만간, 조석

(ㄱ)의 '어제오늘'과 (ㄴ)의 '작금(昨今)' 등은 모두 앞선 시간인 '어제'와 '작(昨)'을 앞자리에 실현하고, 뒤따른 시간인 '오늘'과 '금(今)'을 뒷자리에 실현하였다.

둘째, 시간에 따라서 변화되는 움직임의 시작이 되는 말을 나타내는 어근이 앞자리에 위치하고, 그 결과로 진행된 상태나 동작이 되는 어근은 뒷자리에 위치한다.

(16) ㄱ. 어녹다, 여닫다, 오르내리다, 자나깨나, 쥐락펴락
ㄴ. 송수신(送受信), 승하차(乘下車), 인과(因果), 공수(攻守), 개폐(開閉), 문답(問答)

(ㄱ)의 '어녹다'는 변화의 시작이 되는 동작인 '얼다'가 앞자리에 위치하고 그 결과로서 진행되는 동작인 '녹다'가 뒷자리에 위치하였다. 그리고 (ㄴ)의 '송수신'도 동작의 시작이 되는 '송신(送信)'이 앞자리에 위치하고, 그 결과로서 진행되는 동작인 '수신(受信)'이 뒷자리에 위치하였다.

셋째, 가족 관계나 인간 관계를 나타내는 합성어는 '장유유서(長幼有序)'의 순서로 어근이 실현된다.

(17) 오누이 ; 조손, 부자, 모녀, 형제, 자매, 고부, 숙질, 선후배, 모자

'오누이'와 '조손(祖孫)' 등은 연장자인 '오빠'와 '조(祖)'가 앞자리에 위치하고, 연하자인 '누이'와 '손(孫)'이 뒷자리에 위치하였다.

〈**수의 합성어**〉 '수(數)'를 나타내는 합성어에서는 작은 수를 나타내는 어근은 앞자리에 위치하고, 큰 수를 나타내는 어근은 뒷자리에 위치한다.

(18) ㄱ. 하나둘, 두셋, 서너개, 너댓개, …

ㄴ. 일이등, 오륙도, 천만번, 천만리, 단복수, …

(ㄱ)의 '하나둘'과 (ㄴ)의 '일이등'은 작은 수의 어근인 '하나'와 '일등(一等)'이 앞자리에 위치했고, 큰 수인 '둘'과 '이등(二等)'이 뒷자리에 위치했다.

〈성의 합성어〉 '성별'과 관련이 있는 합성어는 '남존여비(男尊女卑)'의 관습에 따라서, '남성-여성'의 형태나 '여성-남성'의 형태로 각각 실현된다.

(19) 부모, 장인장모, 남녀, 갑남을녀, 선남선녀, 견우직녀, 부부(夫婦), 부처(夫妻), 신랑신부, 신사숙녀, 소년소녀, 형제자매, 자녀(子女)

(20) ㄱ. 처녀총각, 엄마아빠

ㄴ. 연놈, 가시버시, 계집사내, 비복(婢僕)

ㄷ. 암수, 자웅(雌雄)

(19)의 예는 남성이 여성보다 앞서서 실현된 '남성-여성'의 형태이며, (20)의 예는 여성이 남성보다 앞서서 실현된 '여성-남성'의 형태이다. 일반적으로는 (19)처럼 '남성-여성'의 형태로 실현되는 경향이 강하지만, (20)의 (ㄴ)처럼 부정적인 의미를 나타내는 합성어나 (ㄷ)처럼 짐승을 나타내는 합성어는 '여성-남성'의 형태로도 실현된다.

〈거리의 합성어〉 시간적·공간적인 '거리'와 관련이 있는 합성어는 '나 먼저 원리'[1])에 따라서, 화자에게 '가까운 데에서 먼 데로'의 순서로 합성이 일어난다.

(21) ㄱ. 이곳저곳, 이쪽저쪽, 이리저리, 이제나저제나, 여기저기 ; 그럭저럭, 이러쿵저러쿵

ㄴ. 엊그제, 어제아래, 오늘내일, 내일모레

ㄷ. 자타, 안팎, 국내외 ; 연고전/고연전, 남북/북남, 부관연락선/관부연락선

---

1) W. E. Cooper & J. R. Ross(1975)에서는 인간의 심리가 언어에서 반영되는 현상을 설명하면서, '나 먼저 원리(Me first principle)'를 제시했다. '나 먼저 원리'는 인간은 본능적으로 자기 중심적으로 인식하는데, 나를 먼저 인식하고 나와 가까운 곳에서 먼 곳으로 인식해 나간다는 원리이다. 예를 들어서 어린아이는 자기를 먼저 인식하고, 그 다음으로 엄마, 아빠를 인식하고, 가족을 인식하고, 친척을 인식하고, 바깥 세상을 인식한다는 것이다. 영어에서는 이러한 '나 먼저 원리'에 따라서 'here and there(여기 저기)', 'this and that(이것 저것)', 'sooner or later(조만간)', 'now and then(이따금)' 등의 표현이 생성된 것으로 보았다.

(ㄱ)의 장소 직시어인 '이곳저곳'이나 (ㄴ)의 시간 직시어인 '오늘내일' 등은 화자에 가까운 위치를 나타내는 어근이 앞자리에 위치하고 먼 위치를 나타내는 어근이 뒷자리에 위치했다. 그리고 (ㄷ)에서도 화자가 중심이 되어서 그에게 심리적으로 가까운 대상을 먼저 표현하고 그렇지 않은 대상을 뒤에 표현하였다.

〈 **방향의 합성어** 〉 사람이 서 있을 때에 앞과 지면 위의 공간을 지각하기가 더 쉬우므로, '방향'을 나타내는 합성어는 그러한 순서로 합성이 일어난다.

(22) ㄱ. 앞뒤, 전후, 상하
　　　ㄴ. 위아래/아래위

(ㄱ)에서 '앞뒤'와 '전후' 등은 앞면을 나타내는 어근이 먼저 실현되었고, '상하(上下)'는 위쪽을 나타내는 어근이 먼저 실현되었다. 다만, (ㄴ)처럼 '위아래'와 '아래위'는 이러한 방향을 구분하지 않고 실현되었다.

〈 **적극성과 소극성의 합성어** 〉 적극적 성격의 어근과 소극적인 성격의 어근이 결합하여 합성어를 형성할 때에는, 적극적인 요소가 앞서고 소극적인 요소가 뒤따른다.

(23) ㄱ. 장단, 고저, 심천, 원근, 광협, 후박, 강약, 다소 ; 경중, 완급
　　　ㄴ. 여야, 군신, 주종, 처첩, 적서(嫡庶), 경향(京鄕) ; 경부선, 평원선, 경춘가도
　　　ㄷ. 금은, 송죽(松竹), 서화(書畵), 수저, 책걸상, 옷밥, 마소, 논밭, 손발, 눈코, 해달, 물불

(ㄱ)의 '장단(長短)'과 (ㄴ)의 '여야(與野)', (ㄷ)의 '금은(金銀)' 등은 모두 상대적으로 적극적 성격의 어근인 '장(長)', '여(與)', '금(金)'이 앞자리에 위치하고, 상대적으로 소극적 성격의 어근인 '단(短)', '야(野)', '은(銀)'이 뒷자리에 위치했다.

〈 **긍정과 부정의 합성어** 〉 긍정적인 성격의 어근과 부정적인 성격의 어근이 결합하여 합성어를 형성할 때에는, 일반적으로 '긍정-부정'의 어순이 주류를 이룬다. 반면에 부정적인 쪽에 특별히 관심이 더 있을 때에만 '부정-긍정'의 어순으로 표현된다.

(24) ㄱ. 잘잘못, 보나마나, 행불행, 용불용설, 가부 ; 진위, 승패, 미추(美醜), 상벌, 길흉(吉凶), 흥망, 성쇠, 희비, 시비, 찬반, 선악, 우열, 신구(新舊)
　　　ㄴ. 화복(禍福), 빈부, 고락, 손익, 사활, 난이(難易), 애환, 궁달, 곡직(曲直)

(ㄱ)의 '잘잘못'과 '진위(眞僞)'에서 긍정적인 성격의 어근인 '잘'과 '진(眞)'은 앞자리에

위치했으며, 부정적인 성격의 어근인 '잘못'과 '위(僞)'는 뒷자리에 위치했다. 반면에 (ㄴ) 의 '화복(禍福)'과 '빈부(貧富)'에서 '화(禍)'와 '빈(貧)'은 부정적인 성격의 어근이며 '복(福)' 과 '부(富)'는 긍정적인 성격의 어근이다.

4.2. 관용어의 의미

둘 이상의 낱말이 합쳐져 원래의 뜻과는 전혀 다른 새로운 뜻으로 굳어져서 쓰이는 관용어가 있다. 이러한 관용어는 대부분 비유적 표현이기 때문에, 말이나 글에 변화를 줄 뿐 아니라 짤막한 몇 마디 말로써 풍부한 의미를 전달할 수 있다. 반면에 일상생활에 서 흔히 사용하는 표현이기 때문에, 관용어를 남용하면 신선함과 창의성이 떨어지며 개성적 표현이 약화될 수 있다.

4.2.1. 관용어의 규정

〈 관용어의 개념 〉 '관용어(慣用語, idiom)'는 둘 이상의 단어가 결합하여, 내용적으로 의 미가 특수화되어 있고 형식적으로 구성 방식이 고정되어 있는 결합 관계를 말한다.

　　(25) 간이 크다

곧, '간이 크다.'라는 관용 표현은 원래 '간의 크기가 크다.'라는 뜻이지만 관용적으로 쓰일 때에는 '겁이 없고 매우 대담하다.'라는 새로운 의미를 나타낸다. 관용어는 두 개 이상의 단어가 한 덩어리로 굳어져 한 단어처럼 쓰이므로, 그 표현을 마음대로 바꾸어 쓸 수 없다.

〈 관용어의 기본적 특성 〉 관용어에는 다음과 같은 두 가지 특성이 나타난다(잭슨, H. Jackson, 1987:1067).

첫째, 관용어는 각 구성 요소의 의미가 그대로 합쳐진 의미를 나타내는 것이 아니라, 구성 요소에 없는 제3의 의미를 나타낸다.

　　(26) 동생이 <u>미역국을 먹었다.</u>

문장 (26)의 글자 그대로의 의미는 '미역을 넣고 끓인 국을 먹다'의 의미를 나타내지만,

관용어로서의 의미는 '실패하다(낙방하다)'의 의미를 나타낸다.

둘째, 관용어를 구성하는 내부 형식은 고정되어 있기 때문에, 관용어의 내부에 다른 요소가 들어가거나 관용어 속의 특정한 성분이 다른 성분으로 대치되지 않는다.

(27) ㄱ. 동생이 <u>뜨거운</u> 미역국을 먹었다.

ㄴ. 동생이 <u>시래깃국</u>을 먹었다.

예를 들어서 (27)의 관용어에 (ㄱ)처럼 다른 성분을 삽입하여 성분을 확장할 경우에는 관용어의 의미가 드러나지 않고 원래의 의미로 쓰인다. 그리고 (ㄴ)처럼 '미역국'을 '시래깃국'으로 대치하여도 관용어의 의미가 드러나지 않는다. 따라서 관용어인 '미역국 먹다'에서 목적어인 '미역국'과 서술어인 '먹다'의 결합 관계는 고정되어서 내부에 통사적 변형을 허용하지 않는다. 이와 같은 특징을 감안하면 (23)의 '미역국 먹다'와 같은 관용어는 의미가 특수화되어 있고 형태가 고정되어 있는 화석형의 의미 단위인 것을 알 수 있다.

4.2.2. 관용어의 검증

'다의어'와 '속담'은 구조적으로나 의미적으로 관용어와 유사하지만, 관용어는 다음과 같은 몇 가지 점에서 다의어나 속담과 차이가 난다.

〈 관용어와 다의어의 구분 〉 다의어는 하나의 언어 기호에 어원상으로 서로 관련된 둘 이상의 복합적인 의미 단위가 결합된 단어를 말한다. 다의어는 기본 의미에서 파생 의미로 전이되는 과정에서 어원 의식이 희박해져서 관용어와 혼동하기 쉽지만, 관용어와 다의어는 '성분의 확장'과 '성분의 대치'로 구분할 수 있다.

먼저 다의어는 그 속에 다른 성분을 첨가하거나 특정한 성분을 대치하여도 원래의 의미가 보존된다.

(28) 돈을 먹다.

(29) ㄱ. 돈을 <u>많이</u> 먹다.

ㄴ. 돈을 <u>부정하게</u> 먹었다.

(30) ㄱ. 돈을 <u>삼켰다</u>./꿀꺽했다.

　　　ㄴ. 돈을 <u>횡령했다</u>.

(28)의 '돈을 먹다'는 '먹다'의 다의 관계에 따라서 [수뢰, 受賂]의 뜻을 나타낸다. 이때 (29)처럼 부사어인 '많이'와 '부정하게'를 첨가하여 성분을 확장하여도 [수뢰]의 뜻이 유지되었다. 그리고 (30)처럼 서술어를 '먹다'와 의미적으로 관련이 있는 '삼키다/꿀꺽하다'나 '횡령하다'와 같은 다른 서술어로 대치하여도 [수뢰]의 뜻이 유지되었다.

　반면에 관용어에 다른 성분을 첨가하거나 특정한 성분을 대치하면, 관용어의 의미가 보존되지 않는다.

(31) 입이 짧다.

(32) ㄱ. *입이 <u>한 치 더</u> 짧다.

　　　ㄴ. *입이 <u>길이가</u> 짧다.

(33) ㄱ. *입이 <u>짤막하다</u>.

　　　ㄴ. *입이 <u>길지 않다</u>.

(31)에서 '입이 짧다'는 관용어로서 '음식을 심하게 가리거나 적게 먹다.'의 뜻을 나타낸다. 이러한 관용어에 (32)처럼 부사어인 '한 치 더'나 주어인 '길이가'와 같은 다른 문장 성분을 첨가하거나, (33)처럼 서술어인 '짧다'를 다른 동의어로 대체하여 '짤막하다'와 '길지 않다'로 표현할 경우에는 (31)의 관용적인 의미가 보존되지 않는다.

　〈 관용어와 속담의 구분 〉 관용어와 속담은 둘 다 표현이 고정되어 있다는 점에서 공통점이 있다. 그러나 속담은 비유성, 풍자성, 교훈성이 강한 반면에, 관용어는 그러한 특성이 약하거나 없다.

(34) ㄱ. 닭 잡아먹고 <u>오리발 내민다</u>.

　　　ㄴ. 그 사람이 이번에도 <u>오리발을 내밀었다</u>.

(ㄱ)에서 '닭 잡아먹고 오리발 내밀다'는 속담으로서, '옳지 못한 일을 저질러 놓고 엉뚱한 수작으로 속여 넘기려 하는 일을 비유적으로 이르는 말'이다. 이러한 속담은 비유성·풍자성·교훈성이 강하다. 이에 반해서 (ㄴ)에서 '오리발을 내밀다'는 관용어로서 '엉뚱하

게 딴전을 부리는 태도를 속되게 이르는 말'이다. 이처럼 관용어는 의미가 고정되어 있기는 하지만, 속담에서 나타나는 비유성, 풍자성, 교훈성이 없는 것이 특징이다.

4.2.3. 관용어의 형성 과정

관용어는 은유가 일상 언어 생활에서 폭넓게 사용되면서, 언중들이 은유라는 것을 잊어버린 채로 그 표현 자체가 새로운 의미를 나타낼 때에 성립한다.

    (35) 내 마음은 호수다.

'은유(隱喩, metaphor)'은 (32)처럼 함축성과 다의성을 특징으로 하는 표현이다. 그런데 이러한 은유 표현이 일상생활에서 널리 사용되면서 함축성과 다의성을 상실하고 특정한 의미로 굳어서 쓰이면, '사은유(死隱喩, dead metaphor)'를 거쳐서 관용어가 된다. 곧 은유 표현이 일상 언어에서 폭넓게 사용되면서 언중들이 은유라는 것을 잊어버리게 될 때(사은유)에 관용어가 형성되는 것이다(서얼, J. R. Searle, 1979:86).

    (36) ㄱ. 손을 들다.
        ㄴ. 옷을 벗다.

(ㄱ)의 '손을 들다'는 일반 표현으로는 [擧手]의 뜻을 나타낸다. 이 표현이 은유 표현으로 쓰여서 [항복하다]나 [포기하다]의 뜻으로 쓰였는데, 이 은유 표현이 관습적으로 널리 쓰여서 관용어가 되었다. 그리고 (ㄴ)에서 '옷을 벗다'도 일반적인 표현으로 [脫衣]의 뜻으로 쓰였다. 이 일반 표현이 은유 표현으로서 [퇴직하다]의 뜻으로 쓰였는데, 이 은유 표현이 관습적으로 쓰여서 관용어가 되었다.

관용어는 대부분 일상적 표현에서 출발하여 은유와 사은유를 거쳐서 형성되었기 때문에, 어떠한 표현이 일반적 의미를 나타내기도 하고 관용 표현으로 쓰이기도 한다.

    (37) ㄱ. 등을 돌리다.
        ㄴ. 국수를 먹다.
        ㄷ. 쪽박을 차다.
        ㄹ. 간이 붓다.
        ㅁ. 눈을 감다.

예를 들어서 (ㄱ)의 '등을 돌리다'는 처음에는 '등(背)을 돌리는 행위'의 일반적인 의미로 쓰였으나, 관용어로서 '뜻을 같이하던 사람이나 단체와 관계를 끊고 배척하다'로 쓰였다. (37)의 표현들은 일반적인 의미로 쓰이기도 하고 관용어의 의미로 쓰이기도 하는 것이 특징이다.

　　반면에 일반적인 표현이 그 의미를 완전히 잃어버리고, 관용어의 의미로만 사용되는 경우도 있다.

　　(38) ㄱ. 영희는 철수를 속이고서는 <u>시치미를 떼었다</u>.
　　　　　ㄴ. 나는 학창 시절에 수학이라면 거의 <u>학을 떼었다</u>.

(ㄱ)에서 '시치미를 떼다'는 원래 일반적인 의미로서 '사냥용 매에게서 이름표를 떼다'의 뜻으로 쓰이는 말이었다. 이 말이 은유 표현으로 쓰여서 일반 언중들이 일반적인 의미를 완전히 잊어버리고 관용적인 의미인 '자기가 어떠한 일을 하고도 짐짓 모르는 체하다.'의 뜻으로만 사용하게 되었다. 그리고 (ㄴ)에서 '학을 떼다'는 일반적인 의미로서는 '학질(말라리아)을 떼다.'의 뜻으로 쓰이는 말인데, 일반 언중들이 본래의 의미를 완전히 잊어버리고 '괴롭거나 어려운 상황을 벗어나느라고 진땀을 빼거나 그것에 거의 질려 버리다.'라는 관용어의 의미로만 쓰인다.

4.2.4. 관용어의 유형

관용어는 그 형식에 따라서 체언형과 용언형의 두 가지의 유형으로 나눌 수 있다.

4.2.4.1. 체언형 관용어

'체언형'은 관용어의 구성이 명사구나 명사절의 형식으로 끝나는 관용어의 유형을 이른다.

　　(39) 개밥에 도토리, 굴레 벗은 말, 그림의 떡, 꿀 먹은 벙어리, 눈 뜬 장님, 독 안에 든 쥐, 빛 좋은 개살구, 새 발의 피, 우물 안 개구리, 제 눈에 안경

　　(40) 누운 소 타기, 누워서 떡 먹기, 눈 가리고 아웅 하기, 도토리 키 재기, 땅 짚고 헤엄치기, 쇠 귀에 경 읽기, 수박 겉 핥기, 식은 죽 먹기, 장대로 하늘 재기, 하늘의 별 따기

(39)에서 '개밥에 도토리'는 명사구의 형식으로 된 관용어이며, (40)에서 '누운 소 타기'는 명사절의 형식으로 된 관용어이다. 이러한 체언형은 형식상으로는 속담과 구분하기가 어렵다는 특징이 있다.

4.2.4.2. 용언형 관용어

용언형은 용언으로 끝나는 관용어인데, 이는 다시 문장의 짜임새에 따라서 '주어 + 서술어'형과 '목적어 + 서술어'형, '부사어 + 서술어'형으로 나누어진다.

> (41) ㄱ. 간이 크다, 귀가 여리다, 기가 막히다, 기가 죽다, 깨가 쏟아지다, 눈이 높다, 눈꼴
> 사납다, 뒤가 구리다, 목이 잘리다, 바람이 불다
> ㄴ. 가슴에 못 박다, 국수 먹다, 김칫국 마시다, 꼬리 치다, 냄새 맡다, 담 쌓다, 머리
> 없다, 목 자르다, 무릎 꿇다, 미역국 먹다, 바가지 긁다
> ㄷ. 구워삶다, 닦아세우다, 치켜세우다, 코에 걸다, 뼈에 사무치다

(ㄱ)의 '간이 크다'는 '주어 + 서술어'로, (ㄴ)의 '가슴에 못 박다'는 '목적어 + 서술어'로, (ㄷ)의 '구워삶다'는 '부사어 + 서술어'의 형식으로 된 관용어이다.

4.2.5. 관용어 의미의 투명도

〈**관용어 의미의 투명도**〉 관용어의 전체적 의미는, 그 관용어를 이루는 부분 요소들의 의미와 관련성이 높은 것과 관련성이 낮은 것이 있다. 이때 관용어를 이루는 언어 요소들이 나타내는 '직설적 의미'와 '관용적 의미' 사이에 있는 유연성(有緣性)의 정도를 '관용어 의미의 투명도(透明度)'라고 한다(D. A. Cruse, 1986:37~39).

안경화(1987:64~65)[2]에서는 관용어의 유형을 투명성의 정도에 따라서 '의미의 불투명형', '의미의 반불투명형', '의미의 반투명형'의 3단계로 구분하고 있다.

첫째, '의미의 불투명형(opaque)'은 구성 요소의 개별적 의미와 관용어의 의미 사이에 유연성이 가장 먼 관용어이다. 따라서 이들 관용어가 형성된 배경을 알 수 없어서 글자

---

2) 의미의 투명성은 관용어를 사용하는 언중들의 이해도에 따라서 달라질 수 있다. 곧, 언중들이 관용어의 투명성을 느끼는 정도는 '세대, 지역, 문화권, 풍습' 등에 따라 각각 다르다. 따라서 관용어의 투명성은 언중들 개개인의 주관적인 판단에 따라서 결정된다.

그대로의 의미를 파악하기가 힘든 것이 특징이다.

(42) ㄱ. 학(을) 떼다.
　　　ㄴ. 시치미(를) 떼다.

(43) 골로 가다, 산통을 깨다, 시치미를 떼다, 쐐기를 박다, 아닌 밤중에 홍두깨, 오지랖이
　　넓다, 용 빼는 재주, 자린고비, 등 진 가재, 학을 떼다, 호박씨 까다

(42)에서 (ㄱ)의 '학을 떼다.'에서 원래 '학'은 '학질(瘧疾)'을 나타내었는데, 언중들이 '학'
의 축자적인 의미를 잊어버린 결과로 '질리게 되다'의 관용적 의미로만 쓰이게 되었다.
그리고 (ㄴ)의 '시치미 떼다'에서 '시치미'는 '사냥용 매에 달아 놓은 이름표'라는 뜻이었
는데, 언중들이 '시치미'에 대한 축자적인 의미를 인식하지 못하게 되자, '모르는 체하다'
의 관용적인 의미로만 쓰이게 된다. (43)에 제시된 관용어는 모두 '의미의 불투명형'에
속한다.
　둘째, '의미의 반불투명형(semi-opaque)'은 언중들이 직설적인 의미를 어느 정도 유추
할 수 있는 관용어이다. 반불투명형의 관용어들은 사회적인 관습이나 사람이나 동물들
의 생활상을 통하여, 직설적 의미와 관용적 의미의 관련성을 유추할 수 있다.

(44) ㄱ. 개밥에 도토리
　　　ㄴ. 국수(를) 먹다.

(45) 개밥에 도토리, 구름을 잡다, 깨가 쏟아지다, 바가지를 긁다, 미역국을 먹다, 바람을 맞
　　다, 비행기 태우다, 수박 겉 핥기, 싹이 노랗다, 파리 날리다, 하늘이 노랗다

(44)에서 (ㄱ)의 '개밥에 도토리'는 개가 도토리를 먹지 않는 습성에 생긴 관용어로서,
'따돌림을 받는 사람'을 비유적으로 표현한 관용어이다. 그리고 (ㄴ)의 '국수를 먹다.'는
결혼식 피로연에서 흔히 국수를 대접하는 데에서 생긴 관용어로서, 결혼식을 올리는
일을 비유적으로 이르는 관용어이다. 이와 같은 '반투명형'의 관용어는 대부분 관용적인
의미로 쓰이기는 하지만, 직설적인 의미와 관용적인 의미 사이의 관련성을 어느 정도
파악할 수 있다. (45)에 제시된 관용어는 모두 '의미의 반불투명형'에 속한다.
　셋째, '의미의 반투명형(semi-transparent)'은 언중들이 직설적인 의미를 쉽게 파악할 수
있는 관용어이다.

(46) ㄱ. 구멍(이) 나다/뚫리다.

　　 ㄴ. 손(을) 대다/떼다.

(47) 구멍이 뚫리다, 무릎을 꿇다, 발이 넓다, 배가 아프다, 손을 들다, 손을 씻다, 손을 대다, 손을 떼다, 틈이 생기다

(46)에서 (ㄱ)의 '구멍이 나다'는 '차질이 생기다'의 관용적인 의미를 나타내고, (ㄴ)의 '손을 대다'는 '관계를 맺다'의 관용적인 의미를 나타낸다. 언중들의 대부분은 '투명형'의 관용어가 생성된 특별한 배경을 이해하지 않아도 직설적인 의미를 분명하게 인식하고 있으며, 대체로 관용적 의미보다는 직설적인 의미로 쓰이는 것이 특징이다. (47)에 제시된 관용어는 모두 '의미의 반투명형'에 속한다.

문장 의미론 3부

제1장 문장 의미론의 이해

문장은 문법 규칙에 따라서 단어들이 결합하여 이루어진다. 인간의 언어를 통한 의사 소통은 기본적으로 문장을 단위로 하여 이루어지므로, 단어들의 의미가 결합하여 문장의 의미를 이루는 과정과 절차를 이해하는 것이 중요하다.

1.1. 문장 의미의 독자성

문장의 의미는 그 문장을 구성하는 개개 단어의 의미뿐만 아니라, 문장을 구성하는 요소의 통사적인 규칙과 의미적인 용인성(容認性, acceptability)에 영향을 받는다. 따라서 문장의 의미는 어휘의 어미와 구분되어서 독자성을 띤다.

첫째, 유사한 의미를 나타내는 단어들이 문장 안에서는 의미적인 차이가 명확하게 드러나는 경우가 있다.

(1) ㄱ. 아버지의 {말씀 / ?말}을 따랐다.
  ㄴ. 제 {말씀 / ?말}을 들어 보세요.
  ㄷ. 내 {?말씀 / 말}을 들어 보아라.
  ㄹ. 동생의 {?말씀 / 말}을 따랐다.

예를 들어서 '말씀'과 '말'의 의미적인 차이는 (1)과 같은 문장 속에서 명확하게 검증될 수 있다. 곧 (ㄱ~ㄹ)의 문장을 통해서 '말씀'은 화자보다 상위자의 '말'을 높여서 이르거나 화자가 청자에게 자신의 말을 낮추어서 이를 때에 쓰는 말임을 알 수 있다.

둘째, 문장 속에 있는 각 단어의 의미를 모두 합한 것이 문장의 전체 의미와 반드시 일치하지는 않는다. 곧, 문장을 구성하는 어휘가 동일하지만, 문장의 문법적 구조에 따라서 문장 전체의 의미가 달라지는 경우가 있다. 이는 구성 요소의 배열 순서와 문법적인 형태소를 실현하는 방법과 관계가 있다.

> (2) ㄱ. 김두환이 남태우를 때렸다.
>   ㄴ. 남태우가 김두환을 때렸다.

(2)에서 (ㄱ)과 (ㄴ)의 문장에 실현된 단어는 동일하지만 단어를 배열한 순서와 문법적 형태소의 실현 양상에 따라서 문장의 의미가 달라졌다. 곧 (ㄱ)에서는 '김두환'이 '때리는 행위'의 주체가 되고 '남태우'가 행위의 객체가 되지만, (ㄴ)에서는 '남태우'가 때리는 행위의 주체가 되고 '김두환'이 객체가 된다.

반대로 문장을 구성하는 어휘의 종류나 단어의 배열 순서는 다르지만, 두 문장의 의미가 동일한 경우가 있다.

> (3) ㄱ. 개가 고양이를 물었다.
>   ㄴ. 고양이가 개에게 물렸다.

(ㄱ)과 (ㄴ)의 문장에서 어순도 다르고 문장의 서술어가 각각 다르지만 (ㄱ)과 (ㄴ)의 문장은 동일한 의미를 나타낸다. 곧 동일한 일을 (ㄱ)에서는 어떠한 일을 능동문으로 표현했고 (ㄴ)에서는 피동문으로 표현하였다. 따라서 (ㄱ)과 (ㄴ)의 문장은 주제적인 의미에서는 차이가 있지만, 문장의 지시적인 의미는 동일하다.

셋째, 하나의 문장이 서로 다른 두 가지의 의미를 나타내는 '중의성(重義性)'을 띨 수 있다.

> (4) ㄱ. 철수는 인수와 태우를 때렸다.
>   ㄴ. 철수는 [인수와 태우]_명사구를 때렸다.
>   ㄷ. 철수는 인수와_부사어 (함께) 태우를 때렸다.

(4)에서 문장은 '인수와'가 어떠한 성분과 직접적으로 관련을 맺느냐에 따라서 두 가지

의 다른 의미로 해석된다. 곧 (ㄴ)처럼 '인수'와 '태우'가 접속 조사인 '-과'로써 이어져서 명사구인 '인수와 태우'를 형성하는 것으로 문법 구조를 파악할 수도 있고, (ㄷ)처럼 '인수'에 공동을 나타내는 부사격 조사인 '-와'가 실현되어서 '인수와'가 부사어로 기능하는 것으로 볼 수 있다. 이렇게 동일한 문장의 문법 구조를 어떻게 파악하느냐에 따라서 서로 다른 두 가지 문장의 뜻으로 해석될 수 있다.

넷째, 어떠한 문장이 문법적으로는 이상이 없어도 의미적으로 용인 받지 못할 수 있다.

> (5) ㄱ. 사냥꾼이 토끼를 쫓는다.
> ㄴ. ?부엌칼이 토끼를 쫓는다.

(5)에서 (ㄱ)의 문장은 어휘와 문법 요소를 실현하는 방식에는 이상이 없으며, 문장 전체의 의미도 자연스럽다. 반면에 (ㄴ)의 문장은 어휘 자체와 문법 요소를 실현하는 방식에는 문제가 없지만, 문장의 서술어인 '쫓다'에 대응되는 주어가 무정 명사인 '부엌칼'을 주어로 선택했기 때문에, 문장이 의미적으로 자연스럽지 않다.

위와 같은 논의를 감안하면 문장의 의미는 그 문장 속의 어휘의 의미가 반영되기는 하지만, 문장 속에 실현되는 단어의 의미를 모두 합한 것이 곧바로 문장의 의미가 되는 것은 아니라는 사실을 알 수 있다.

따라서 문장 전체의 의미를 구성하는 원리를 다음과 같은 '합성성의 원리(合成性 原理, compositionality principle)'로써 제시할 수 있다.

> (6) 언어 표현의 전체적인 의미는 그것을 구성하는 부분들의 의미와, 그 부분들이 결합하는 통사 규칙에 따라서 결정된다(G. Frege, 1975).

(6)과 같은 '합성성의 원리'는 문장의 단위뿐만 아니라, 합성어나 구나 절과 같은 언어 단위에까지 적용할 수 있다.

1.2. 문장 의미의 구성 방법

문장은 서술어를 중심으로 명사항들이 통사적·의미적으로 밀접하게 관련을 맺으면서 구성되어 있다. 곧 언어의 구성 요소는 서로 '통합 관계'를 맺으면서 문장이 구성되는데,

이러한 통합 관계를 형성하는 데에는 서술어가 가장 중요한 역할을 한다.

1.2.1. 명제와 서법

문장의 구조를 '명제'와 '서법'의 두 부분으로 나누어서 설명하기도 한다. 여기서 '명제(命題, proposition)'는 '어떠한 일(事件, event)'에 대한 화자의 객관적인 판단을 나타내는 언어 형식이며, '서법(敍法, modality)'은 명제에 대하여 화자의 심리적인 태도를 나타내는 언어 형식(활용 형태)이다.

(7) 아버님께서 영희에게 꽃을 주셨겠더라.

(8) ㄱ. 명제 : [아버님께서 영희에게 꽃을 <u>주</u>-]
　　ㄴ. 서법 : 주- + {-시- + -었- + -겠- + -더- + -라}

용언으로 실현되는 서술어에는 문장의 기본 구조에 대한 정보(서술어의 자릿수와 선택 제약)가 들어 있을 뿐만 아니라, 서술어(용언)의 어간 뒤에는 다양한 어미가 실현되어서 화자의 심리적인 태도를 표현하고 있다.

1.2.2. 명제의 구성 원리

서술어로 실현되는 용언에는 문장의 명제를 형성할 때 몇 개의 명사항을 필수적으로 취하는지에 대한 정보(서술어의 자릿수)와 서술어가 취하는 명사항의 종류(선택 제약)에 대한 정보가 들어 있다.

가. 서술어의 자릿수

통사적인 면에서 볼 때, 문장 속에서 서술어가 반드시 필요로 하는 문장 성분들의 수는 정해져 있는데, 이와 같이 문장 속에서 서술어가 반드시 필요로 하는 문장 성분의 수를 '서술어의 자릿수'라고 한다. 서술어의 자릿수에 따라서 서술어의 유형을 분류하면 '한 자리 서술어, 두 자리 서술어, 세 자리 서술어'로 나눌 수 있다.

첫째, '한 자리 서술어'는 필수적으로 요구하는 문장 성분이 하나뿐인 서술어로서, 주어만 있으면 완전한 문장을 이루는 서술어이다.

    (9) ㄱ. 꽃이 잘 <u>자란다</u>.

         ㄴ. 온 산이 정말로 <u>푸르다</u>.

         ㄷ. 이것은 <u>모자다</u>.

한 자리 서술어로 쓰이는 동사로는 (ㄱ)의 '자라다'를 비롯하여 '놀다, 울다, 쏟아지다, 피다, 타다, 끓다, 짖다' 등의 자동사가 있다. 그리고 형용사로서는 (ㄴ)의 '푸르다'를 비롯하여 '짜다, 둥글다, 넓다, 희다' 등이 있다. 끝으로 (ㄷ)에서는 '체언 + 이다'가 서술어로 쓰였는데, '체언 + 이다'의 짜임으로 된 서술어도 주어만을 필수적으로 요구하므로 한 자리 서술어이다.

    둘째, '두 자리 서술어'는 필수적으로 요구하는 문장 성분이 두 개인 서술어이다.

    (10) ㄱ. 뽕밭이 바다가 <u>되었다</u>.

         ㄴ. 큰 아이가 작은 아이를 <u>때렸다</u>.

         ㄷ. 이 가방은 저 가방과 <u>다르다</u>.

(10)에서 (ㄱ)의 '되다'는 자동사인데 이들이 서술어로 쓰이면 주어 이외에도 보어나 부사어를 반드시 취한다. 그리고 (ㄴ)의 '때리다'는 타동사로서, 이들이 문장에서 서술어로 쓰이면 주어 이외에도 목적어를 반드시 취한다. 그리고 (ㄷ)의 '다르다'와 같은 형용사도 주어 이외에 부사어나 보어를 취하거나, 서술절 속의 주어를 필수적으로 취해서 두 자리 서술어로 쓰일 수 있다.

    셋째, '세 자리 서술어'는 필수적으로 요구하는 문장 성분이 세 개인 서술어로서, 주어 이외에도 목적어와 부사어를 필수적으로 요구한다.

    (11) ㄱ. 할아버지께서는 철수에게 돈을 <u>주셨다</u>.

         ㄴ. 산타클로즈는 선물을 양말에 가득 <u>담았다</u>.

         ㄷ. 영희는 자신의 고민을 동생과 <u>의논했다</u>.

         ㄹ. 홍길동은 춘향이를 양녀로 <u>삼았다</u>.

(11)에서 '주다, 담다, 의논하다, 삼다'와 같은 타동사 서술어들은 주어와 목적어뿐만 아니라, '철수에게, 양말에, 동생과, 양녀로'와 같은 부사어를 필수적으로 요구하기 때문에 '세 자리 서술어'이다.

    서술어의 자릿수는 서술어로 쓰이는 용언 자체의 통사적 특질과 의미적 특질에 따라서 결정된다. 그러므로 특정한 서술어가 문장에 쓰이면 그것이 필수적으로 요구하는 문장 성분이 자동적으로 결정된다.

(12) ㄱ. X가 예쁘다.
　　 ㄴ. X가 Y를 때리다.
　　 ㄷ. X가 Y를 Z로 삼다.

예를 들어서 한 자리 서술어인 '예쁘다'가 쓰이면 문장의 기본 구조가 (ㄱ)처럼 되며, 두 자리 서술어인 '때리다'가 서술어로 쓰이면 문장의 기본 구조가 (ㄴ)처럼 된다. 그리고 세 자리 서술어인 '삼다'를 서술어로 취하면 문장의 기본적인 구조가 (ㄷ)처럼 실현된다. 이처럼 문장의 기본 골격은 서술어의 자릿수에 의해서 자동적으로 결정되므로, 문장 성분 중에서 서술어가 가장 중요한 역할을 한다.

나. 서술어의 선택 제약

서술어로 쓰이는 용언이 다른 문장 성분을 선택할 때는 의미적인 면에서 특별한 종류의 말을 제한하여 선택하게 된다. 이러한 현상을 '선택 제약(選擇制約, selectional restriction)'이라고 하고, 선택 제약을 나타내는 규칙을 '선택 제약 규칙(選擇制約規則, selectional restriction rule)'이라고 한다.

첫째, '주어−서술어'와 '목적어−서술어' 사이에 발생하는 선택 제약의 예는 다음과 같다.

(13) ㄱ. 물이 흐른다.　　　　　　　**흐르다** [주어(유동체)]
　　 ㄴ. *바위가 흐른다.

(13)에서 '흐르다'는 문장에서 서술어로 쓰이면 주어를 필수적으로 요구하는데, 이때 주어 자리에 설 수 있는 체언은 '유동체'여야 한다. '흐르다'에서 나타나는 선택 제약을 규칙화하면 '흐르다[주어(유동체)]'와 같이 된다.

(14) ㄱ. 영희가 { 고기, 산적, 밤 }을 **굽는다**.
　　 ㄴ. 영희가 { *물, *바위, *공기 }를 **굽는다**.

(15) 민자가 { 밥을 짓는다/죽을 쑨다/약을 달인다 }

(14)와 (15)의 예는 서술어와 목적어 사이에 나타나는 선택 제약의 예이다. 곧 (14)에서 '굽다'는 목적어로서 '고기, 산적, 밤' 등을 선택할 수 있지만, '물, 바위, 공기' 등 목적어로 선택할 수 없다. 그리고 (15)의 예를 보면 '짓다'는 '밥'을, '쑤다'는 '죽'을, '달이다'는 '약'을 목적어로 선택하는 제약을 보인다.

> (16) ㄱ. 사람이 물을 마신다.   **마시다** [주어(유정물) + 목적어(유동체)]
>   ㄴ. *바위가 물을 마신다.
>   ㄷ. *철수가 빵을 마신다.

(16)에서 '마시다'는 두 자리 서술어이기 때문에 주어와 목적어를 취한다. 그런데 '마시다'가 서술어로 쓰이는 문장에서는 아무 체언이나 주어와 목적어로 쓰일 수 있는 것이 아니다. 곧 주어의 자리에 올 수 있는 체언은 '유정물'이어야 하고, 목적어의 자리에 올 수 있는 체언은 '물'과 같은 '유동체'여야 한다는 제약이 있다. '마시다'에서 나타나는 선택 제약을 규칙화하면 '마시다[주어(유정물) + 목적어(유동체)]'와 같이 된다.

둘째로 '부사어−목적어−서술어'의 사이에 나타나는 선택 제약의 예를 보이면 다음과 같다.

> (17) ㄱ. 아이가 머리에 { 모자 / 갓 / 헬멧 }를   − **쓰다**
>   ㄴ. 아이가 몸에   { 옷 / 저고리 / 바지 }를   − **입다**
>   ㄷ. 아이가 발에   { 신 / 양말 / 버선 }을   − **신다**

(ㄱ)에서 '쓰다'는 부사어로서 '머리'를 선택하며 목적어로서 '모자, 갓, 헬멧' 등을 선택한다. (ㄴ)에서 '입다'는 부사어로서 '몸'을 선택하며, 목적어로서 '옷, 저고리, 바지'등을 선택한다. 마지막으로 (ㄷ)에서 '신다'는 부사어로서 '발'을 선택하며, 목적어로서 '신, 양말, 버선' 등을 선택하는 제약을 받는다.

이와 같이 서술어로 쓰이는 용언에는 자릿수에 대한 정보와 선택 제약에 관한 정보가 들어 있다. 그러므로 문장에서 서술어만 결정되면 그 문장의 통사적인 구조가 결정되는 것이다.

1.2.3. 서법의 기능

서술어로 쓰이는 용언은 어간과 어미로 구분되는데, 어간에 들어 있는 서술어의 자릿수와 선택 제약 규칙의 정보에 따라서 문장의 통사적인 구조가 결정된다. 반면에 어미는 명제의 내용에 대한 화자의 심적인 태도를 나타내는 기능을 하는데, 이를 '서법(敍法, modality)'이나 '양태(樣相)'라고 한다.

(18) ㄱ. 선생님께서 언제 고향으로 <u>내려가셨지요?</u>

ㄴ. [선생님께서 언제 고향으로 **내려가** -]_{명제} + [-시- + - 었- + -지 +-요]_{서법}

(ㄱ)의 예문에서 어간인 '내려가-'에 어미인 '-시-, -었-, -지, -요'가 실현되어서 명제에 대한 서법적인 의미(기능)를 표현한다. 곧 선어말 어미인 '-시-'를 통해서 문장에서 주어로 실현되는 '선생님'에 대하여 높임의 태도를 나타낸다. 그리고 '-었-'을 통해서 명제의 일이 발화시 이전에 일어났음을 나타내며, '-겠-'으로 명제의 일을 추측하는 태도를 표현한다. 그리고 반말의 의문형 종결 어미인 '-지'로써 명제의 내용에 대하여 듣는 사람에게 대답을 요구하며, 종결 보조사인 '-요'를 통해서 말을 듣는 사람을 두루 높여서 대우하는 태도를 나타낸다.

이처럼 문장의 서술어로 쓰인 용언의 어간에는 명제의 통사적·의미적인 구조를 결정하는 자릿수와 선택 제약 규칙에 대한 정보가 들어 있다. 그리고 서술어의 어미에는 명제에 대한 화자의 태도를 나타내는 서법에 대한 정보가 들어 있다. 이러한 특징 때문에 서술어는 문장 전체의 의미를 구성하는 데에 핵심적인 역할을 한다.

1.3. 문장 의미론의 연구 영역

'문장 의미론'의 연구 영역은, '한 문장 자체의 의미의 속성을 연구하는 분야'와 '문장과 문장 사이에 나타나는 의미의 속성을 연구하는 분야'로 나뉜다.

첫째, 한 문장 내부의 의미 속성을 연구하는 영역은 '변칙성(變則性), 모순성(矛盾性), 중의성(重義性)' 등의 문제를 다룬다.

(19) ㄱ. [?]오늘 아침부터 복사기가 깊은 생각에 잠겼다.

ㄴ. [?]나의 누나는 남자이다.

ㄷ. 철수와 영희는 오늘부터 손을 잡았다.

예를 들어서 문장 의미론에서는 (16)에서 (ㄱ)의 문장이 왜 의미가 없거나 변칙적인가에 대한 문제, (ㄴ)의 문장이 왜 모순된 표현인가에 대한 문제, (ㄷ)의 문장이 왜 두 가지의 의미를 나타내는가에 대한 문제를 다룰 수 있다.

둘째, 문장과 문장 사이의 의미 속성을 연구하는 영역은 두 가지 이상의 문장 사이에서 발생하는 '동의성(同意性), 함의(含意), 전제(前提)' 등의 문제를 다룬다.

(20) ㄱ. 호랑이가 토끼를 잡았다.
    ㄴ. 토끼가 호랑이에게 잡혔다.

(21) ㄱ. 강영삼이 김두환을 때렸다.
    ㄴ. 김두환이 강영삼에게 맞았다.

(22) ㄱ. 장관은 대통령이 절도범이라고 밝혔다.
    ㄴ. 대통령이 절도범이다.

(20)의 두 문장은 언어적인 형태는 다르지만 동일한 개념적 의미를 나타내는데, 이러한 두 문장 사이의 관계를 '동의성'이라고 한다. 그리고 (21)의 문장에서 (ㄱ)의 문장이 사실이라면 마땅히 (ㄴ)도 사실이 되는데, 이 경우 (ㄱ)의 문장은 (ㄴ)의 문장을 '함의'한다고 한다. 그리고 (22)에서 문장 (ㄱ)이 의미적인 정당성을 갖추기 위해서는 (ㄴ)이 이미 사실로서 성립되어야 하는데, 이때 문장 (ㄱ)은 문장 (ㄴ)을 '전제'한다고 한다.

제2장 문장의 동의성

2.1. 동의성의 개념

〈 **동의성과 동의문의 개념** 〉 '동의성(同意性, synonymy)'은 서로 다른 형태의 언어 표현이 동일한 의미로 해석되는 언어적 현상이다. 그리고 이러한 동의 관계에 있는 문장들을 '동의문(同意文, synonymous sentence)이라고 한다.

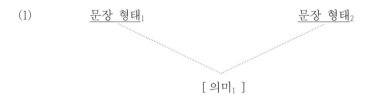

(1)   문장 형태₁   문장 형태₂

                        [의미₁]

이러한 동의문은 주로 '풀이 관계(환언, paraphrase)'에 있는 문장들 사이나, 관용적 표현과 일상적 표현, 그리고 '능동문-피동문'과 '주동문-사동문' 등에서 주로 나타난다.

(2) ㄱ. 그는 화가이다.   (≒ 그는 그림을 그리는 직업을 가진 사람이다.)
    ㄴ. 그는 나의 생질이다.   (≒ 그는 내 누이의 아들이다.)

(3) ㄱ. 그녀는 콧대가 높다.   (≒ 그녀는 자존심이 세다.)
    ㄴ. 아내는 내 술버릇을 눈감아 준다. (≒ 아내는 내 술버릇을 이해해 준다.)

(4) ㄱ. 철수가 영희를 때렸다.

　　ㄴ. 영희가 철수에게 맞았다.

(2)의 (ㄱ)에서는 '화가(畵家)'를 '그림을 그리는 직업을 가진 사람'으로 풀이하였고, (ㄴ)에서는 '생질(甥姪)'을 '내 누이의 아들'로 풀이하였다. (3)의 (ㄱ)에서는 관용적인 표현을 일상적인 표현으로 풀이하였으며, (4)에서 (ㄱ)의 능동문과 (ㄴ)의 피동문은 동일한 일을 다르게 표현했다. 결과적으로 (2~4)의 문장 사이에는 동의성이 나타난다.

　문장의 동의성은 문장의 중심 의미 곧, 개념적 의미의 동일성을 뜻한다. 어떠한 두 문장의 의미가 같다고 말하더라도 그 두 문장의 의미가 완전하게 같은 것은 아니다. 따라서 동의문이라고 해도 개념적 의미가 동일한 것에 한정되고, 개념적 의미를 제외한 연상적 의미나 주제적 의미까지 일치하지는 않는다. 예를 들어서 앞의 예문 (4)에서 (ㄱ)과 (ㄴ)의 문장은 주제적인 의미는 차이가 나지만, 개념적 의미는 같으므로 동의문으로 처리한다.

2.2. 동의문의 유형

동의문은 동의어를 사용함으로써 생길 수도 있고, 문장 구조의 차이에서 생길 수도 있다.

2.2.1. 어휘적 동의문

어휘적 동의문은 전달하고자 하는 내용은 같지만, 화자가 선택하는 어휘가 다르기 때문에 형성된 동의문이다.

가. 동의어에 따른 동의문

어휘적 동의문은 화자가 동일한 구조로 형성된 문장에서 동의어를 사용함으로써 동의성을 띠는 문장이다.

(5) ㄱ. 영호는 평생 <u>속옷</u>을 입지 않았다.

　　ㄴ. 영호는 평생 <u>내의</u>를 입지 않았다.

(6) ㄱ. <u>멍게</u>는 남해 바다에서 많이 난다.

　　ㄴ. <u>우렁쉥이</u>는 남해 바다에서 많이 난다.

(5)에서는 동일한 구조의 문장 안에 동의어인 '속옷'과 '내의'가 목적어로 실현되었고, (6)에서는 동의어인 '멍게'와 '우렁쉥이'가 주어로 실현되어서 동의문이 형성되었다.

나. 반의어에 따른 동의문

반의 관계에 있는 두 단어 중에서 한쪽의 단어를 부정하거나 단어의 위치를 바꾸면 동의 관계가 성립할 수가 있다.

첫째, '상보(相補) 반의어'는 서로 양립할 수 없는 반의어로서, 한쪽을 부정하면 다른 쪽과 동의 관계가 성립된다.

(7) ㄱ. 철수는 <u>남자이다.</u>

　　ㄴ. 철수는 <u>여자가 아니다.</u>

둘째, '방향(方向) 반의어'는 두 단어가 서로 방향성을 가지고 대립하는 반의어이다. 특정한 방향 대립어와 직접적으로 관련이 있는 단어가 실현되는 위치를 바꾸면, 동의 관계가 성립된다.

(8) ㄱ. **꽃병**은 **탁자**의 <u>위</u>에 있다.

　　ㄴ. **탁자**는 **꽃병**의 <u>아래</u>에 있다.

(9) ㄱ. 정육점 주인은 할머니에게 소고기를 <u>주었다.</u>

　　ㄴ. 할머니는 정육점 주인에게서 소고기를 <u>받았다.</u>

(8)의 (ㄱ)에서는 '꽃병'의 위치를 나타내는 '위'가 쓰였다. 그런데 (ㄴ)처럼 이들 방향과 직접적으로 관계가 있는 '꽃병'과 '탁자'의 위치를 바꾸고, 동시에 '위'에 대립되는 방향 대립어인 '아래'를 실현하면 (ㄱ)의 문장과 (ㄴ)의 문장은 동의 관계가 성립한다. 마찬가지로 (9)의 (ㄱ)에서 '주다'는 방향성 서술어인데, '주다'의 방향성과 직접적으로 관련되는 '정육점 주인(= 출발점)'과 '할머니(= 도착점)'의 위치를 (ㄴ)처럼 바꾸고 서술어를 '주다'의 방향 대립어인 '받다'로 바꾸면 (ㄱ)과 (ㄴ)의 문장은 서로 동의 관계가 성립한다.

다. 어휘소의 대치에 따른 동의문

〈 **풀어 쓴 표현으로 대치하기** 〉 특정한 단어의 의미를 쉽게 풀어서 표현함으로써, 원래의 단어와 풀어 쓴 단어 사이에 동의 관계가 성립될 수 있다.

(10) ㄱ. 대통령은 교민 대표들과 함께 애국가를 불렀다.
    ㄴ. 대통령은 교민 대표들과 함께 대한민국의 국가를 불렀다.

(11) ㄱ. 김 대리는 회의장에 테니스 화를 신고 나타났다.
    ㄴ. 김 대리는 회의장에 테니스를 할 때에 신는 신발을 신고 나타났다.

(10)에서는 '애국가'를 '대한민국의 국가'로, (11)에서는 '테니스 화'를 '테니스를 할 때 신는 신발'로 풀어서 표현하였는데, 이처럼 풀어서 표현하기를 통해서 동의문이 형성되었다.

〈 **관용어와 속담으로 대치하기** 〉 일반적 표현을 동일한 의미를 나타내는 비유적 표현이나 관용 표현으로 대치함으로써 동의 관계가 성립할 수 있다.

(12) ㄱ. 그녀는 잔꾀가 매우 많다.
    ㄴ. 그녀는 여우다.

(13) ㄱ. 김 씨는 남의 과자를 먹고 모르는 척하였다.
    ㄴ. 김 씨는 남의 과자를 먹고 시치미를 떼었다.

(14) ㄱ. 그 사람은 아주 무식하다.
    ㄴ. 그 사람은 낫 놓고 기역 자도 모른다.

(12)에서는 일반적인 표현인 '잔꾀가 매우 많다'를 은유법을 적용하여 '여우'로 바꾸어서 표현하였다. (13)에서는 '모르는 척하다'를 관용 표현인 '시치미를 떼다'로 바꾸어서 표현하였다. (14)에서는 '아주 무식하다'를 속담인 '낫 놓고 기역 자도 모른다'로 대치하여 표현하였다. 이렇게 일반적인 표현을 비유법이나 관용 표현, 속담 등으로 바꾸어서 표현함으로써, 원래의 문장과 대치된 문장 사이에 동의 관계가 성립한다.

2.2.2. 통사적 동의문

'통사적 동의문'은 문장의 개념적인 의미는 같으면서도, 문장의 통사 구조가 다른 두 문장 사이에 동의 관계가 성립될 수 있다.

가. 능동과 피동에 따른 동의문

능동문이 피동문으로 전환된 결과로서, 두 문장 사이에 개념적 의미에서 동의 관계가 성립할 수 있다.

(15) ㄱ. 고양이가 쥐를 <u>쫓는다</u>.
　　 ㄴ. 쥐가 고양이에게 <u>쫓긴다</u>.

(16) ㄱ. 황 교수는 줄기 세포를 <u>연구하였다</u>.
　　 ㄴ. 줄기 세포는 황 교수에 의해서 <u>연구되었다</u>.

(15)와 (16)의 문장은 (ㄱ)의 능동문을 (ㄴ)의 피동문으로 전환한 것인데, 이때 (ㄱ)의 능동문과 (ㄴ)의 피동문 사이에는 개념적인 동의 관계가 성립한다. 다만, (ㄱ)의 능동문에서는 행위자(agent)인 '고양이'와 '황 교수'에게 전달의 초점이 맞추어져 있는 반면에, (ㄴ)의 피동문에서는 피행위자인 '쥐'와 '줄기 세포'에 전달의 초점이 맞추어져 있다는 차이가 있다.

나. 피동문과 사동문의 실현 방식에 따른 동의문

〈 **파생적 사동문과 통사적 사동문의 동의성** 〉 사동문은 파생 접미사인 '-이-, -히-, -리-, -기-, -우-, -구-, -추-'나 '-시키-'로 형성되는 '파생적 사동문'과 '-게 하다'로 형성되는 '통사적 사동문'으로 구분된다. 이러한 파생적 사동문과 통사적 사동문은 개념적 의미에서는 동일하다. 하지만 파생적 사동문은 사동주가 하는 행위가 직접적인 반면에, 통사적 사동문은 사동주의 행위가 간접적이다.[1]

---

1) '행위의 직접성'은 사동주가 직접 행동으로 수행함을 나타내며, '행위의 간접성'은 사동주가 행위로서 수행하지 않고 언어적으로 남을 꾀거나 부추겨서 나쁜 짓을 하게 함을 나타낸다.

(17) ㄱ. 선생님이 학생들에게 하복을 <u>입혔다.</u>

ㄴ. 선생님이 학생들에게 하복을 <u>입게 하였다.</u>

(18) ㄱ. 선생님께서 철수에게 책을 <u>읽히셨다.</u>

ㄴ. 선생님께서 철수에게 책을 <u>읽게 하셨다.</u>

파생적 사동문은 (17)과 (18)의 (ㄱ)처럼 '직접 사동'으로 해석될 수도 있고 '간접 사동'으로 해석될 수도 있는 반면에, 통사적 사동문은 (17)과 (18)의 (ㄴ)처럼 '간접 사동'으로만 해석된다. 결국 파생적 사동문과 통사적 사동문의 의미적인 차이는 서술어를 비롯한 다른 문장 성분들의 문법적인 특성에 따라서 생기는 것으로 보아야 한다.

〈 **파생적 피동문과 통사적 피동문의 동의성** 〉 피동문은 파생 접미사인 '-이-, -히-, -리-, -기-'나 '-되다'로 형성되는 '파생적 피동문'과 '-어지다'로 형성되는 '통사적 피동문'으로 구분된다. 이러한 파생적 피동문과 통사적 피동문은 개념적 의미에서는 동일하지만, 파생적 피동문은 '행위의 소극성'과 관련이 있는 반면에 통사적 피동문은 '행위의 적극성'과 관련이 있다.

(19) ㄱ. 탈주범의 옷이 철조망에 <u>걸렸다.</u>

ㄴ. 수건이 빨랫줄에 겨우 <u>걸어졌다.</u>

(19)에서 (ㄱ)의 파생적 피동문에서는 '걸리다'로 표현되는 피동의 동작이 행위자의 의도 없이 이루어진 것으로 해석된다. 이에 반해서 (ㄴ)의 '-어지다'에 의한 통사적 피동문에서 '걸어지다'로 표현되는 피동의 동작은 어떠한 행위자가 의도적으로 작용한 결과로 이루어진 것으로 해석된다.

(20) ㄱ. 책상 위에 먼지가 많이 <u>쌓였다.</u>

ㄴ. [?]책상 위에 먼지가 많이 <u>쌓아졌다.</u>

(20)에서 (ㄱ)의 문장은 화자의 의도와 관계없이 먼지가 자연적으로 쌓이는 경우를 표현한 것이다. 이러한 일은 일상생활에서 흔히 일어나는 일이기 때문에 (ㄱ)의 문장은 자연스럽다. 반면에 (ㄴ)의 문장은 어떤 사람이 먼지를 의도적으로 쌓으려고 노력하여 이루어진 것으로 해석되는데, 이러한 일은 일상생활에서 일어나기가 극히 드물다. 따라서 (ㄴ)의 문장이 자연스럽지 못한 문장으로 생각되는 것이다.

다. 부정문의 동의성

'부정문(否定文, negative sentence)'은 부정 요소가 쓰여서 특정한 문장이 서술하는 내용의 전체 또는 일부를 부정(否定)하는 문장이다.

(21) 철수는 아침밥을 먹었다.

(22) ㄱ. 철수는 아침밥을 <u>안</u> 먹었다.		[짧은 부정문, 사실 부정문]
ㄴ. 철수는 아침밥을 <u>못</u> 먹었다.		[짧은 부정문, 능력 부정문]

(23) ㄱ. 철수는 아침밥을 <u>먹지 아니하였다.</u>		[긴 부정문, 사실 부정문]
ㄴ. 철수는 아침밥을 <u>먹지 못하였다.</u>		[긴 부정문, 능력 부정문]

(22)와 (23)의 문장은 부정 부사인 '안'이나 '못'과 부정의 보조 용언인 '-지 아니하다'나 '-지 못하다'를 실현하여 (21)에 실현된 긍정문의 내용을 부정한 문장이다.

〈 '짧은 부정문'과 '긴 부정문'의 동의성 〉 부정문은 '안'이나 '못'과 같은 부정 부사를 통해서 실현되는 '짧은 부정문'과 '-지 아니하다'처럼 부정의 보조 용언을 통해서 실현되는 '긴 부정문'으로 나누어진다. (22)는 부정 부사인 '안'과 '못'을 서술어인 '먹었다'의 앞에 실현하여 (21)의 긍정문의 내용을 부정한 문장이다. 반면에 (23)은 긴 부정문으로서 서술어인 '먹다'의 뒤에 보조 용언인 '-지 아니하다'와 '-지 못하다'를 실현하여 문장의 내용을 부정하였다. (22)의 짧은 부정문과 (23)의 긴 부정문은 개념적인 의미가 동일하여 이들 문장 사이에 동의 관계가 성립한다.[2]

〈 '안' 부정문과 '못' 부정문의 동의성 〉 '안' 부정문은 (22ㄱ)과 (23ㄱ)처럼 부정 부사인 '안'이나 보조 용언인 '-지 아니하다'를 통하여 긍정문의 내용을 부정하는 문장인데, 이러한 '안' 부정문은 일반적으로는 '사실 부정(事實否定, 단순 부정)'의 의미를 나타낸다.[3] 이에 반해서 '못' 부정문은 (22ㄴ)과 (23ㄴ)처럼 부정 부사인 '못'이나 보조 용언인 '-지 못하다'를 통하여 실현되는 부정문이다. 이러한 '못' 부정문은 '할 수 없음' 또는 '불가능성'의 의미를 나타내는 부정문으로서, 이러한 부정을 '능력 부정(能力否定)'이라고도 한다. 이처럼 '안' 부정문과 '못' 부정문은 개념적인 의미에서만 동의 관계를 형성하므로

---

2) 다만 (23)의 긴 부정문은 표현에 거의 제약을 받지 않으며 일반적인 의미로 쓰이는 반면에, (22)의 짧은 부정문은 표현에 제약이 많은 대신에 부정의 의미가 강조되는 차이가 있다.

3) '안'이나 '-지 아니하다'로 실현되는 부정문은 화자의 의도에 따라서는 '의지 부정(意志否定)'을 나타내는 경우도 있다.

부분적인 동의 관계를 형성한다.

라. 어순의 변화에 따른 동의성

〈 문장 성분의 위치 변화에 따른 동의문 〉 국어의 문장 성분은 화자의 의도에 따라서 위치를 바꾸어서 실현될 수도 있다.

이처럼 어순이 비교적 자유롭게 바뀔 수 있다는 것은, 문장 성분의 차례가 서로 뒤바뀌더라도 문장이 문법적으로 어그러짐이 없고 개념적인 의미가 바뀌지 않는다는 것을 의미한다.

(24) ㄱ. 영이가 사과를 철수에게 주었다.

ㄴ. <u>사과를</u> 영이가 철수에게 주었다.

ㄷ. <u>철수에게</u> 영희가 사과를 주었다.

예를 들어서 (24)의 (ㄱ)은 기본 어순으로 실현된 문장이며, (ㄴ)과 (ㄷ)은 어순이 달라진 문장이다. 여기서 (ㄴ)과 (ㄷ)의 문장은 (ㄱ)에 비하여 비록 어순은 바뀌었지만 여전히 문법적인 문장이며 개념적인 의미도 바뀌지 않았다.[4] 다만, (ㄱ)에 비하여 (ㄴ)과 (ㄷ)은 각각 목적어인 '사과를'과 부사어인 '철수에게'가 강조되어서 주제적 의미만 바뀐다. 이처럼 문장 성분의 위치가 바뀜으로써 동의 관계가 성립된다.

〈 부사절의 위치 변화에 따른 동의문 〉 '부사절을 안은 문장'에서 부사절의 위치를 이동시킴으로써, 원래의 문장과 동의 관계를 형성할 수 있다.

(25) ㄱ. <u>황사가 불면</u> **눈병 환자가 급증한다**.

ㄴ. <u>김 선생님이 호통을 치시니까</u> **깡패들이 달아났다**.

(26) ㄱ. 눈병 환자가 <u>황사가 불면</u> **급증한다**.

ㄴ. 깡패들이 <u>김 선생님이 호통을 치시니까</u> **달아났다**.

(25)에서 문장의 맨 앞에 있는 부사절을 (26)에서는 문장의 가운데로 이동시켰는데, 이를 통해서 (25)의 문장과 (26)의 문장은 개념적 의미에서 동의 관계를 형성한다.

---

4) 이처럼 국어에서 어순이 비교적 자유롭게 실현될 수 있는 것은, 문장 성분을 결정해 주는 격조사가 있기 때문이다.

마. 서법 표현의 대치에 따른 동의문

문장의 구조를 '명제(proposition)'와 '서법(modality)'으로 구분하였을 때에, 의미가 유사한 서법 표현을 사용함으로써 동의문이 형성될 수 있다.

(27) ㄱ. 내일은 비가 많이 내리<u>겠</u>다.
ㄴ. 내일은 비가 많이 내릴 <u>것이다</u>.
ㄷ. 내일은 비가 많이 내리<u>리</u>라.

(28) ㄱ. 이 정도의 짐은 아이들도 들<u>겠</u>다.
ㄴ. 이 정도의 짐은 아이들도 들 <u>수 있다</u>.

(27)에서 '-겠-'과 '-을 것이다', '-리-'는 모두 '추측'의 서법적인 의미를 나타내고, (28)에서 '-겠-'과 '-을 수 있다'는 모두 '가능성'의 서법적인 의미를 나타냄으로써, 문장 사이에 동의 관계를 형성한다.

【 더 배우기 】

{ 화용론적 동의문 }

화자와 청자를 포함한 발화 상황(situation)과 문맥(context)을 고려하여서 언어 현상을 규명하는 분야를 '화용론(話用論, pragmatics)'이라고 한다. 이러한 화용론적인 요인에 따라서 동의문이 생성될 수도 있다.[5]

〈 간접 발화 행위에 따른 동의문 〉 '간접 발화 행위(間接發話行爲, indirect speech)'의 결과로서 두 가지 문장 사이에 동의성이 나타나기도 한다.[6]

(1) ㄱ. 좀 조용히 하십시오.   [명령문]
ㄴ. 좀 조용히 해 주셨으면 좋겠습니다.   [평서문]
ㄷ. 좀 조용히 해 주시지 않으시겠습니까? [의문문]

(1)에서 (ㄱ)의 문장은 명령문으로 발화하였는데 문장의 형식과 그 내용이 일치한다. 이에 반해서 (ㄴ)의 평서문과 (ㄷ)의 의문문은 문장의 종결 형식과 언표 내적 효력이 차이가 난다. 곧 (ㄴ)의 평서문과 (ㄷ)의 의문문은 실제의 의미로는 (ㄱ)의 명령문으로 쓰인 것이다. 따라서 (ㄴ)과 (ㄷ)은 간접 발화 행위의 요인에 따라서 (ㄱ)의 문장과 동의 관계를 형성한다.

〈 생략 현상에 따른 동의문 〉 문장 성분은 그것이 앞선 발화에서 이미 제시되었거나 발화 현장에서 알 수 있으면 그 꼴을 문맥에 실현하지 않을 수도 있는데, 이러한 현상을 '생략(省略, ellipsis)'이라고 한다(나찬연 2013ㄴ:362).

첫째, 문맥 생략은 다음과 같이 화자와 청자가 대화를 할 때에 잘 나타난다.

(2) 철수가$_i$ 학교$_j$에 갔니?

(3) ㄱ. 네, 철수는$_i$ 학교$_j$에 갔습니다$_k$.
ㄴ. 네,   ∅$_i$ ∅$_j$ 갔습니다$_k$.
ㄷ. 네.   ∅$_i$ ∅$_j$ ∅$_k$

(2)의 의문문에 대한 대답은 (3)의 (ㄱ)처럼 온전한 문장으로 표현할 수도 있고 (ㄴ)이나 (ㄷ)과 같이 생략된 문장의 형태로 표현할 수도 있다. (ㄴ)에서는 주어와 부사어가 생략되었고 (ㄷ)에서는 주어, 부사어, 서술어가 모두 생략되었다. 결과적으로 앞선 문맥을 감안하면 (4)의 (ㄱ), (ㄴ), (ㄷ)의 문장은 동의 관계를 형성한다.

둘째, 대등하게 이어진 문장에서 앞절과 뒷절에 동일한 서술어가 되풀이하여 나타날 때에는 마지막 절의 서술어만 남기고 앞절의 서술어를 생략하는 경우도 있다.

> (4) ㄱ. 나래는 피아노를 **연주했으며**, 보람이는 바이올린을 **연주했고**, 지훈이는 트라이앵글을 **연주했다**.
>
> ㄴ. 나래는 피아노를, 보람이는 바이올린을, 지훈이는 트라이앵글을 **연주했다**.

(4)의 문장에서 (ㄱ)의 온전한 문장과 (ㄴ)의 생략문은 화용론적으로 동의 관계를 형성한다. 셋째, 화자와 청자가 발화 현장에서 직접 지각할 수 있는 대상을 문맥에 표현하지 않는 생략을 '현장 생략(現場省略)'이라고 한다.

> (5) ㄱ. 철수 : 너ᵢ 이 사과ⱼ 가질래?
>
> ㄴ. 영이 : 너ᵢ 그 사과ⱼ 나에게ₖ 줘.

> (6) ㄱ. 철수 : Øᵢ   Øⱼ   가질래?
>
> ㄴ. 영이 : Øᵢ   Øⱼ   Øₖ   줘.

(5)는 문장의 구성 성분(문장 성분)을 온전하게 갖춘 문장인데, 현실 세계에서 일어나는 발화 상황을 전제할 때에는 (6)처럼 특정한 문장 성분을 문맥에 나타내지 않고 표현할 수도 있다. 이때 (6)의 생략문은 (5)의 온전한 문장과 화용론적으로 동의 관계를 형성한다.

---

5) '화용적 동의문'은 원칙적으로 '화용 의미론'의 영역에서 다룰 문제이나, 여기서는 설명의 편의상 '문장 의미론'의 영역인 '문장의 동의성'에서 다룬다.

6) 말을 하면서 어떠한 행위를 수행하는 것을 '언표 내적 행위'라고 한다. '직접 발화 행위'는 어떠한 문장이 형태 그대로 '언표 내적 효력(言表內的效力)'을 나타내는 발화를 이르며, '간접 발화 행위'는 문장의 형태와 다른 언표 내적 효력을 나타내는 발화이다.

제3장 문장의 중의성

3.1. 중의성의 개념

'중의성(重義性, ambiguity)'은 하나의 언어적 표현이 둘 이상의 의미를 나타내는 현상이다. 동의성이 둘 이상의 언어 표현에 한 가지의 의미가 결합된 데에 반해서, 중의성은 한 가지 언어 표현에 두 가지 이상의 의미가 결합된 것이다.

(1) ㄱ. 지난해에는 <u>차</u> 값이 많이 떨어졌습니다.
ㄴ. 철수는 <u>울면서 떠나는</u> 영수를 배웅했다.
ㄷ. 도대체 지금 몇 시니?

(ㄱ)의 문장은 '차(車)'와 '차(茶)'의 동음 관계로 말미암아서 두 가지 뜻으로 해석될 수 있다. (ㄴ)의 문장은 문법적인 구조를 어떻게 파악하느냐에 따라서 '철수가 울면서 배웅한 것'으로 해석될 수도 있고, '영수가 울면서 떠난 것'으로도 해석할 수 있다. (ㄷ)의 문장은 화자의 의도에 따라서, '현재의 시간을 묻는 말'과 '지각한 학생에게 질책하는 말'의 두 가지 의미로 해석할 수 있다. 문장에서 일어나는 중의성은 (ㄱ)처럼 단어 사이에서 일어나는 동음 관계에서 일어나는 중의성과, (ㄴ)처럼 문법적 구조를 인식하는 방식에서 일어나는 중의성과, (ㄷ)처럼 화용론적인 해석의 차이에 따른 중의성으로 나눌 수 있다.

3.2. 중의성의 양상

문장의 중의성은 그것이 발생하는 요인에 따라서 '어휘적 중의성, 통사적 중의성, 의미적 중의성, 화용적 중의성'으로 유형을 구분할 수 있다.

3.2.1. 어휘적 중의성

문장에 사용되는 어휘의 특성에 따라서 문장이 중의적으로 해석되는 것을 '어휘적 중의성(lexical ambiguity)'이라고 한다. 이러한 어휘적 중의성은 다의어와 동음어를 통해서 이루어진다.

가. 다의 관계에 따른 문장의 중의성

어떤 다의어(多意語)가 문장에 쓰였을 때에, 어휘의 다의성 때문에 문장의 의미가 중의성을 띨 수 있다.

(2) ㄱ. 손이 크다.   [手 / 씀씀이]
　　 ㄴ. 손이 거칠다.   [手 / 손버릇 / 솜씨]
　　 ㄷ. 손을 씻었다.   [手 / 관계]

(3) ㄱ. 귀가 얇다.   [耳 / 줏대]
　　 ㄴ. 코가 높다.   [鼻 / 자존심]
　　 ㄷ. 입이 짧다.   [口 / 식성]
　　 ㄹ. 발이 넓다   [足 / 대인 관계]

(2)의 예는 '적용의 전이'에 따라서 형성된 다의어로 인해서 문장에 중의성이 생긴 예이다. 곧 '손'의 기본적인 의미인 '手'의 뜻을 다른 표현에 적용하여, (ㄱ)에서는 '손'이 '手'와 '씀씀이' 뜻으로, (ㄴ)에서는 '手'와 '손버릇'과 '솜씨'의 뜻으로, (ㄷ)에서는 '手'와 '관계'의 두 가지의 뜻으로 해석될 수 있다. 그리고 (3)의 예도 '귀, 코, 입, 발'이 개념적인 의미인 '耳, 鼻, 口, 足'으로 해석되기도 하고 비유적(함축적)인 의미로 쓰이기도 하여 중의성을 띤다.

나. 동음 관계에 따른 중의성

두 단어의 동음 관계에 따라서 하나의 문장이 둘 이상의 의미로 해석될 수 있다.

　(4) 달이 차다(만월이다 / 달빛이 차갑다 / 만기가 되다 / 만삭이 되다).

　(5) ㄱ. 배(腹/船)가 탈이 나다.
　　　ㄴ. 주최측에서 차(車/茶)를 준비했습니다.

(4)와 (5)는 명사에 나타나는 동음 관계에 따라서 중의성을 띠는 문장이다. (4)에서는 '달'과 '차다'에서 나타나는 동음 관계 때문에 중의성이 나타났다. 반면에 (5)에서는 각각 '배(腹/船)'와 '차(車/茶)'에서 나타나는 동음 관계에 따라서 중의성이 나타났다.

3.2.2. 통사적 중의성

'통사적 중의성(구조적 중의성)'은 어떠한 문장이 서로 다른 통사적인 구조로 해석되기 때문에 생기는 중의성이다.

표층에서는 동일한 문장이, 심층에서는 문법적인 구조가 '심층 구조1'과 '심층 구조2'로 다르게 해석될 때에 문장의 중의성이 나타나는 것이다.
　첫째, 문장 속에서 수식하는 말(관형어)과 수식을 받는 말(체언)의 구조가 달라서, 문장에서 중의성이 생길 수 있다.

　(6)　ㄱ. 찬란한 슬픔의 봄　　　ㄴ. 찬란한 슬픔의 봄

(7) ㄱ. <u>내가 좋아하는</u> 영희의 애완견이 죽었다.

　　ㄴ. <u>게으른</u> 거북이와 토끼가 달리기 시합을 하였다.

(6)에서 '찬란한'은 명사인 '슬픔'을 수식할 수도 있고 명사구인 '슬픔의 봄'을 수식할 수도 있다. 마찬가지로 (7ㄱ)에서 관형어인 '내가 좋아하는'이 수식하는 중심어가 '영희'일 수도 있으며 '영희의 애완견'일 수도 있다. 그리고 (7ㄴ)에서 '게으른'이 수식하는 중심어가 '거북이'일 수도 있으며, '거북이와 토끼'일 수도 있다. 이러한 점에서 (7)의 (ㄱ)과 (ㄴ)의 문장에도 중의성이 나타난다.

　둘째, 문장에 실현된 조사 '-과/-와'가 접속 조사로 기능하느냐 '-과/-와'가 공동의 의미를 나타내는 부사격 조사로 기능하느냐에 따라서, 문장에 중의성이 생길 수 있다.

(8) 나는 형과 아우를 찾아다녔다.

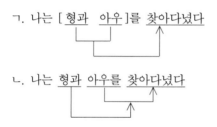

(8)에 실현된 조사 '-과'를 (ㄱ)처럼 접속 조사로 해석하여 '형과 아우'라는 명사구가 형성된 것으로 볼 수도 있다. 반면에 (ㄴ)처럼 '-과'를 부사격 조사로 해석하여 '형과'가 공동의 뜻을 나타내면서 부사어로 기능하는 것으로 볼 수도 있다. 이렇게 '-과'가 서로 다른 문법적인 기능을 하는 것으로 볼 수 있으므로 (8)의 문장은 중의성을 띤다.

　셋째, 부사어가 심층 구조에서 주체로 해석되느냐 객체로 해석되느냐에 따라서, 문장에 중의성이 생길 수 있다.

(9) 어머니는 <u>아버지보다</u> 사위를 더 칭찬하였다.

　　ㄱ. [어머니와 <u>아버지</u>]**가** 사위를 칭찬하였다. [어머니 〉 <u>아버지</u>]**가** 사위를 칭찬하다

　　ㄴ. 어머니가 [<u>아버지</u>와 사위]**를** 칭찬하였다. 어머니가 [<u>아버지</u> 〈 사위]**를** 칭찬하다

(9)에서는 부사어인 '아버지보다' 속구조에서 서술어와 어떠한 '격관계(格關係, case relation)'를 형성하느냐에 따라서 중의성을 띤다. 곧 (ㄱ)에서는 '아버지'가 심층 구조에서

서술어에 대하여 '주체'로 역할을 하는 데에 반해서, (ㄴ)에서는 '아버지'가 심층 구조에서 서술어에 대하여 '객체'로 역할을 한다.

넷째, 명사구 사이에 있는 동사가 어떤 명사구와 통사적 관계를 맺고 있느냐에 따라서, 문장에서 중의성이 발생할 수 있다.

(10) 철수는 <u>웃으면서</u> 자기에게 다가오는 영자를 밀쳤다.

   ㄱ. **철수는** <u>웃으면서</u>, 자기에게 다가오는 영자를 밀쳤다.
   ㄴ. 철수는, <u>웃으면서</u> 자기에게 다가오는 **영자**를 밀쳤다.

(11) 영수가 <u>보고 싶은</u> 친구**들**이 많다.

   ㄱ. 영수가 친구들이 많은데, **영수는** (그) 친구들을 <u>보고 싶다</u>.
   ㄴ. 영수가 친구들이 많은데, **(그) 친구들은** 영수가 <u>보고 싶다</u>.

(10)에서 동사인 '웃으면서'가 앞에 실현된 철수와 통사적인 관계를 맺으면 (ㄱ)과 같이 해석되고, 뒤에 실현된 영자와 통사적인 관계를 맺으면 (ㄴ)처럼 해석된다. 그리고 (11)에서 동사구인 '보고 싶다'가 앞에 실현된 '영수'와 주어−서술어 관계의 통사적인 관계를 맺으면 (ㄱ)과 같이 해석된다. 반면에 '보고 싶다'가 뒤에 실현된 '친구들'과 주어−서술어의 통사적인 관계를 맺으면 (ㄴ)처럼 해석된다.

다섯째, 동사에 나타나는 움직임의 모습이 문법적으로 실현된 것을 동작상(動作相, aspect)'이라고 한다. 그런데 동작상이 어떻게 해석되느냐에 따라서도 중의성이 생길 수 있다.

(12) ㄱ. 이순신 장군이 칼을 <u>차고 있다</u>.
    ㄴ. 아이가 한복을 <u>입고 있다</u>.

(13) 그녀가 <u>입던</u> 옷을 동생에게 주었다.

   ㄱ. 그녀가 옷을 입던 도중에 그 옷을 벗어서 동생에게 주었다.
   ㄴ. 그녀가 평소에 입고 다니던 옷을 동생에게 주었다.

(12)에서 '차고 있다'와 '입고 입다'는 모두 '어떠한 동작이 진행되는 의미'를 나타내기도 하고, '동작이 끝나고 난 뒤에 그 상태가 지속됨'을 나타내기도 한다. (13)에서 '입던'은

(ㄱ)처럼 진행되던 동작이 완료되지 않은 상태를 나타낼 수도 있고, (ㄴ)처럼 일정한 기간 동안 습관적으로 수행하던 행동을 나타낼 수도 있다.

3.2.3. 작용역의 중의성

어떠한 단어의 의미가 다른 단어의 의미에 영향을 미치는 범위를 '작용역(作用域, scope)'이라고 하는데, 하나의 문장에서 나타나는 작용역이 다르게 해석됨에 따라서 중의성이 발생할 수 있다.

〈 부정의 작용역에 따른 중의성 〉 '부정(否定)'을 나타내는 말의 작용역이 다르게 해석됨에 따라서 중의성이 발생할 수 있다.

(14) 선희가 개를 때리지 않았다.

ㄱ. 개를 때린 것은 <u>선희</u>가 아니다.　　　　(= 다른 사람이 개를 때렸다.)

ㄴ. 선희가 <u>개</u>를 때린 것은 아니다.　　　　(= 선희가 다른 것을 때렸다.)

ㄷ. 선희가 개를 <u>때린 것</u>은 아니다.　　　　(= 선희가 개를 때렸다.)

(14)에서 보조 용언인 '-지 아니하다'가 나타내는 부정의 뜻이 어떠한 문장 성분에 영향을 미치느냐에 따라서 중의성이 발생한다. 곧 부정의 뜻이 주어인 '선희'에 미치면 (ㄱ)의 의미로, 목적어인 '개'에 미치면 (ㄴ)의 의미로, 서술어인 '때리다'에 미치면 (ㄷ)의 의미로 쓰인다.

(15) 학생이 다 출석하지 <u>않았다</u>.

ㄱ. 학생들 전부가 결석했다.　　　[학생이 **다** [**출석하지** <u>않았다</u>] ― 전체 부정]

ㄴ. 학생들의 일부만 출석했다.　　　[학생이 [**다 출석하**]-**지** <u>않았다</u>] ― 부분 부정]

(15)에서 '-지 않다'가 '출석하다'를 부정하면 부사인 '다'는 부정의 범위 밖에 있게 되고 (ㄱ)처럼 전체 부정으로 해석된다. 반면에 (14)에서 '-지 않다'가 '다 출석하다'를 부정하면 '다'는 부정의 범위 안에 있게 되고 (ㄴ)처럼 부분 부정 의미로 해석된다. 곧, '-지 않다'가 나타내는 부정의 작용역에 따라서 (15)의 문장은 두 가지로 해석되어서 중의성을 띤다.

〈 수량사의 작용역에 따른 중의성 〉 수(數)나 양(量)을 나타내는 단어를 '수량사(數量詞,

quantifier)'라고 하는데, 이러한 수량사의 의미가 미치는 범위가 다르게 해석됨에 따라서 중의성이 생길 수 있다.

(16) 포수 다섯 명이 토끼 한 마리를 잡았다.

　　ㄱ. 포수 다섯 명 모두가 토끼 한 마리를 잡았다.
　　ㄴ. 포수 다섯 명 각자가 토끼 한 마리를 잡았다.

(17) 모든 남학생이 한 여학생을 좋아한다.

　　ㄱ. 남학생이 모두가 한 여학생을 좋아한다.
　　ㄴ. 남학생 각자가 좋아하는 여학생이 한 명씩 있다.

(16)에서 '포수 다섯 명'의 전체적 의미가 '토끼 한 마리'에 영향을 미치면 (ㄱ)의 의미로 해석된다. 반면에 '포수 다섯 명'의 개별적 의미가 '토끼 한 마리'에 영향을 미치면 (ㄴ)의 의미로 해석된다. (17)에서도 수량사인 '모든'의 의미가 미치는 범위에 따라서 중의성이 발생한다. 곧 '남학생의 전체적인 의미'가 '한 여학생'에 영향을 미치면 (ㄱ)의 의미로 해석되고, '남학생 각자의 의미'가 '한 여학생'에 미치면 (ㄴ)의 의미로 해석된다.

〈 **부사어의 작용역에 따른 중의성** 〉 문장 속에 부사어가 실현될 때에, 부사어가 어떤 말을 수식하느냐에 따라서 중의성이 생길 수 있다.

(18) 어린 학생이 건방지게 대들었다.

　　ㄱ. '어린 학생이 대든 것'은 건방졌다.　　　[건방지게 **어린 학생이 대들었다**]
　　ㄴ. 어린 학생이 건방진 태도로 대들었다.　　[어린 학생이 건방지게 **대들었다**]

(18)에서 부사어로 쓰인 '건방지게'가 문장 부사어로 쓰여서 그 의미가 문장 전체의 내용에 작용하면 (ㄱ)처럼 해석된다. 반면에 '건방지게'가 성분 부사어로 쓰여서 그 의미가 서술어인 '대들었다'에만 작용하면 (ㄴ)처럼 해석된다.

3.3. 중의성의 해소

한 문장이 두 가지 의미로 해석되면 의사소통에 지장이 생길 수 있다. 따라서 대화에 참여하는 사람은 중의성을 없애기 위해서 여러 가지 언어적인 수단을 쓰게 된다.

가. 문맥에 의존하여서 중의성을 해소

문장에 나타나는 중의성은 문맥(文脈, context)을 통해서 해소될 수가 있다. 곧, 문장에 쓰인 명사들이 동음 관계를 형성하여 중의성이 생길 때에는, 명사항과 서술어 사이에 나타나는 '공기 관계(共起關係, co-occurrence)'로써 중의성을 없앨 수 있다.

(19) ㄱ. <u>배</u>를 많이 먹고 <u>배</u>를 탔더니, <u>배</u>가 아파서 혼이 났다.

ㄴ. 영희는 훔친 <u>사과</u>를 돌려주면서 과일 가게 주인에게 <u>사과</u>를 했다.

(ㄱ)의 '배(梨)'와 '배(船)', '배(腹)'는 각각 서술어인 '먹다', '타다', '아프다'와 맺는 선택 제약 규칙에 따라서 중의성이 해소되었다. 그리고 (ㄴ)의 '사과(沙果)'와 '사과(謝過)'는 '돌려주다'와 '하다'와 맺는 선택 제약 규칙에 따라서 중의성이 해소되었다.

나. 단어의 형태를 변화시켜서 중의성을 해소

중의성이 일어나는 단어의 발음 형태나 표기 형태를 바꾸거나 특정한 단어를 첨가함으로써, 어휘적인 중의성을 없애는 경우도 있다.

(20) ㄱ. 초   : 양초/식초

ㄴ. 광주 : 전라도 광주(光州)/경기도 광주(廣州)

(21) ㄱ. 잠자리[잠자리]/잠자리[잠짜리]

ㄴ. 고기 배[고기배]/고깃배[고기빼]

(22) 이상의 날개

ㄱ. 理想의 날개

ㄴ. 李箱의 날개

(20)에서는 중의성이 일어나는 단어에 특정한 단어를 첨가함으로써 중의성을 해소하였다. 곧 '초'의 동음어에 '양(洋)'과 '식(食)'을 첨가하여 중의성을 해소하였다. (21ㄱ)의 '잠자리[잠짜리]'는 사잇소리를 실현함으로써 '잠자리[잠자리]'와 중의성을 해소하였다. 그

리고 (21ㄴ)의 '고기 배'와 '고깃배'는 발음 형태와 표기 형태를 달리하여서 중의성을 해소하였다. (22)에서는 '이상'을 한자로 표기함으로써 중의성을 해소하였다.

다. 어순과 조사를 교체하여 중의성 해소

문장에서 중의성이 발생할 때 단어가 실현되는 어순이나 일부 조사를 바꿈으로써, 문장의 중의성이 해소되는 수도 있다.

첫째, 관형어가 명사구를 수식하거나 부사어가 용언을 수식할 때에, 어순과 일부 조사를 교체함으로써 중의성을 해소할 수 있다.

(23) 대통령은 <u>아름다운</u> 시골의 소녀를 만났다.
　　ㄱ. 대통령은 <u>아름다운</u> 시골<u>에서</u> 소녀를 만났다.
　　ㄴ. 대통령은 <u>시골에서</u> 아름다운 소녀를 만났다.

(24) 그는 <u>어제</u> 고향에서 올라온 친구를 만났다.
　　ㄱ. 고향에서 <u>어제</u> 올라온 친구를 <u>그는</u> 만났다.
　　ㄴ. 그는 고향에서 올라온 친구를 <u>어제</u> 만났다.

(23)의 문장은 '아름다운'이 어떠한 문장 성분과 통사적인 관계를 맺느냐에 따라서 문장에서 중의성이 나타난다. 이러한 중의성은 어순과 조사의 형태를 바꾸어서 (ㄱ)이나 (ㄴ)처럼 표현함으로써 없앨 수 있다. 그리고 (24)에서도 부사어가 용언구를 수식할 때에 (ㄱ)이나 (ㄴ)처럼 어순을 교체함으로써 중의성을 없앨 수 있다.

둘째, '대조'의 뜻을 나타내는 보조사 '-는'을 실현하거나 '강조'의 뜻을 나타내는 보조사 '-도'를 실현함으로써, 문장의 중의성을 해소할 수도 있다.

(25) 할머니가 김밥을 팔지 않았다.
　　ㄱ. 할머니<u>는</u> 김밥을 팔지 않았다.
　　ㄴ. 할머니는 김밥<u>은</u> 팔지 않았다.
　　ㄷ. 할머니는 김밥을 팔지<u>는</u> 않았다.

(25)의 문장은 '-지 않다'가 부정하는 내용(부정의 작용역)과 관련하여 중의성이 드러난다. 이러한 중의성은 (ㄱ~ㄷ)처럼 부정하려는 문장 성분에 주제나 대조를 나타내는 보조

사인 '-는/-은'을 실현하여서 중의성을 해소할 수 있다.

(26) 어린 학생이 <u>건방지게</u> 대들었다.
　　ㄱ. 어린 학생이 건방지게(<u>도</u>) 대들었다.
　　ㄴ. <u>건방지게</u> 어린 학생이 대들었다.
　　ㄷ. <u>건방지게도</u> 어린 학생이 대들었다.

(26)에서는 부사어의 작용역에 따라서 중의성이 발생한다. 이러한 중의성을 해소하기 위해서 (ㄱ)처럼 부사어 '건방지게'에 보조사인 '-도'를 첨가하거나 (ㄴ)처럼 어순을 바꾸거나, (ㄷ)처럼 어순을 바꾸고 동시에 '-도'를 첨가하여서 중의성을 해소할 수 있다. (26)에서 (ㄱ~ㄷ)은 부사의 작용역이 모두 문장 전체에 미치는 것으로 해석된다.

라. 휴지·어조·강세 등을 실현하여 중의성을 해소

첫째, 문장에서 '휴지(休止, pause)'를 실현함으로써 중의성을 해소할 수 있다.

(27) 양귀비는 '붉은 입술과 뺨'이 매우 예뻤다.
　　ㄱ. 붉은-입술과 # 뺨　　　　　　　　[[붉은 입술]과 뺨]
　　ㄴ. 붉은 # 입술과-뺨　　　　　　　　[붉은 [입술과 뺨]]

(28) 창수 형이 온다.
　　ㄱ. 창수-형이 온다.　　　　　　　　[창수 = 형]
　　ㄴ. 창수 # 형이 온다.　　　　　　　[창수의 형]

(29) 그의 예술에 대한 관심
　　ㄱ. 그의 # 예술에 대한 관심이 대단했다.　　[그의 [[예술에 대한] 관심]]
　　ㄴ. 그의-예술에 대한 # 관심이 대단했다.　　[[그의 예술]에 대한 관심]

(27~29)에서 명사구인 '붉은 입술과 뺨'과 '창수의 형', '그의 예술에 대한 관심' 등은 명사구 내부의 문장 성분끼리의 통사적 구조를 어떻게 해석하느냐에 따라서 중의성이 발생한다. 이와 같은 문장은 문장을 발화할 때 (ㄱ)과 (ㄴ)처럼 휴지를 다르게 실현함으로써 문장의 중의성이 해소될 수 있다.

둘째, '억양(抑揚, intonation)'이나 '단어의 길이'로써 중의성을 해소할 수 있다.

(30) 초등학생이 술을 다 먹다니.

　ㄱ. 초등학생이 술을 다 먹다니

　ㄴ. 초등학생이 술을 다 먹다니

(31) 영희가 김 씨를 좋아했어.

　ㄱ. 영희가 김 씨를 좋아했어. →

　ㄴ. 영희가 김 씨를 좋아했어? ↗

(32) ㄱ. 오늘 수업은 다했다. / 오늘 수업은 다~ 했다.

　ㄴ. 참 잘한다 / 참 잘~ 한다!

(30)은 화자가 문장에서 실현된 성분 가운데 어느 성분을 강조하느냐에 따라서 화용론적인 중의성이 발생할 수 있다. 이러한 중의성은 (30)의 (ㄱ)과 (ㄴ)처럼 억양을 다르게 발화함으로써 해소할 수 있다. (31)에서는 종결 어미가 반말체의 '-어'로 실현되었기 때문에, 글말에서는 평서문으로도 의문문으로 해석될 수 있어서 중의성이 생긴다. 이러한 경우에는 입말에서는 억양을 통해서 평서문인지 의문문인지를 구분하여 중의성을 해소할 수 있다. (312의 문장은 입말에서 단어의 길이를 조정하여 발화함으로써 화자의 칭찬, 조롱, 반어, 명령 등의 화용론적 의미를 드러내어서 표현할 수도 있다.

　셋째, '강세(强勢, stress)'를 실현함으로써, 문장의 중의성이 해소될 수 있다.

(33) 류현진이 2012에 다저스 팀으로 옮겼어요.

　ㄱ. **류현진이** 2012년에 다저스 팀으로 옮겼어요.

　ㄴ. 류현진이 **2012년에** 다저스 팀으로 옮겼어요.

　ㄷ. 류현진이 2012년에 **다저스 팀으로** 옮겼어요.

　ㄹ. 류현진이 2012년에 다저스 팀으로 **옮겼어요.**

(33)의 문장에서 강세가 실현되지 않으면 화자가 어느 성분을 강조하는지 알 수 없으므로, 화용론적으로는 중의성을 띤다고 볼 수 있다. 이에 대하여 화자는 (ㄱ~ㄹ)처럼 자신이 강조하려는 특정한 문장 성분에 강세를 두어서 화용론적 중의성을 해소할 수 있다.

제4장 문장의 잉여성

4.1. 잉여성의 개념

 '잉여성(剩餘性, redundancy)'은 어떠한 문장이 의사전달에 필요한 적정한 정보량보다 의미적으로 더 많은 정보를 취한 것, 곧 정보량의 과잉 현상을 이른다(나찬연 2004:10).

 (1) ㄱ. intentionally murderer
     ㄴ. scrutinize carefully

 (2) ㄱ. 박 대통령은 신임 장관들**과** 함께 청와대에 들어갔다.
     ㄴ. <u>만일</u> 철수가 가출한다**면** 나도 집을 나가겠다.

(1)에서 'intentionally murderer'은 [+고의성]의 의미 성분이 중복되었고, 'scrutinize carefully' [+정밀하다]의 의미 성분이 중복되었다. 그리고 (2ㄱ)의 문장에서는 부사격 조사인 '-과'와 부사인 '함께'에는 [+공동]의 의미 성분이 들어 있으며, (ㄴ)의 문장에서는 연결 어미인 '-면'과 부사인 '만일'에 [+가정]이나 [+조건]의 의미가 들어 있다. (2)의 문장은 동일한 의미 성분이 중복하여 표현되었다는 점에서 잉여성이 나타난다.

4.2. 잉여성의 유형

문장의 잉여성은 어휘소와 어휘소 사이, 혹은 어휘소와 문법소 사이에 나타난다.

4.2.1. 어휘소와 어휘소 사이의 잉여성

어휘적인 잉여성은 문장에서 실현되는 단어가 나타내는 실질적인 의미 사이에서 발생하는 잉여성이다.

첫째, 관형어와 체언 사이에 실질적인 의미의 잉여성이 나타난다.

> (3) ㄱ. <u>가까운</u> 근방(近方), <u>긴</u> 장대(長대), <u>큰</u> 대문(大門), <u>아름다운</u> 미녀(美女)
>
> ㄴ. <u>코가 긴</u> 코끼리, <u>육식 동물인</u> 사자, <u>목이 긴</u> 기린, <u>김부식이 지은</u> 삼국사기

(ㄱ)은 관형어와 체언 사이에 나타나는 잉여성인데, 이는 관형어의 지시적인 의미가 체언이 나타나는 의미 중의 일부와 잉여 관계를 형성하는 것이다. 예를 들어서 관형어인 '가까운'은 체언인 '근방(近方)'과 잉여 관계를 형성한다. 그리고 (ㄴ)은 체언이 지시하는 사물의 일부 속성을 관형어로써 표현함으로써 잉여성이 발생한다.[1] 곧, (ㄴ)에서 관형어로 쓰인 '코가 긴'은 '코끼리'의 지시물에 내재해 있는 기본적인 속성인데, 이러한 관형어의 내용과 체언의 속성이 잉여적 관계를 형성한다.

둘째, 부사어와 서술어 사이에 실질적 의미의 잉여성이 나타날 수 있다.

> (4) <u>미리</u> 예상(豫想)하다, <u>뒤로</u> 후진(後進)하다, <u>배에</u> 승선(乘船)하다, <u>자동차에서</u> 하차(下車)하다

(4)에서 부사어인 '미리, 뒤로, 배에, 자동차에서' 등은 서술어인 '예상하다, 후진하다, 승선하다, 하차하다'의 일부 의미와 잉여성을 띤다.

---

1) 관형어가 중심어(체언)를 수식할 때에 나타나는 기능으로 중심어의 의미가 축소되는 제한적 기능과 축소되지 않는 비제한적 기능이 있다. 관형어는 일반적으로 제한적인 기능을 발휘하지만, (3)의 문장에서 잉여성이 나타나는 관형어는 비제한적인 기능으로 쓰였다(나찬연 2013ㄴ:326).

4.2.2. 어휘소와 문법소 사이의 잉여성

첫째, 어휘소인 부사와 문법소인 조사 사이에 문장의 잉여성이 나타날 수 있다.

    (5) ㄱ. 인호**도** <u>역시</u> 숙제를 하지 않았다.
        ㄴ. 철수**만** <u>혼자서</u> 집에 갔다.
        ㄷ. 서울은 부산**보다** 인구가 <u>더</u> 많다.

(ㄱ)에서 보조사인 '-도'와 부사인 '역시'는 [+마찬가지]의 의미 성분이, (ㄴ)에서 보조사 '-만'과 부사인 '혼자서'는 [+한정]의 의미 성분이, (ㄷ)에서 부사격 조사인 '-보다'와 부사 '더'는 [+차등 비교]의 의미 성분이 공통적으로 들어 있다는 점에서 의미의 잉여성이 나타난다.

둘째, 어휘소인 부사와 문법소인 연결 어미 사이에 의미적 잉여성이 생길 수 있다.

    (6) ㄱ. <u>비록</u> 직접 가지 못하**더라도**, 부좃돈이라도 부쳐야 하겠다.
        ㄴ. 네가 <u>반드시</u> 성공하**여야** 우리 집안이 일어설 수 있다.
        ㄷ. <u>만일</u> 참치가 많이 잡히**면**, 참치회 값이 싸질 텐데.

(ㄱ)에서 부사인 '비록'과 연결 어미인 '-더라도'는 [+양보]의 의미 성분이, (ㄴ)에서 부사인 '반드시'와 연결 어미인 '-어야'는 [+필연적 조건]의 의미 성분이, (ㄷ)에서 부사인 '만일'과 연결 어미인 '-면'은 [+조건]의 의미 성분이 공통적으로 들어 있다는 점에서 잉여 관계가 성립한다.

4.3. 잉여성의 기능

잉여성은 문장에서 나타나는 정보량의 과잉 현상을 이르는데, 이러한 현상은 의사전달에 긍정적으로 기능하는 경우와 부정적으로 기능하는 경우가 있다(나찬연 2004).

첫째, 문장에 나타나는 잉여성이 정보 전달에 효율적으로 기능하는 경우가 있다. 화자와 청자가 언어 표현을 사용하여 의사소통을 할 때에, 의사소통이 일어나는 '통로(通路, channel)'의 물리적·심리적인 상태도 의사소통에 영향을 미칠 수 있다. 예를 들어서 메시지를 전달할 때 청각과 시각적인 환경이 양호하여 장애 요소(noise)가 없을 때에는 일상적인 방법으로 의사소통을 할 수 있다. 하지만 주위가 시끄럽다든지 휴대전화를 사용할 때 수신 상태가 좋지 않다든지 하여 의사소통에 물리적인 장애가 발생할 때가 있는데, 이럴 때에는 적정한 정보량보다 더 많은 정보를 문장에 실현하여 전달의 효율을 높일 수 있다(나찬연 2004:46 이하).

> (7) ㄱ. 목이 긴 기린은 높은 데에 있는 나뭇잎을 잘 따먹는다.
>
> ㄴ. 만일 네가 공금을 횡령한 사실이 밝혀지**면**, 나는 너를 고발할 것이다.
>
> ㄷ. 철수 씨는 영희**보다** 공부를 <u>더</u> 열심히 한다.

곧 발신자는 의사소통의 과정에서 일어날 수 있는 장애를 대비하여, (7)의 문장처럼 일반적인 표현보다도 정보량을 더 높여서 잉여적으로 표현할 수 있다.

둘째, 문장에서 나타나는 잉여성으로 말미암아서, 전달의 효율이 오히려 떨어질 수가 있다. 곧 잉여성이 하나의 단어 안에서 일어나는 '의미 중복어'는 잉여성이 비의도적으로 나타나는 때가 많기 때문에, 의사 전달의 효율성이 떨어질 수 있다.[2]

> (8) ㄱ. 驛前-앞, 妻家-집, 粉-가루, 屋上-위
>
> ㄴ. 씨-種子, 새-新郞, 담-墻, 돈-金庫

그리고 문장의 통사적 구조에서 잉여성이 나타날 때에도, 화자의 강조 의도와 관계없이 의사 전달에 부정적으로 작용할 수 있다.

> (9) ㄱ. 여름철 폭우는 <u>미리</u> **예상하지** 못했을 리가 있나?
>
> ㄴ. 집으로 돌아온 아들은 <u>큰</u> **대문**을 활짝 열고 들어왔다.

(9)의 문장에서 '미리 예상하다', '큰 대문' 등은 일반적으로는 화자가 강조의 의도가 없이 습관적으로 '미리'와 '큰'을 발화하는 수도 있다.[3]

---

2) '驛前앞, 妻家집, 喪家집, 足발 ; 씨種子, 새新郞, 담墻, 屋上위 **로프**(rope)줄, **빵**(pâo)떡'은 한 단어(합성어) 안에서 잉여성이 나타나는 예이다(나찬연 2004:22).

3) (9)의 예는 화자가 강조의 의도를 문장에 반영했다고 보면, 강조 표현으로 처리할 수도 있다(나찬연 2004:46).

제5장 전제와 함의

화자가 특정한 문장을 표현할 때에 다른 정보가 그 문장에 덧붙여서 함께 전달될 수 있다. '전제(前提)'와 '함의(含意)'는 이처럼 특정한 발화와 더불어 전해지는 의미 정보의 하나이다. 예를 들어서 '철수는 어제 산 옷을 입었다.'라는 문장이 참(眞, truth)이면 '철수가 어제 옷을 샀다.'가 참이 된다. 그리고 '영이가 유리창을 깨뜨렸다.'가 참이면 '유리창이 깨어졌다.'도 참이다. 곧, 화자가 어떠한 문장을 발화하면 청자에게 그 문장과 관련된 다른 정보도 함께 전달되는데, 이러한 현상을 '전제'와 '함의'라고 한다.

5.1. 전제

5.1.1. 전제의 개념

어떤 문장이 참인지 거짓인지를 결정하기 위해서는 그러한 정보가 참이 되어야 하는 조건이 충족되어야 한다. 곧, 하나의 문장이 의미적인 정당성을 갖기 위해서, 이미 '참(眞)'임이 보장된 다른 문장을 '전제(前提, presupposition)'라고 한다.[1]

---

1) 이러한 조건을 '논리적 전제(logical presupposition)' 또는 '의미적 전제(semantic presupposition)'라고 하여서, '화용론적 전제(pragmatic presupposition)'와 구분한다.

"논리적 전제" : 문장 p가 참이면 문장 q도 참이고, 문장 p가 거짓이어도 문장 q가 참이면, 문장 p는 문장 q를 전제한다. (p→q이고 ~p→q이면, p는 q를 전제한다.)

전제문(q)의 가장 큰 특징은 주명제(p)가 긍정문으로 표현되든 부정문으로 표현되든, 전제문의 진리치에는 아무런 영향을 받지 않는 것이다.

첫째, 주명제(p)가 참이면 전제문(q)은 반드시 참이어야 한다.

(1) ㄱ. p : 부시가 이라크를 공격한 것을 후회했다.　　　　　[T]
　　 ㄴ. q : 부시가 이라크를 공격했다.　　　　　　　　　　[T]

(2) ㄱ. p : 프랑스의 왕은 왼손잡이다.　　　　　　　　　　[T]
　　 ㄴ. q : 프랑스의 왕이 존재한다.　　　　　　　　　　　[T]

(1)의 (ㄱ)에서 "부시가 이라크를 공격한 것을 후회했다."라는 문장이 성립하려면 (ㄴ)의 "부시가 이라크를 공격했다."라는 문장이 반드시 전제되어야 한다. 그리고 (2)에서 (ㄱ)의 "프랑스의 왕은 왼손잡이다."라는 문장이 성립하려면 (ㄴ)의 "프랑스의 왕이 존재한다."라는 문장이 전제되어야 한다. 이처럼 (1)과 (2)에서는 주명제 p가 참이면 반드시 전제문 q도 참이 되어야 한다.

둘째, 주명제(p)가 부정되어도 전제문(q)은 반드시 참이어야 한다.

(3) ㄱ. ~p : 부시는 이라크를 공격한 것을 후회하지 않았다.　 [T]
　　 ㄴ. 　q : 부시가 이라크를 공격했다.　　　　　　　　　[T]

(4) ㄱ. ~p : 프랑스의 왕은 왼손잡이가 아니다.　　　　　　[T]
　　 ㄴ. 　q : 프랑스의 왕이 존재한다.　　　　　　　　　　[T]

(3)의 (ㄱ)에서 "부시는 이라크를 공격한 것을 후회하지 않았다."와 같이 주명제를 부정하더라도, (ㄴ) "부시가 이라크를 공격했다."라는 문장이 '참'인 것으로 전제되어야 한다. 그리고 (4)의 (ㄱ)에서 "프랑스의 왕은 왼손잡이가 아니다."처럼 주명제를 부정하여도, (ㄴ)의 "프랑스의 왕이 존재한다."라는 문장이 '참'인 것으로 전제된다.

셋째, 만일 전제문(q)이 거짓이면 주명제(p)는 성실하지 못한 표현이 되므로, 주명제(p)가 참인지 거짓인지는 판단하지 못한다.

(5) ㄱ. p : 부시가 이라크를 공격한 것을 후회했다.　　　　　　[?T∨F]

　　ㄴ. q : 부시가 이라크를 공격했다　　　　　　　　　　　　[F]

(6) ㄱ. p : 프랑스의 왕은 왼손잡이다.　　　　　　　　　　　[?T∨F]

　　ㄴ. q : 프랑스의 왕은 존재한다.　　　　　　　　　　　　[F]

만일 (5)의 (ㄴ)처럼 전제문(q)인 "부시가 이라크를 공격했다."가 거짓이면, 주명제인 p
는 참도 거짓도 아닌 모호한 문장이 된다.[2] 마찬가지로 (6)의 (ㄴ)처럼 전제문(q)인 "프
랑스의 왕은 존재한다."가 거짓이면 주명제인 p의 진리치를 결정할 수 없다. 주명제(p)
와 전제문(q)에 나타나는 의미적 관련성을 표로 보이면 다음과 같다.

p		q
T	⟶	T
F	⟶	T
(?T∨F)	⟵	F

[그림 1. 주명제와 전제문의 진리치]

[그림 1]에서 주명제를 부정하여도 전제문의 진리치가 '참'으로 유지된다. 그리고 전제
문이 거짓이면 주명제는 참과 거짓을 판정할 수 없는 모호한 문장이 된다.

5.1.2. 전제의 실현 양상

　문장에서 전제가 성립되는 언어적인 조건이 정해져 있는데, 전제는 특정한 단어의
실현이나 문장의 구조에 따라서 성립된다.

가. 특정한 단어의 실현에 따라서 생성되는 전제

　특정한 명사나 반복을 나타내는 부사, 그리고 수량사에 결합된 명사를 실현함으로써
전제가 형성되는 수가 있다.

　첫째, 문장에 실현된 명사는 그 명사가 가리키는 대상이 실제로 존재하는 것을 전제로
한다.

---

2) 이렇게 참도 아니고 거짓도 아닌 상태를 '진리치의 공백(truth value gap)'이라고 한다.

(7) ㄱ. 이순신이 거북선을 만들었다.

ㄴ. 이순신이 존재했다. / 거북선이 존재했다.

(7)에서 (ㄱ)의 주명제가 참이면 주명제 속에서 표현된 명사가 지시하는 대상이 반드시 존재해야 하므로, 그 명사가 지시하는 대상이 존재함을 표현하는 (ㄴ)의 두 문장이 전제된다.

둘째, '수량사(數量詞, quantifier)'가 표현된 지시 대상은 그와 같은 수량의 지시물이 존재한다는 것을 전제한다.

(8) ㄱ. 철수는 사과를 <u>세 개</u> 먹었다.

ㄴ. 사과가 (적어도) 세 개 있었다.

(9) ㄱ. <u>모든</u> 사람은 죽는다.

ㄴ. (이 세상에) 모든에 해당하는 만큼의 사람이 존재한다.

(8)과 (9)의 (ㄱ)에서는 수량사인 '세'와 '모든'이 표현된 문장인데, 이러한 수량사로 말미암아서 이들 문장은 각각 (ㄴ)과 같은 문장을 전제한다.

셋째, 반복이나 첨가를 나타내는 부사어가 실현될 때에는 전제문이 형성된다.

(10) ㄱ. 철수는 운전 면허 시험에 <u>또</u> 떨어졌다.

ㄴ. 철수는 운전 면허 시험에 떨어진 적이 있다.

(11) ㄱ. 인호야, 타격 연습을 <u>더</u> 해라.

ㄴ. 그 이전에 인호가 타격 연습을 했다.

(12) ㄱ. 지난 일요일에 부산에 UFO가 <u>다시</u> 나타났다.

ㄴ. 그 이전에 부산에 UFO가 나타난 적이 있다.

(10~12)에서 (ㄱ)의 문장에서는 반복이나 첨가를 나타내는 부사인 '또, 더, 다시'가 실현됨으로써, 각각 (10~12)의 (ㄴ) 문장을 전제하게 된다.

나. 비교 표현에 따라서 생성되는 전제

동등의 비교 표현은 '-처럼, -만큼' 등과 같은 조사로써 실현되는데, 이러한 비교 표현에서 전제가 생겨날 수 있다.

(13) ㄱ. 유현상은 싸이<u>처럼</u> 유명하다.
    ㄴ. 싸이는 유명하다.

(14) ㄱ. '젠틀맨'은 '강남 스타일'<u>만큼</u> 인기를 많이 끌었다.
    ㄴ. '강남 스타일'은 인기를 많이 끌었다.

(13ㄱ)의 문장은 부사격 조사인 '-처럼'을 실현하여, (14ㄱ)의 문장은 '-만큼'을 실현하여 동등 비교를 표현하였다. 이와 같은 동등 비교 표현에서는 (13)과 (14)의 (ㄴ)과 같은 문장을 전제한다.

다. 내포문을 이끄는 동사의 특성에 따라서 생성되는 전제

첫째, 사실로 확인된 일에 대한 판단을 나타내는 동사를 '사실 동사(事實動詞, factive verb)'라고 한다. 이러한 사실 동사가 서술어로 쓰이면 그것이 이끄는 내포문(동격 관형절, 명사구 보문)을 전제한다.

(15) ㄱ. 아버지는 택시에 가방을 놓아 둔 것을 <u>깨달았다</u>. (사실 동사)
    ㄴ. 아버지는 택시에 가방을 놓아 두었다.

예를 들어서 (ㄱ)의 문장에서는 서술어로서 사실 동사인 '깨달았다'가 실현되었는데, 이처럼 사실 동사가 서술어로 쓰이면 (ㄴ)의 내포문을 전제한다. 이러한 사실 동사에는 '후회하다, 분개하다, 슬프다, 이상하다, 유감이다, 놀라다, 가엽다, 불행하다, 기억하다, 알다, 깨닫다, 발견하다, 실감하다, 잊다' 등이 있다.

반면에 '비사실 동사(非事實動詞, non-factive verb)'는 사실로 확인되지 않는 일에 대한 판단을 나타내는 동사이다. 이러한 비사실 동사가 서술어로 쓰이면 그 내포문을 전제하지 않는다.

(16) ㄱ. 아버지는 택시에 가방을 놓아 두었다고 <u>착각했다</u>. (비사실 동사)
    ㄴ. 아버지는 택시에 가방을 놓아 두었다.

예를 들어서 (ㄱ)의 문장에서는 서술어로서 비사실 동사인 '착각하였다'가 실현되었는데, 그 내포문인 (ㄴ)을 전제하지 않는다. 비사실 동사에는 '믿다, 주장하다, 가능하다, 말하다, 생각하다, 추정하다, 착각하다, 바라다, 원하다, 기대하다' 등이 있다.

둘째, 문장으로 표현되는 일에 대하여 화자가 개인적인 판단을 표현하는 동사를 '판단 동사(判斷動詞, verbs of judging)'라고 한다. 판단 동사는 그것이 이끄는 내포문을 전제할 수 있다.

(17) ㄱ. 김 교수는 학생들에게 미안하다고 <u>사과했다.</u>　　　(판단 동사)
　　　ㄴ. 김 교수가 학생들에게 미안했다.

(ㄱ)의 문장은 판단 동사인 '사과하다'가 서술어로 쓰였는데, 이 문장은 내포문인 (ㄴ)을 전제한다. 판단 동사에는 '꾸중하다, 꾸짖다, 비판하다, 사과하다, 고백하다, 용서하다, 칭찬하다' 등이 있다.

셋째, 어떠한 일의 상태 변화를 표현하는 동사를 '상태 변화 동사(狀態變化動詞, change of state verb)'라고 한다. 이러한 상태 변화 동사가 서술어로 쓰이면 그것이 이끄는 내포문을 전제한다.

(18) ㄱ. 어머님은 큰 소리로 울기 <u>시작하였다.</u>　　　（상태 변화 동사）
　　　ㄴ. 어머님은 큰 소리로 울었다.

(18)에서 (ㄱ)의 문장은 상태 변화 동사인 '시작하다'가 서술어로 쓰였는데, 이 문장은 (ㄴ)의 문장을 전제한다. '상태 변화 동사'에는 '시작하다, 출발하다, 계속하다, 멈추다, 끊다, 그만두다' 등이 있다.

라. 관계 관형절에서 생성되는 전제

관형절이 형성되는 과정에서 관형절 속의 특정한 문장 성분이 빠지면서 형성되는 관형절을 '관계 관형절(關係冠形節)'이라고 한다. 이러한 관계 관형절은 그것이 한정하는 체언과 체언구(명사구)를 구성하는데, 이 명사구로 말미암아서 전제가 형성된다.

(19) ㄱ. <u>술을 많이 마신</u> **대통령**이 연설을 하다가 쓰러졌다.
　　　ㄴ. 대통령이 술을 많이 마셨다.

(20) ㄱ. <u>싸이가 만든 **젠틀맨**</u>은 뮤직 비디오로 보아야 재미있다.

　　ㄴ. 젠틀맨은 싸이가 만들었다.

(19)의 (ㄱ)에서 '술을 많이 마신 대통령'은 (ㄴ)의 '대통령이 술을 많이 마셨다.'라는 문장을 전제하며, (20)의 (ㄱ)에서 '싸이가 만든 젠틀맨'은 (ㄴ)의 '젠틀맨은 싸이가 만들었다.'라는 문장을 전제한다.

마. 부사절을 안은 문장에서 생성되는 전제

첫째, 시간적인 전후 관계가 표현되는 부사어가 실현된 문장에서 주절의 시제에 따라서 전제가 성립하는 수가 있다.

먼저, 주절의 시제가 과거일 때에는 부사어로 표현되는 내용이 전제가 된다.

(21) ㄱ. <u>경비원이 자리를 비운 뒤에</u> 도둑이 사무실에 침입**했**다.

　　ㄴ. 경비원이 자리를 비웠다.

(22) ㄱ. <u>우리가 사고 현장에 도착했을 때에는</u> 이미 도둑들은 사라**졌**다.

　　ㄴ. 우리가 사고 현장에 도착했다.

(21)과 (22)에서 (ㄱ)처럼 주절의 서술어가 '침입했다'와 '사라졌다'처럼 과거 시제로 표현되고 관형절을 안은 명사구가 부사어로 실현될 때에는, (ㄱ)의 문장은 (ㄴ)처럼 관형절의 내용이 전제된다.

반면에 주절의 시제가 과거가 아닐 때에는, 부사어로 표현되는 내용이 전제되지 않는다.

(23) ㄱ. <u>기쁜 소식이 올 때까지</u> 기다릴 것이다.

　　ㄴ. [?]기쁜 소식이 왔다.

(24) ㄱ. <u>경수는 독일 유학을 마친 뒤에</u> 고향으로 갈 것이다.

　　ㄴ. [?]경수는 독일 유학을 마쳤다.

(23)과 (24)의 (ㄱ)의 문장은 주절의 시제가 과거 시제가 아니므로, 각각 "기쁜 소식이 왔다"와 "그는 유학을 마쳤다."라는 전제가 성립하지 않는다.

둘째, 의미적으로 부사절을 안은 문장으로 기능하는 문장에서 전제가 형성될 수 있다.

(25) ㄱ. <u>경규는 부인과 이혼하자마자</u>, 바로 윤아와 결혼했다.
　　ㄴ. 경규는 부인과 이혼했다.

(26) ㄱ. <u>저 여자가 우리 아이를 먼저 때렸기 때문에</u>, 나도 저 여자를 때렸다.
　　ㄴ. 저 여자가 우리 아이를 먼저 때렸다.

(25)와 (26)에서 (ㄱ)의 문장은 의미상으로 부사절을 안은 문장으로 볼 수 있는데, 이들 문장은 모두 (ㄴ)의 문장을 전제한다.

바. 분열문에서 생성되는 전제

문장으로 표현하려는 내용을 강조하기 위하여 "~는 것은 ~이다"의 구문으로 표현할 수 있는데, 이를 '분열문(分裂文, cleft sentence)'이라고 한다. 이러한 분열문에서 전제가 생성될 수 있다.

(27) ㄱ. <u>내가 만난 사람</u>은 소설가였다.
　　ㄴ. 내가 사람을 만났다.

(28) ㄱ. <u>그가 읽은 것</u>은 소설이었다.
　　ㄴ. 그가 무엇을 읽었다.

(27)과 (28)에서 (ㄱ)의 문장은 각각 (ㄴ)의 문장을 강조하여서 표현한 분열문이다. 이러한 분열문은 그 자체로서 (ㄴ)과 같은 일반적인 문장을 전제한다.

5.2. 함의

5.2.1. 함의의 개념

어떠한 문장이 참이라고 인정될 때에, 동시에 참이라고 인정하는 다른 문장이 있을 수 있는데, 이를 '함의(含意, logical entailment)'라고 한다.

"논리적 함의" : 문장 p가 참이면 문장 q도 참이고, 문장 p가 거짓이면 문장 q가 참일 수도 있고 거짓일 수도 있을 때에, 문장 p는 문장 q를 논리적으로 함의한다.

(p→q이고 ~p→(q∨~q)이면, p는 q를 논리적으로 함의한다.)

함의 관계에 있는 두 문장 p와 q가 있을 때에 p를 주명제라고 하고 q를 함의문이라고 하면, 주명제와 함의문 사이에는 다음과 같은 특징이 나타난다.

첫째, 주명제(p)가 참이면 함의문(q)은 반드시 참이 된다.

(29) ㄱ. p : 호랑이가 닭을 잡았다.   [T]

ㄴ. q : 닭이 호랑이에게 잡혔다.   [T]

(30) ㄱ. p : 그 사람은 총각이다.   [T]

ㄴ. q : 그 사람은 남자이다.   [T]

(29)와 (30)에서 주명제(p)가 참이면 함의문(q)는 반드시 참이다. 곧 (29)에서 (ㄱ)의 주명제인 "호랑이가 닭을 잡았다."가 참이면 (ㄴ)의 함의문인 "닭이 호랑이에게 잡혔다.(q)"도 참이 된다. 그리고 (30)에서 (ㄱ)의 주명제(p)인 "그 사람이 총각이다."가 참이면 (ㄴ)의 함의문(q)인 "그 사람은 남자이다."도 참이 된다.

둘째, 주명제(p)를 부정하면 함의문(q)은 참이나 거짓이 되어서 의미가 보존되지 않는다. 먼저, (29)의 문장에서 주명제를 부정할 때에 나타나는 함의 관계는 다음과 같다.

(31) ~p : 호랑이가 닭을 잡지 않았다.

ㄱ. q : 닭이 잡혔다.   [T] (← <u>사자</u>가 닭을 잡은 경우)

ㄴ. q : 닭이 잡혔다.   [F] (← 호랑이가 <u>개</u>를 잡은 경우)

ㄷ. q : 닭이 잡혔다.   [F] (← 호랑이가 닭을 <u>놓친</u> 경우)

(31)의 문장에서 주명제(p)를 부정한 문장인 "호랑이가 닭을 잡지 않았다."는 부정의 작용역에 따라서 세 가지 의미로 해석된다. 첫째로 (ㄱ)처럼 '호랑이'에 부정역이 작용하여 '사자가 닭을 잡은 경우'가 있는데, 이때에는 함의문(q)은 참이 된다. 반면에 (ㄴ)처럼 '닭'에 부정역이 작용해서 '호랑이가 개를 잡은 경우'나 (ㄷ)처럼 '잡다'에 부정역이 작용해서 '호랑이가 닭을 놓친 경우'에는 함의문(q)은 거짓이 된다. 따라서 주명제(p)에 대한 부정문(~p)은 함의문(q)을 함의할 수도 있고 함의하지 않을 수도 있다.

그리고 (30)의 문장에서 주명제(p)를 부정할 때 나타나는 함의 관계는 다음과 같다.

(32) ㄱ. ~p : 그 사람은 총각이 아니다.

    ㄴ.　q : 그 사람은 남자이다　　　　　　　　[T] (←그 사람이 결혼한 남자인 경우)

    ㄷ.　q : 그 사람은 남자이다　　　　　　　　[F] (←그 사람이 여자인 경우)

(32)에서 주명제(p)를 (ㄱ)처럼 부정하면 함의문(q)는 (ㄴ)처럼 참이 되거나 (ㄷ)처럼 거짓이 될 수 있다. 따라서 주명제(p)에 대한 부정문(~p)은 함의문(q)을 함의할 수도 있고 함의하지 않을 수도 있어서 의미가 보존되지 않는다.

셋째, 함의문(q)을 부정하면, 주명제(p)는 거짓이 된다.

(33) ㄱ. ~q : 닭이 호랑이에게 잡히지 않았다.　[T]

    ㄴ.　p : 호랑이가 닭을 잡았다.　　　　[F]

(34) ㄱ. ~q : 그 사람은 남자가 아니다.　[T]

    ㄴ.　p : 그 사람은 총각이다.　　　　[F]

(33)에서 (ㄱ)처럼 함의문(q)이 부정되어서 "닭이 잡히지 않았다."가 참이면 주명제(p)는 거짓이 된다. 마찬가지로 (34)에서 (ㄱ)처럼 함의문(q)이 부정되어서 "그 남자는 남자가 아니다."의 문장이 참이면, 주명제(p)는 (ㄴ)처럼 거짓이 된다.

주명제(p)와 함의문(q) 사이에 성립하는 의미적 관련성은 다음과 같다.

p		q
T	$\rightarrow$	T
F	$\rightarrow$	$^?$(T∨F)
F	$\leftarrow$	F

[그림 2. 주명제와 함의문의 진리치]

[그림 2]에서 보는 바와 같이 주명제를 부정하면 함의문은 진리치가 '참'이나 '거짓'이 되어서 모호한 문장이 된다. 그리고 함의문이 거짓이면 주명제는 거짓이 된다.

5.2.2. 함의의 유형

두 문장 사이에서 성립하는 함의 관계는 함의 관계가 이루어지는 방향에 따라서 일방 함의와 상호 함의로 구분된다.

〈**일방 함의**〉 '일방 함의(一方含意, unilateral entailment)'는 문장 p가 문장 q를 함의하고 q는 p를 함의하지 않으며, 또한 문장 ~q가 문장 ~p를 함의하고 ~p는 ~q를 함의하지 않을 때 성립한다.

    (35) ㄱ. p : 철수가 유리창을 깨었다.
        ㄴ. q : 유리창이 깨어졌다.

    (36) ㄱ. ~p : 철수가 유리창을 깨지 않았다.
        ㄴ. ~q : 유리창이 깨어지지 않았다.

첫째, (35)에서 p가 참이면 q도 항상 참이지만, q가 참이더라도 p가 항상 참인 것은 아니다(cf. 다른 사람이 유리창을 깨었을 수도 있다). 따라서 (35)에서는 문장 p는 q를 함의하지만 문장 q는 p를 함의하지 않는다. 둘째, (36)에서 ~q가 참이면 ~p도 항상 참이다. 그러나 ~p가 참이더라도 ~q가 항상 참인 것은 아니다(cf. 다른 사람이 유리창을 깨었을 수도 있다). 따라서 (36)에서는 ~q가 ~p를 함의하지만, ~p는 ~q를 함의하지는 않는다. (35)와 (36)에서 문장 p와 문장 q 사이에 성립하는 이러한 의미 관계를 종합하면 문장 p는 문장 q를 일방적으로 함의한다.

〈**상호 함의**〉 '상호 함의(相互含意, mutual entailment)'는 문장 p가 문장 q를 함의하고 q도 p를 함의하며, 또한 문장 ~q가 문장 ~p를 함의하고 ~p도 ~q를 함의할 때 성립한다.

    (37) ㄱ. p : 형이 동생에게 용돈을 주었다.
        ㄴ. q : 동생이 형에게서 용돈을 받았다.

    (38) ㄱ. ~p : 형이 동생에게 용돈을 주지 않았다.
        ㄴ. ~q : 동생이 형에게서 용돈을 받지 않았다.

첫째, (37)에서 p가 참이면 q도 항상 참이고, q가 참이면 p도 항상 참이다. 따라서 (39)에서는 문장 p는 q를 함의하고, 문장 q는 p를 함의한다. 둘째, (38)에서 ~q가 참이면 ~p도 항상 참이고, ~p가 참이면 ~q도 항상 참이다. 따라서 (38)에서는 ~q가 ~p를 함의하고, ~p도 ~q를 함의한다. (37)과 (38)에서 문장 p와 문장 q 사이에 성립하는 의미 관계를 종합하면 문장 p는 문장 q를 상호 함의한다.

5.2.3. 함의의 실현 양상

어휘 사이의 의미적인 관계나 보조사의 의미, 그리고 문장의 통사적 구조 등에 따라서 함의가 생길 수 있다.

가. 어휘 사이의 의미 관계로 생기는 함의

둘 이상의 어휘에서 나타나는 상하 관계, 동의 관계, 반의 관계 등의 의미 관계에 따라서 함의가 생성될 수 있다.

첫째, 상하 관계를 맺고 있는 어휘로 말미암아서 일방 함의가 성립할 수 있다.

(39) p : 바둑이는 <u>진돗개</u>이다.

(40) ㄱ. q_1 : 바둑이는 <u>개</u>이다.
    ㄴ. q_2 : 바둑이는 <u>포유동물</u>이다.
    ㄷ. q_3 : 바둑이는 <u>척추동물</u>이다.
    ㄹ. q_4 : 바둑이는 <u>동물</u>이다.
    ㅁ. q_5 : 바둑이는 <u>생물</u>이다.

(39)에서 '진돗개'에는 [+개과 동물, +포유동물, +척추동물, +동물, +생물]의 의미 성분이 들어 있다. 이들 '진돗개'에 나타나는 의미 성분을 (40)처럼 하나의 문장으로 표현하면 (39)의 문장은 (40)의 (ㄱ~ㅁ)의 문장을 함의하게 된다. 그리고 (40)에서 (ㄱ)의 문장은 (ㄴ~ㅁ)의 문장을 각각 함의하며, (ㄷ)의 문장은 (ㄹ~ㅁ)의 문장을 각각 함의하며, (ㄹ)의 문장은 (ㅁ)의 문장을 함의한다. (39)와 (40)의 문장 속에서 실현된 '진돗개, 개, 포유동물, 척추동물, 동물, 생물'의 어휘가 이행적으로 상하 관계를 형성하고 있기 때문에, 이러한 일방 함의가 성립하는 것이다.[3]

---

3) 이처럼 상하 관계의 어휘로 말미암아서 성립하는 문장의 함의는 일방 함의를 이루기 때문에, 상하 관계의 역방향으로는 함의가 성립하지 않는다.

(41) ㄱ. 미주는 준성에게 결혼 조건으로 <u>버드와이저</u> 백만 병을 요구했다.

ㄴ. 미주는 준성에게 결혼 조건으로 <u>맥주</u> 백만 병을 요구했다.

ㄷ. 미주는 준성에게 결혼 조건으로 <u>술</u> 백만 병을 요구했다.

(41)에서도 '버드와이저, 맥주, 술'이 어휘적으로 상하 관계를 형성하기 때문에 (ㄱ)의 문장은 각각 (ㄴ)과 (ㄷ)의 문장을 함의하고 (ㄴ)의 문장은 (ㄷ)의 문장을 함의하는데, 이렇게 상하 관계의 어휘 때문에 생기는 함의 관계는 일방 함의 관계이다.

둘째, 동의 관계를 맺고 있는 어휘로 말미암아서, 이들 어휘가 동일한 구조의 문장에 실현된 경우에는, 두 문장 사이에 상호 함의가 성립할 수 있다.

(42) ㄱ. p : 우리 동물원에는 <u>호랑이</u>가 세 마리 있다.

ㄴ. q : 우리 동물원에는 <u>범</u>이 세 마리 있다.

(ㄱ)에 실현된 '호랑이'와 (ㄴ)에 실현된 '범'은 동의 관계를 맺고 있다. 이처럼 (ㄱ)과 (ㄴ)의 문장에서 실현된 동의어 때문에, (ㄱ)과 (ㄴ)의 문장은 상호 함의가 성립한다.

셋째, 반의 관계를 맺고 있는 어휘로 말미암아서, 이들 어휘가 포함된 긍정문과 부정문 사이에 상호 함의나 일방 함의가 성립할 수 있다.

'상보적 반의 관계'에 있는 단어의 짝들이 각각 긍정문과 부정문에 실현되면, 상호 함의 관계가 성립한다.

(43) ㄱ. p : 준석은 백 세까지 <u>살았다</u>.

ㄴ. q : 준석은 백 세까지 <u>죽지 않았다</u>.

'살다'와 '죽다'의 두 단어는 '상보적 반의 관계'를 형성한다. 이러한 상보적 반의어를 (43)처럼 긍정문과 부정문에 실현하면, 이 두 문장에서 상호 함의 관계가 성립한다.

'방향 반의 관계'에 있는 단어의 짝들이 동일한 구조의 문장에서 서로 위치가 바뀌어서 실현되면, 상호 함의 관계가 성립한다.

(44) ㄱ. p : 김정일은 김일성의 <u>아들</u>이다.

ㄴ. q : 김일성은 김정일의 <u>아버지</u>이다.

(45) ㄱ. p : 현아는 미주의 <u>왼쪽</u>에 있다.

　　ㄴ. q : 미주는 현아의 <u>오른쪽</u>에 있다.

그리고 (44)의 '아들'과 '아버지'는 친족의 관계를 나타내는 '방향 반의어'이며, (45)의 '왼쪽'과 '오른쪽'은 위치로 대립을 이루는 방향 반의어이다. 이처럼 방향 반의어가 동일한 구조로 된 문장에서 서로 위치가 바뀌어서 실현될 때에는, (ㄱ)과 (ㄴ)의 문장은 상호 함의 관계가 성립한다.

　반면에 '등급 반의 관계'에 있는 단어의 짝들이 각각 긍정문과 부정문에 실현되면, 상호 함의 관계가 성립한다.

(46) ㄱ. p : 명박 씨는 전과가 <u>많다</u>.

　　ㄴ. q : 명박 씨는 전과가 <u>적지 않다</u>.

(46)에서 '많다'와 '적다'는 그 사이에 중간 단계의 어휘가 성립하는 등급 반의 관계를 형성한다. 이렇게 등급 반의 관계에 있는 한쪽의 단어가 긍정문에 쓰이고 다른 한쪽이 부정문에 쓰였을 때는, 긍정문은 부정문을 일방적으로 함의한다. 곧 (ㄱ)의 긍정문이 참이면 (ㄴ)의 부정문도 항상 참이 되지만, (ㄴ)의 부정문이 참이더라도 (ㄱ)의 긍정문이 항상 참이 되는 것은 아니다.

나. 성취 동사로써 생성되는 함의

　'성공하다, 해결하다, 완수하다, 완성하다, 성취하다' 등과 같이 '성취(成就)'를 나타내는 동사가 서술어로 쓰인 문장은 내포문을 함의한다.

(47) ㄱ. p : 한수는 그 문제를 푸는 데에 성공하였다. 　　　　　[T]

　　ㄴ. q : 한수는 그 문제를 풀었다. 　　　　　　　　　　　　[T]

(48) ㄱ. ~p : 한수는 그 문제를 푸는 데에 성공하지 못하였다. 　[T]

　　ㄴ. q : 한수는 그 문제를 풀었다. 　　　　　　　　　　　　[F]

(47)에서 (ㄱ)의 문장에는 '성공하다'가 서술어로 쓰였는데, 이 문장은 (ㄴ)의 문장을 함의하고 (ㄴ)의 문장 역시 (ㄱ)의 문장을 함의하여 상호 함의 관계가 성립한다. 만일 (48

ㄱ)처럼 (47ㄱ)의 문장을 부정하면 그 함의문은 (48ㄴ)처럼 거짓이 된다.

다. 보조사로써 생성되는 함의

보조사는 체언이나 부사, 용언의 연결형에 붙어서 화용론적인 특별한 뜻을 더해 주는데, 보조사가 나타내는 이러한 화용론적인 의미 때문에 함의가 성립될 수 있다.

첫째, '대조'의 의미를 나타내는 보조사 '-은/-는'과 한정의 의미를 나타내는 '-만' 때문에, 다른 문장을 함의할 수 있다.

(49) ㄱ. p : 인호는 밥은 먹는다.
ㄴ. q : 인호는 (밥을 제외한) 어떤 음식은 먹지 않는다.

(50) ㄱ. p : 인호는 밥만 먹는다.
ㄴ. q : 인호는 (밥을 제외한) 어떤 음식은 먹지 않는다.

(49)에서 문장 (ㄱ)은 보조사인 '-는'이 나타내는 '대조'의 의미 때문에 (ㄴ)의 문장을 함의한다. 그리고 (50)에서 문장 (ㄱ)은 보조사인 '-만'이 나타내는 '한정'의 의미 때문에 (ㄴ)의 문장을 함의한다. 반면에 (49~50)에서 (ㄴ)의 문장은 (ㄱ)의 문장을 함의하지 않으므로 (ㄱ)과 (ㄴ)의 문장은 일방 함의가 성립한다.

보조사 '-도, -부터, -까지, -조차'가 나타내는 의미적 특성 때문에, 특정한 문장을 함의할 수 있다.

(51) ㄱ. 장희빈도 숙종의 뺨을 때렸다.
ㄴ. 장희빈부터 숙종의 뺨을 때렸다.
ㄷ. 장희빈까지 숙종의 뺨을 때렸다.
ㄹ. 장희빈조차 숙종의 뺨을 때렸다.

(52) 장희빈 이외에도 누군가가 숙종의 뺨을 때렸다.

(51)의 문장들은 보조사인 '-도, -부터, -까지, -조차'가 나타내는 '첨가, 시작, 마지막, 극단적인 양보' 등의 의미로 말미암아서 모두 (52)의 문장을 함의한다. 반면에 (52)의 문장이 참이라고 해서 (51)의 문장이 참이 되는 것이 아니므로, (51)과 (52)의 사이에는

일방 함의가 성립한다.

라. 접속 구조에 따라서 생성된 함의

문장의 통사적 구조, 곧 접속 구조로 말미암아서 특정한 문장이 다른 문장을 함의할 수 있다. 이때 그 접속 구조가 '연접 구조(連接)'이냐 '이접 구조(離接)'이냐에 따라서 문장의 함의 관계가 달라진다.[4]

〈 연접의 접속 구조에 따른 함의 〉 연접의 접속 구조로 형성된 문장은 논리적으로 다른 문장을 함의한다.

첫째, 접속 조사로 이어지는 명사구가 'A와 B'의 형식으로 연접 구조의 단어 접속문을 형성할 때는, 연접 구조의 문장은 개별 명사 'A'와 'B'를 각각 포함한 문장을 의미적으로 함의한다. 반면에 개별 명사인 'A'나 'B'만 포함한 문장은 연접 구조의 단어 접속문을 함의하지 못한다.

(53) 한국 사람은 진돗개<u>와</u> 풍산개를 좋아한다.

(54) ㄱ. 한국 사람은 진돗개를 좋아한다.
　　 ㄴ. 한국 사람은 풍산개를 좋아한다.

(53)의 문장은 접속 조사인 '-와'를 통해서 '진돗개'와 '풍산개'가 명사구를 형성하였는데, 이 명사구가 동일한 서술어인 '좋아한다'를 취했다. 이러한 경우에 (53)의 문장이 참이면 (54)에 있는 (ㄱ)과 (ㄴ)의 문장도 참이 되어서 (53)의 문장은 (54)의 개별 문장을 함의한다. 반면에 (54)에서 (ㄱ)과 (ㄴ)의 문장은 (53)의 문장을 함의하지는 않으므로, (53)은 (54)를 일방적으로 함의한다.

둘째, 연결 어미에 의해서 연접의 접속 구조로 형성된 '이어진 문장'은 그 속의 앞절이나 뒷절의 내용을 함의한다. 반면에 앞절이나 뒷절의 개별 홑문장은 연접 구조의 이어진 문장을 함의하지 못한다.

(55) 아버지께서는 김밥을 드셨고, 어머니께서는 유부초밥을 드셨다.

---

4) '연접 구조(連接構造)'는 'A 그리고 B'의 의미 관계로 짜인 구조이며, '이접 구조(離接構造)'는 'A 혹은 B'의 의미 관계로 짜인 구조이다.

(56) ㄱ. 아버지께서는 김밥을 드셨다.

ㄴ. 어머니께서는 유부초밥을 드셨다.

연접 구조의 이어진 문장인 (55)는 그것을 구성하는 절의 내용이 되는 (56ㄱ)과 (56ㄴ)의 문장을 각각 함의한다. 반면에 (56)의 (ㄱ)과 (ㄴ)의 문장은 (55)의 문장을 함의하지는 않으므로, (56)의 이어진 문장은 (56)의 홑문장을 일방적으로 함의한다.

〈 **이접의 접속 구조에 따른 함의** 〉 이접의 구조로 형성된 문장은 함의문을 가지지 않는다. 반면에 이접 관계로 접속된 하위 문장은 이접의 접속문을 함의한다.

첫째, 접속 조사로 이어지는 명사구가 'A나 B'의 형식으로 이접 구조의 단어 접속문을 형성할 때는, 이접 구조의 문장은 개별 명사 'A'와 'B'를 각각 포함한 문장을 의미적으로 함의하지 못한다. 반면에 개별 명사인 'A'나 'B'만 포함한 문장은 이접 구조의 단어 접속문을 함의한다.

(57) 철수는 오늘 아침에 빵이나 떡을 먹겠다.

(58) ㄱ. 철수는 오늘 아침에 빵을 먹겠다.

ㄴ. 철수는 오늘 아침에 떡을 먹겠다.

(57)과 같은 이접 구조의 문장은 그것이 참이라고 하여도, (58)의 (ㄱ)과 (ㄴ)의 문장을 함의하지는 않는다. 곧 (57)의 '빵'과 '떡'이 '-이나'에 의해서 선택 관계로 이어졌기 때문에, (57)의 문장은 (58)의 (ㄱ)이나 (ㄴ) 중의 한 경우만 되면 참이 성립한다. 따라서 (57)의 이접 구조의 문장이 참이라고 해서 반드시 하위문인 (58)의 (ㄱ)이나 (ㄴ)의 문장이 참인 것은 아니다. 반면에 하위문인 (58)의 (ㄱ)이나 (ㄴ)이 참이면 이접 구조의 단어 접속문인 (57)의 문장은 참이 된다. 따라서 (58)의 (ㄱ)이나 (ㄴ)의 문장은 각각 (57)의 문장을 함의한다.

둘째, 연결 어미에 의해서 이접 구조로 형성된 '이어진 문장'은 앞절이나 뒷절의 내용을 함의하지 못한다. 반면에 앞절이나 뒷절의 문장 개별 문장은 이접 구조의 이어진 문장을 함의한다.

(59) 어제 아침에 철수는 국어책을 샀거나 수학책을 샀다.

(60) ㄱ. 어제 아침에 철수는 국어책을 샀다.

   ㄴ. 어제 아침에 철수는 수학책을 샀다.

이접 구조의 이어진 문장인 (59)가 참이라고 하여도, 항상 (60ㄱ)과 (60ㄴ)의 홑문장을 함의하지는 않는다. 곧 (59)의 앞절과 뒷절의 내용이 선택의 관계로 이어져서 앞절의 내용이나 뒷절의 내용 중 하나만 참이면 성립한다. 따라서 (59)의 이어진 문장이 참이라고 해서 (60)에서 앞절인 (ㄱ)의 내용이 참이 되거나 뒷절인 (ㄴ)의 내용이 참이 되는 것은 아니다. 반면에 하위문인 (60)의 (ㄱ)이나 (ㄴ)이 참이면 이접 구조의 이어진 문장인 (59)의 문장은 참이 된다. 그러므로 (60)의 (ㄱ)이나 (ㄴ)의 홑문장은 각각 (59)의 문장을 함의한다.

화 용 론 4부

제1장 화용론의 기본적 이해

현대 언어학에서 새롭게 개척된 언어 연구 분야로서 '화용론(話用論, pragmatics)'이 주목받고 있다. 이 분야는 화자와 청자, 발화 장면으로 이루어진 특정한 '담화 상황'에서 언어 기호가 실제로 쓰일 때에 나타나는 언어 현상을 연구한다.

〈 화용론의 개념 〉 언어학에서는 전통적으로 '음운론, 문법론, 의미론'을 언어 연구의 3대 영역으로 설정했는데, 근래에는 여기에다가 '화용론'을 언어학의 주요 영역으로 새로이 추가하였다.

(1) ㄱ. **음운론**(phonology) : 언어의 소리에 관한 연구이다.
　　ㄴ. **문법론**(grammar) : 문장의 구조에 대한 연구이다. 곧 음성과 의미의 결합체인 언어 형식의 종류와 기능을 연구하고, 하위 언어 형식이 결합하여 더 큰 언어 형식을 짜 이루는 방법을 연구한다. 형태론과 통사론의 하위 분야가 있다.
　　ㄷ. **의미론**(semantics) : 언어 형식이 지시 대상과 맺는 의미적 관계를 연구하는 분야이다.
　　ㄹ. **화용론**(pragmatics) : 언어 활동이 일어나는 담화 상황에서 실제로 쓰인 발화의 의미를 연구하는 분야이다.

전통적인 영역인 '음운론, 문법론, 의미론' 등은 주로 메시지(문장)의 내용(의미)과 형식(소리)에 관심을 두고 연구를 진행한다. 이에 반해서 '화용론'은 '언어적 표현(발화, utterance)'을 둘러싸고 있는 외부적인 환경인 '화자, 청자, 시간적·공간적 장면' 등과 관련을 지어서 '언어 표현(발화)'을 연구하는 분야이다.

[그림 1. 담화 상황을 이루는 요소]

곧 [그림 1]처럼 언어 사용에 참여하는 화자(화자)와 청자(청자), 그리고 시간과 공간적 장면 등이 '담화 상황'을 이룬다. 화용론은 이러한 담화 상황과 관련해서 언어 기호(발화, utterance)의 의미와 기능을 연구하는 분야이다(김일웅 1987:55).[1]

〈 발화의 개념 〉 '발화(發話, utterance)'는 말하는 사람이 품은 생각을 실제의 상황에서 문장 단위로 실현한 것이다. 일반적인 '문장(文章, sentence)'은 인간의 머릿속에서 형성된 추상적인 '언어 형식'이며, 이러한 문장이 사람의 음성의 형태로 현실 세계에서 실현된 것을 발화라고 한다. 따라서 발화는 화자와 청자, 그리고 발화 장면에 따라 구체적인 의미가 결정된다. 그리고 '담화(談話, discourse)'는 개별 발화들이 특정한 주제를 중심으로 모여서 이루어진 하나의 유기적인 통일체인데, '화자'와 '청자', '언어 표현(발화)', '시공간적인 장면' 등이 담화를 형성하는 데에 관여한다.

[그림 2. 발화의 의미]

〈 발화 의미의 특징 〉 '문장의 의미'와 '발화의 의미'는 다음과 같은 점에서 차이가 나타난다. 먼저 '문장의 의미(sentence meaning)'는 '표현 형식(form) - 의미(meaning)' 사이의 2중

---

1) '의미론'과 '화용론'은 둘 다 문장의 의미를 다룬다는 점에서 공통성이 있다. 곧 '의미론'과 '화용론'의 영역에 서로 겹치는 부분이 많기 때문에, 이들의 두 영역 구분에 대하여 서로 다른 견해가 나타난다. 먼저 로스(J. R Ross, 1970)와 같은 '의미주의자(semanticism)'들은 의미론의 하위 영역에 화용론을 두는 입장이며, 반대로 서얼(J. R Searle, 1969)과 같은 '화용주의자(pragmaticism)'들은 화용론의 하위 영역으로 의미론을 취급하는 입장에 있다. 그리고 리치(Leech, 1983)와 같은 '상보주의자(complementarism)'들은 의미론과 화용론에 독자성을 부여하면서 두 영역이 상호 보완적인 성격을 지니는 것으로 보는 관점을 취한다.

관계에서 파악되는 의미이며, 개별 의미소의 의미와 통사적 규칙으로써 형성된다. 이에 반하여 '발화의 의미(utterance meaning)'는 표현 형식뿐만 아니라 화자와 청자, 그리고 발화 장면을 포함한 '담화 상황(situation)'까지 개입하여서, '표현 형식 – 발화 의미 – 담화 상황'의 3중 관계에서 파악되는 복합적인 의미이다.

　이처럼 발화는 담화의 상황과 밀접하게 관련되어 있기 때문에, 발화의 의미는 문장의 의미와 다를 수 있다. 곧, '발화 의미'는 담화 상황을 고려한 의미이기 때문에, 담화 상황에서 일어날 수 있는 다양한 변수 때문에 문장의 의미와는 다른 특징이 나타나는 것이다.

　첫째, 화자와 청자의 의도나 입장에 따라서, '발화(發話, utterance)'의 의미가 문장의 의미와 다를 수가 있다. 예를 들어서 다음의 [그림 3]에서처럼 '철수'가 '영애'에게 데이트를 신청하는 상황에서 서로 다음과 같은 대화를 했다고 가정하자.

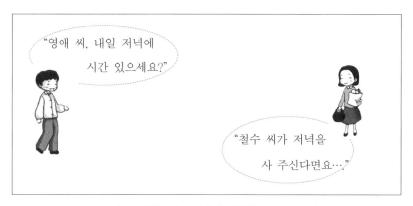

[그림 3. 화용론의 관점에서 해석한 발화의 의미]

'철수'와 '영애'의 의도를 감안하면 [그림 3]에서 표현된 '발화'는 언어적 표현(massage) 자체와는 사뭇 다른 의미를 나타낸다. 곧 '철수'의 의도를 감안하면 '철수'의 발화는 '데이트 신청'의 의도를 에둘러서 표현한 것이며, '영애'의 발화는 '철수'의 데이트 신청을 받아들일 의사를 에둘러서 표현한 것이다.

　화자와 청자의 의도에 따라서는 동일한 언어 표현이 다양한 의미를 나타낼 수도 있다.

　(2) ㄱ. 엄마, 나 지금 배가 대단히 고파.　　　　[학교에서 막 돌아온 아이가 엄마에게]
　　　 ㄴ. 잘~ 한다.　　　　　　　　　　　　　　[선생님이 유리창을 깬 학생에게]
　　　 ㄷ. 저, 다음 역에서 내리는데요.　　　　　[복잡한 지하철에서 문가에 있는 사람에게]

(2)의 발화는 상황에 따라서 문맥 이외의 다른 의미를 나타낼 수 있다. 곧 (ㄱ)은 '음식물

을 달라고 요청하는 명령문'으로 해석될 수 있으며, (ㄴ)은 '유리창을 깬 학생을 질책하는 말'로, (ㄷ)은 화자가 '지하철에서 하차할 수 있도록 길을 터 달라고 하는 부탁'으로 해석될 수 있다.

반대로 화자의 의도에 따라서는, 동일한 의미가 다양한 언어 표현으로 실현될 수가 있다.

(3) ㄱ. 이 짐 좀 들어 줘.   [명령문]

   ㄴ. 이 짐 좀 들자.   [청유문]

   ㄷ. 이 짐 좀 들어 주면 좋겠다.   [평서문]

   ㄹ. 이 짐 좀 들어 줄래?   [긍정 의문문]

   ㅁ. 이 짐 좀 들어 주지 않을래?   [부정 의문문]

(3)에서 (ㄱ~ㄹ)의 문장은 각각 '명령문, 청유문, 평서문, 의문문' 등으로 표현의 형식이 각각 다르다. 그러나 이들 문장은 화용론적인 기능으로 보면 모두 화자가 청자에게 짐을 들어줄 것을 명령하거나 요청하는 문장이다. 이처럼 화용론에서는 (3)의 (ㄱ~ㄹ)은 문법적인 형식은 각각 달라도, 기능은 동일한 발화로 볼 수 있다.

둘째, 문장 자체만으로는 파악할 수 없었던 언어 내용이, 시간·공간적인 장면을 통해서 구체적으로 드러날 수 있다.

(4) ㄱ. <u>너</u>는 <u>내일</u>까지는 <u>그녀</u>를 <u>여기</u>에 데려와야 한다.   [3월 4일에 발화]

   ㄴ. <u>철수</u>는 <u>3월 5일</u>까지는 <u>영자</u>를 <u>학교</u>에 데려와야 한다.

(4)에서 (ㄱ)의 문장에서 쓰인 대명사 '너'와 '내일, 그녀, 여기'는 문맥 자체로는 그 지시 대상을 파악할 수가 없다. 이러한 대명사의 의미(= 지시 대상)는 발화 장면에서 화자와 청자의 시간과 공간적인 위치에 따라서 결정되므로, 실제의 발화 장면 속에서만 그 지시 대상이 (ㄴ)의 '철수, 3월 5일, 영자, 학교'인 것을 확인할 수 있다.

이처럼 발화 상황에 따라서는 언어적 표현과 그에 대응되는 의미가 1 대 1로 대응하지 않는 경우가 많다. 그러므로 화용론의 관점에서 보면 언어적 표현과 그에 대응되는 의미는 아주 복잡하고 다양한 관계를 맺고 있다.

〈 화용론의 연구 분야 〉 화용론에서는 '담화의 구조', '발화 행위', '함축' 등과 관련된 문제를 다룬다.

```
1. 담화의 구조

   (가) 참여자 : 높임 표현, 심적 거리의 조정, 시점
   (나) 장   면 : 격식체와 비격식체의 종결 방식, 직시 표현, 현장 생략 표현
   (다) 메시지 : 대용, 생략, 반복, 접속, 정보의 전달, 보조사의 쓰임.

2. 발화 행위

3. 함축
```

[표 1. 화용론의 연구 분야]

첫째, '담화의 구조'와 관련된 연구에서는 다음과 같은 담화 현상을 다룬다. 곧 화자와 청자에 관련된 요소로서, '상하 관계, 심리적 거리의 조정', '시점'에 따른 화용 현상을 다룬다. 그리고 시간과 공간적인 장면과 관련해서는 '격식체와 비격식체의 종결 방식'과 '직시 표현'을 다루며, 메시지(언어 표현)의 전달 방식과 관련된 요소로서 '대용, 생략, 반복, 접속, 정보의 전달, 보조사의 쓰임'에 따른 화용론적인 현상을 다룬다.

둘째, '발화 행위(發話行爲)'에 대한 연구는 발화가 단순히 의미를 전달하는 데에 그치지 않고, 어떠한 구체적인 행위(行爲)를 유발하는 화용론적인 현상을 다룬다.

셋째, '함축(숨蓄)'에 대한 연구는 발화된 문장의 명시적인 의미 이외에 다른 의미가 그 발화 속에 함께 표현되는 화용론적인 현상을 다룬다.

【 더 배우기 】

{ 통사론과 화용론의 차이 }

  통사론의 차원에서 이루어지는 '문장 문법'과 화용론 차원에서 이루어지는 '담화 문법'은 몇 가지 점에서 차이가 난다.

  첫째, '문장 문법(sentence grammar)'은 문장의 형식적인 짜임을 문제로 삼기 때문에, 문장의 문법성을 따지게 된다. 반면에 '담화 문법(discourse grammar)'은 발화의 기능을 문제로 삼으므로 발화의 적절성, 자연스러움을 따지게 된다. 둘째, 문장 문법은 문장의 통사 구조와 관련하여 문장의 의미 내용(sentence meaning)을 파악하는 데에 주안점을 두지만 담화 문법은 문장의 정보 구조와 관련하여 말하는 사람의 발화 의도를 파악하는 데에 주안점을 둔다. 셋째, 문장 문법에서는 '어떻게(how)'가 관심의 대상이 되지만, 담화 문법에서는 '왜(why)'가 관심의 대상이 된다. 다섯째 문장 문법은 형식주의적인 관점에서 합리론에 바탕을 두고 연역적인 방법을 쓰지만, 담화 문법은 기능주의적인 관점에서 경험론에 바탕을 두고 귀납적인 방법을 쓴다. 또한 문장 문법은 '언어 능력(linguistic competence)'을 대상으로 하지만, 담화 문법은 '전달 능력(communicative competence)'을 대상으로 한다(김일웅 1989:30).

문장 문법	담화 문법
추상적인 문장을 대상으로 한다.	담화의 짜임과 발화를 대상으로 한다.
문장의 생성과 문법 규칙	문장의 쓰임과 담화 구성의 원리
문장의 형식적인 짜임	문장의 기능
어떻게(how)	왜(why)
문장의 의미 내용(sentence meaning)	발화의 의도(force)
언어 능력	전달 능력
형식주의	기능주의
합리론에 근거, 연역적 접근	경험론에 근거, 귀납적 접근

[통사론과 화용론의 차이]

제2장 담화의 구조

담화(談話)는 문장의 형식을 갖춘 개별적인 발화(發話)가 유기적으로 결합되어서 형성된 하나의 언어적 통일체이다. 이러한 담화는 화자와 청자, 시공간적인 장면, 발화(언어 표현) 등과 같은 구성 요소에 따라서 형성된다.

2.1. 담화의 개념

〈 담화의 개념 〉 현실의 언어 생활에서는 하나의 발화만 발화되는 경우는 매우 드물고 대개는 발화들이 이어져서 하나의 담화를 형성한다. 곧, '담화(談話)'는 특정한 상황에서 어떠한 주제를 중심으로 하여 화자와 청자가 주고받은 발화들의 묶음이다.

그런데 여러 발화들이 그냥 나열된다고 해서 담화가 형성되는 것은 아니다. 담화는 그것을 구성하는 언어 요소들이 형식적으로는 '응집성(凝集性)'을 갖추고, 내용적으로는 주제를 중심으로 '통일성(統一性)'이 있는 구조체를 이루어야 하는 것이다. 여기서 '응집성(凝集性, cohesion)'은 담화를 구성하는 구성 요소들이 '지시 표현, 대용 표현, 접속 표현' 등에 의해서 형식적으로 결속되어 있는 성질이다. 반면에 '통일성(統一性, 결속성, coherence)'은 개별 발화가 어떠한 주제를 중심으로 모여서 내용상으로 하나의 구조체를 구성하는 것이다. 곧, 응집성은 문장들이 모여서 담화를 구성할 때에 필요한 형식적인 조건이며, 통일성은 문장들이 모여서 담화를 구성할 때에 필요한 내용적인 조건이다.

(1) 나는 어제 저녁에 남포동에서 영희와 한정식을 먹었어. 그런데 식사 도중에 철수가 나를 보자고 했어. 저녁을 먹고 나서 영희와 나는 '아바타' 영화를 보았어. 집으로 돌아가는 길에 호프집에서 맥주를 마셨어. 호프집의 종업원도 우리들처럼 한국 영화를 좋아한대.

(2) 옛날 옛적에 한 <u>나무꾼</u>이 살았습니다. 어느 날 <u>그 나무꾼</u>은 뒷산에 나무를 하러 올라갔습니다. <u>그런데</u> 나무꾼이 나무를 하던 중에 이상한 장면을 보게 되었습니다. 하늘나라에서 내려온 <u>선녀</u>들이 조그만 연못에서 목욕을 하고 있었던 것입니다. <u>나무꾼</u>은 목욕하고 있던 한 <u>선녀</u>의 옷을 몰래 훔쳐서 감추어 두었습니다. 목욕을 마치고 다른 <u>선녀</u>들은 <u>하늘나라</u>로 다시 올라갔으나, <u>옷</u>을 잃어 버린 <u>선녀</u>는 <u>하늘나라</u>로 올라가지 못했습니다.

(1)에 실현된 발화들은 전체적으로 보면 의미적으로 하나의 담화를 구성하지 못한다. 이는 (1)의 발화들이 의미적으로 서로 관련성 없이 나열되어 있고, 담화 구성 요소도 적절하게 실현되지 않아서 응집성을 갖추지 못했기 때문이다. 이에 반해서 (2)에서는 개개의 발화가 유기적으로 짜여서 하나의 통일된 담화를 구성하고 있다. 이처럼 (2)의 발화가 하나의 담화를 구성할 수 있는 것은 '나무꾼, 선녀, 하늘나라, 옷'이 문맥에 되풀이되었고, 접속어인 '그런데'와 지시어인 '그' 등이 실현되어서 응집성을 갖추었기 때문이다.[1]

〈 담화의 구성 요소 〉 담화를 짜 이루는 데에 기여하는 요소를 '담화의 구성 요소'라고 한다. 이러한 담화 구성 요소로는 '화자(필자), 청자(독자), 언어 표현, 맥락(脈絡)'이 있다.

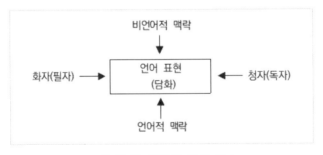

〈그림 1〉 담화의 구성 요소

---

1) 담화는 일반적으로 개별 발화가 '응집성'과 '통일성(결속성)'을 바탕으로 유기적으로 모여서 하나의 담화를 이룬다. 그러나 특정한 발화가 '화자 · 청자 · 시공간적인 상황' 등의 비언어적 맥락을 바탕으로 단독으로 담화를 이룰 수도 있다.(보기: ① 불이야! ② 자나 깨나 불조심. ③ 속도를 줄이시오. ④ 백지장도 맞들면 낫다.) ①~④의 개별 발화들은 비언어적 맥락을 바탕으로 하나의 담화를 이룬다.

곧, 어떠한 담화가 구성되려면 개개의 발화를 생산하는 화자(필자)와 그 발화를 수용하는 청자(독자)가 전제되어야 한다. 그리고 담화가 이루어지는 언어적 맥락과 비언어적 맥락을 배경으로 하여, 화자가 청자에게 전달하는 발화(發話)가 있어야 한다.

2.2. 담화의 맥락

담화의 흐름이나 의미를 해석하는 데에 영향을 끼치는 요소로 '맥락(脈絡)'을 들 수 있다.

〈그림 1〉 맥락의 유형

맥락은 먼저 '언어적 맥락'과 '비언어적 맥락'으로 구분되며, 비언어적 맥락은 다시 '상황 맥락'과 '사회·문화적 맥락'으로 구분된다.

2.2.1. 언어적 맥락

'언어적 맥락'은 특정한 발화가 그것의 앞뒤에 실현된 언어적 표현과 관련해서 형성되는 맥락이다.

    (1) ㄱ. 어머니는 아들을 위하여 털실로 장갑을 짰다.

       ㄴ. <u>그러나</u> <u>아들</u>은 <u>그것</u>을 겨우내 끼지 않았다.

(1)에서 (ㄱ)의 발화와 (ㄴ)의 개별 발화는 내용이나 형식의 측면에서 담화를 구성하고 있다. 이때에 (1)의 (ㄱ)과 (ㄴ)의 문장은 '그러나'와 같은 접속어와 '그것'과 같은 지시 대명사를 실현하거나, '아들'과 같은 명사를 되풀이하여 표현함으로써 하나의 담화로 엮기게 된다. 결국 (1)의 문장들은 언어적 맥락을 통해서 하나의 담화로 구성된 것이다.

언어적 맥락을 형성하는 언어적 현상으로는 '대용, 문맥 생략, 반복, 접속, 신정보-구정보의 구조, 주제-설명의 구조' 등이 있다.

가. 대용 표현

어떤 언어 표현이 앞서 발화된 문맥에 표현되어 있는 다른 언어적 표현을 대신하는 경우가 있는데, 이를 '대용(代用) 표현'이라고 한다. 이러한 대용 표현을 통해서 언어적 맥락이 형성될 수 있다.

(2) 철수는 내일 <u>영애</u>와 <u>울산</u>에 놀러 갈 거지?

(3) ㄱ. 아니, 나는 <u>그녀</u>와는 안 가.
    ㄴ. 아니, 나는 <u>거기</u>는 안 갈 거야.

(3ㄱ)의 '그녀'는 앞선 문맥인 (2)에 표현된 '영애'를 대용하며, (3ㄴ)의 '거기'는 (2)에 표현된 '울산'을 대용하였다. 결국 (3)에 실현된 대명사 '그녀'와 '거기'가 나타내는 의미는 앞선 문맥인 (2)를 통해서 확인할 수 있다. 이러한 대용 현상을 통하여 (3)의 (ㄱ)이나 (ㄴ)의 문장은 앞선 문맥인 (2)와 언어적 맥락을 형성하고 이러한 언어적 맥락에 기대어서 (2)와 (3)의 문장은 하나의 담화를 이루었다.

나. 문맥 생략 표현

앞선 발화에서 이미 실현되어서 알려진 요소를 다음 발화에서 실현하지 않을 수 있는데, 이와 같은 생략을 '문맥 생략(文脈 省略)'이라고 한다. 이와 같은 문맥 생략을 통해서도 언어적 맥락이 형성될 수 있다.

(4) 갑 : 철수는 어제 시험에서 몇 점 받았니?

(5) 을₁ : 철수는 어제 시험에서 30점 받았어.
    을₂ : 30점.

(4)와 (5)는 '갑'과 '을'의 대화인데, '갑'의 질문에 대하여 '을₂'는 문장의 다른 요소는 모두 생략하고 '30점'이라는 명사구만 발화했다. 이렇게 문장에서 다른 모든 요소를 다 생략하고 '30점'이라는 말만 발화해도 '갑'과 '을₂'의 대화가 자연스러운 이유는 앞선 문맥('갑'이 발화한 말)을 통해서 생략된 언어 요소의 내용을 알 수 있기 때문이다. 곧, 앞선 문맥이 없으면 반드시 '을₁'처럼 발화해야 하지만, '갑'의 발화가 있었기 때문에 '을₂'처럼

생략된 문장으로 발화할 수 있다. 이렇게 문맥 생략이 일어나도 의사소통이 가능한 것은 앞선 문맥인 '갑'의 발화와 뒤의 문맥인 '을₂'의 발화가 언어적인 맥락을 형성하고 있기 때문이다.

다. 반복 표현

앞의 발화와 뒤의 발화에 동일 어구를 반복하여 표현함으로써 개별 발화 사이에 언어적인 맥락이 형성되어서 결과적으로 두 발화가 담화를 이룰 수가 있다.

> (6) 철수가 비빔밥을 식당에서 먹었다. 철수는 처음부터 비빔밥을 좋아한 것은 아니었다. 철수는 초등학교 때까지는 비빔밥을 먹지는 않았다. 그러나 철수가 중학교 무렵에 진주에서 비빔밥을 먹어 보고는 그 맛에 푹 반했다.

(6)에 실현된 네 개의 발화에는 '철수'와 '비빔밥'이 되풀이하여 표현되었다. 이렇게 동일한 명사가 되풀이됨으로써 네 개의 발화가 서로 언어적 맥락을 형성하고 이러한 맥락을 바탕으로 결과적으로 담화를 이루었다.

라. 접속 표현

앞선 발화와 뒤 이은 발화 사이에 '접속어(接續語)'를 실현함으로써, 개별 발화들이 언어적 맥락을 형성하여 하나의 통일된 담화 구조를 이룰 수 있다.

첫째, 발화와 발화 사이에 그들이 연결되는 의미 관계에 알맞게 접속 부사를 실현해서 개별 발화를 의미적으로 통합할 수 있다.

> (7) 김 형사는 사건 현장에서 범인을 잡지는 못했다. 그러나 사건 현장에서 범인이 떨어뜨린 열쇠를 발견했다. 따라서 그 열쇠에서 범인의 지문을 채취할 수만 있다면 범인을 잡는 것은 시간 문제였다. 그런데 열쇠에 묻어 있는 지문이 분명하지 않아서 '국립 과학 수사 연구소'에 지문 감식을 의뢰해야 하는 것이 문제였다.

(7)에서는 네 개의 발화가 실현되었는데, 이들 발화는 '그러나', '따라서', '그런데'와 같은 접속어를 통해서 이어졌다. 이처럼 문장과 문장을 직접적으로 잇는 접속어를 통해서 개별의 발화가 하나의 담화를 이룰 수도 있다.

둘째, 구(句)의 형식으로 된 접속어를 사용해서 개별 발화를 담화로 통합할 수 있다.

(8) 요즈음은 '제철 과일'이 별로 없다. 예를 들어서 여름 과일이었던 '수박, 참외, 포도' 등은 일 년 내내 출하되고 있어 슈퍼마켓의 과일 코너에서 팔리고 있다. 그뿐만 아니라 가격 또한 제철에 나는 과일과 별로 차이를 보이지 않아서, 돈만 있으면 언제든지 모든 과일을 맛볼 수 있다. 다시 말해서 우리는 돈만 있으면 식생활에 관한 한 예전의 중국 황제보다도 더 풍요롭게 생활할 수 있다.

(8)에서는 '예를 들어서', '뿐만 아니라', '다시 말해서' 등의 접속어를 실현해서 앞선 발화와 뒤의 발화를 이어서 하나의 담화체를 이루고 있다. 이들 접속어들은 구(句)의 구성인데, 앞의 (7)에 쓰인 '그러나, 따라서, 그런데'와 마찬가지로 발화와 발화를 잇는 접속 기능을 한다. 이들 접속어로 말미암아서 개별 발화들이 언어적 맥락을 형성하면서 전체 발화가 하나의 통일성 있는 담화를 이루었다.

마. 발화의 정보 구조

발화 속에 실현되는 문장 성분에는 여러 가지의 정보가 담겨 있다. 발화의 구조를 정보 전달의 관점에서 분석하면, 정보 전달의 두 가지 구조로서 '구정보-신정보'의 구조와 '주제-설명'의 구조로 나눌 수 있다. 이처럼 개개의 발화에 내재하는 정보의 구조가 언어적 맥락을 형성하는 요인이 되기도 한다.

① '신정보-구정보'의 구조

〈 신정보와 구정보의 개념 〉 하나의 발화 속에는 여러 가지 문장 성분이 실현되어 있는데, 이들 문장 성분에는 발화 참여자가 이미 알고 있는 정보가 실려 있기도 하고 새로운 정보가 실려 있기도 하다. 이처럼 문장의 구조를 정보 전달의 측면에서 분석하면 새로운 정보를 나타내는 부분과 이미 알고 있는 정보를 나타내는 부분으로 나눌 수 있다.

〈그림 2〉 발화의 정보 구조

'구정보(舊情報)'는 하나의 발화에 이미 전제되어 있어서, 청자의 의식 속에 들어 있는 정보이다. 반면에 '신정보(新情報)'는 청자에게 알려지지 않아서 청자가 궁금하게 생각하는 사항으로서, 화자가 문장을 통해서 새롭게 제시하는 정보이다. 이와 같이 하나의 문장 속에는 '구정보'를 나타내는 말과 '신정보'를 나타내는 말이 순환되어서, 점진적으로 새로운 정보를 추가하면서 화자와 청자가 서로 의사소통을 한다.

〈 신정보와 구정보의 실현 방식 〉 문장에 실현된 신·구정보에는 일정한 표지가 붙어서 실현될 수가 있는데, 조사 '-이/-가'와 '-은/-는'이 이러한 표지로 기능한다.

첫째, 문장에서 신정보를 전달하는 요소에는 조사 '-이/-가'를 실현하여 표현한다.

(9) 갑 : <u>누가</u>초점 먼저 서울에 도착했나요?

(10) ㄱ. 을₁ : <u>철수가</u>신정보 <u>먼저 도착했습니다.</u>구정보
    ㄴ. 을₂ : [?]<u>철수는</u>신정보 <u>먼저 도착했습니다.</u>구정보

'갑'과 '을'의 대화에서 '갑'이 발화한 (9)의 문장에는 '어떤 사람이 먼저 서울에 도착했다는 사실'이 전제되어 있다. 그러므로 '갑'의 물음에 대하여 '을'이 발화한 (10ㄱ)의 문장에서 '먼저 도착했다'는 청자가 이미 알고 있는 구정보을 담고 있다. 그리고 (10ㄱ)에서 '철수'는 '갑'이 알고 싶어 하는 '새로운 정보'가 되는데, 이러한 새로운 정보에는 조사 '-가'가 표지로 쓰인다. 만일 새로운 정보를 나타내는 '철수'에 구정보의 표지인 '-는'을 실현하게 되면 (10ㄴ)처럼 부자연스러운 문장이 된다.

둘째, 문장에서 구정보를 전달하는 요소에는 조사 '-은/-는'을 실현하여 표현한다. 이처럼 '-은/-는'이 화용론적으로 구정보를 나타내는 표지로 쓰일 때에는 대부분 문장의 첫머리에 위치하여서 '화제(주제)'의 기능을 담당한다.

(11) 갑 : 영희가 <u>언제</u>초점 집을 샀나요?

(12) ㄱ. 을₁ : <u>영희는</u>구정보 <u>작년에</u>신정보 <u>집을 샀습니다</u>구정보
    ㄴ. 을₂ : [?]<u>영희가</u>구정보 <u>작년에</u>신정보 <u>집을 샀습니다</u>구정보

'갑'과 '을'의 대화에서 '갑'이 발화한 (11)의 의문문에는 '영희가 집을 샀다는 사실'이 전제되어 있으므로, 청자인 '을'에게는 '영희'는 구정보가 된다. 이처럼 구정보로 전달되는 '영희'에는 (12ㄱ)처럼 구정보 표지인 '-는'이 실현되는 것이 자연스럽다. 만일 구정보

인 '영희'에 (12ㄴ)처럼 신정보 표지인 '-가'를 실현하면 부자연스러운 문장이 된다.

그리고 아래에 제시된 전래 설화처럼 '단독적 발화'가 일어나는 담화 상황에서도 정보 전달의 양상에 따라서 '-이/-가'와 '-은/-는'이 구분되어서 쓰인다.

(13) A. 옛날 옛적에 어느 시골에 한 나무꾼이[신] 살았습니다. 그런데 그 나무꾼은[구] 나이가 들도록 장가를 들지 못했습니다. 그 나무꾼은[구] 장가들 돈이 없었던 것입니다.

B. 그러던 어느 날 나무꾼이[신] 산에서 나무를 하고 있는데, 늙은 산신령이[신] 나타나서 나무꾼에게 복주머니를 하나 건네주었습니다. 나무꾼은[구] 그 복주머니를 받아서 집으로 돌아왔습니다.

(13)의 글은 이야기의 내용상 (A)와 (B)의 두 가지의 담화로 구성되어 있다. (A)에서 '나무꾼'이 처음 등장할 때에는 신정보를 전달하여 조사 '-이'가 실현되었고, 두 번째 이하의 문장에서는 '나무꾼'이 구정보를 전달하여 조사 '-은'이 실현되었다. 그런데 (B)의 담화에서는 새로운 담화 상황이 형성되기 때문에 첫 번째 문장에서는 '나무꾼'과 '산신령'에 신정보를 나타내는 '-이'를 실현하였고, 두 번째 문장에 나타나는 '나무꾼'에는 구정보를 나타내는 '-은'을 실현하였다.

그런데 보조사인 '-은/-는'은 문장에서 '대조'의 뜻을 나타낼 수가 있는데, 이때에는 '-은/-는'이 신정보를 나타내는 표지가 되기도 한다.

(14) 갑 : 라면을 좋아하니?
을 : 아니요, 라면은[구정보] 싫어합니다. 하지만 국수는[신정보] 좋아합니다.

(15) ㄱ. 호랑이는[신정보] 죽어서 가죽을 남기고 사람은[신정보] 죽어서 이름을 남긴다.
ㄴ. 사장님은[신정보] 서울로 가고 전무님은[신정보] 대구로 가셨다.

(14)에서 '을'이 발화한 두 번째 문장에 실현된 '국수'는 대화에 처음 등장하는 신정보이지만 구정보에 실현되어야 하는 '-는'이 실현되었다. 이 경우에 '-는'은 주제의 뜻이 아니라 대조의 뜻으로 쓰였다. 이처럼 '-은/-는'이 실현된 말이 주제가 아니라 대조의 뜻을 나타낼 때에는 신정보를 나타내기도 한다. 그리고 (15)의 이어진 문장에서 앞절과 뒷절에 쓰인 주어에는 모두 '-은/-는'이 실현되어 있는데, 이때에도 '전무님'은 대조의 의미로 쓰여서 신정보를 나타낸다.

② '주제-설명'의 구조

발화의 정보 구조는 '주제(화제) - 설명(논평)'의 정보 구조로도 분석할 수도 있다.
〈 '주제'와 '설명'의 개념 〉 대부분의 발화는 '~에 대하여 ~으로 설명하다'의 형식으로
실현된다. 곧, 발화의 구조는 화자가 청자에게 '말하려는 것'과 '그것(=말하려고 하는 것)
에 대한 풀이'의 두 부분으로 구분할 수 있다.

(16) ㄱ. <u>기린은</u>주제 <u>목이 길다</u>.설명

　　 ㄴ. <u>콩쥐는</u>주제 <u>치마를 잘 입지 않았다</u>.설명

(ㄱ)에서 '기린'은 이 발화에서 말하려는 것(주제)이며, '목이 길다'는 말하려는 것에 대한
풀이이다. (ㄴ)에서 '콩쥐'는 이 발화에서 말하려는 것(주제)이며, '치마를 잘 입지 않았다'
는 말하려는 것에 대한 풀이이다.

- 주제(主題, topic): 발화에서 말하려고 하는 그 무엇이다.
- 설명(說明, comment): 주제에 대하여 풀이하는 부분이다.

〈 표 1 〉 '주제'와 '설명'

여기서 발화에서 '무엇에 대하여 말하려는 것'을 '주제(主題)' 또는 '화제(話題)'라고 하고,
'말하려고 하는 것에 대한 풀이'를 '설명(說明)' 또는 '논평(論評)'이라고 한다.[2]
〈 '주제-설명' 구조의 실현 방식 〉 발화의 '주제-설명'의 구조에서는 일반적으로 주제는
문장의 왼쪽에 위치하며, 설명은 오른쪽에 위치한다.

(17) ㄱ. <u>김 선생님께서</u>주어 지금 삼성중학교에서 근무하고 있으십니다.

　　 ㄴ. 송 총장이 <u>헛돈을</u>목적어 많이 씁니다.

　　 ㄷ. 내가 종이학을 <u>영희한테</u>부사어 주었다.

---

2) '주어'와 '주제'는 그것이 쓰이는 언어적인 층위가 다르다. 곧 개별 문장을 기본 단위로 연구하는
통사론의 측면에서 보면 (17ㄱ)의 '김 선생님께서'는 주어가 되지만, 담화 속에서 실현되는 발화를
기본 단위로 연구하는 화용론적인 측면에서 보면 (18ㄱ)의 '김 선생님은'은 주제어가 된다. 곧, 통
사론적인 층위에서 쓰인 주어가 화용론적인 측면에서는 주제어로 쓰인 것이다. 그리고 (17)에서
(ㄴ)의 '헛돈을'과 (ㄷ)의 '철수한테'는 통사론적인 층위에서 목적어와 부사어로 썼다. 그런데 이
들 문장 성분이 화용론적인 차원에서는 (18ㄴ)의 '헛돈은'과 (18ㄷ)의 '영희한테는'에서처럼 주제어
로 쓰였다.

(18) ㄱ. 김 선생님은_{화제} 지금 삼성중학교에서 근무하고 있으십니다._{설명}

ㄴ. 헛돈은_{화제} 송 총장이 많이 씁니다._{설명}

ㄷ. 영희한테는_{화제} (내가) 종이학을 주었다._{설명}

(19) 거북선은_{화제} 세계 최초의 철갑선이다._{설명} 철갑선은_{화제} 나무 위에 철판으로 거죽을 싸서 만든 병선(兵船)이다._{설명}

먼저 통사론적인 측면에서 보면 (17)에서 (ㄱ)의 '김 선생님께서'와 (ㄴ)의 '헛돈을', 그리고 (ㄷ)의 '영희한테'는 각각 주어와 목적어, 부사어로 쓰였다. 이에 반하여 화용론적인 측면에서 보면 (17)에서 '김 선생님은', '헛돈은', '영희한테는'은 모두 문장의 첫머리(왼편)에 실현되어서 '주제'임을 나타내며, 이들 주제를 나타내는 문장 성분을 제외한 나머지 부분은 문장의 오른쪽에 실현되어서 '설명'을 나타낸다. 그리고 (19)처럼 여러 개의 발화가 이어서 실현될 때에는 '화제−설명'의 구조가 되풀이되면서 하나의 통일된 담화를 형성할 수도 있다.

〈 주제화에 따른 어순의 바뀜 〉 주제를 나타내는 말은 체언에 보조사 '−은/−는'이 붙으면서 문장의 맨 앞에 나타나는 것이 일반적이다. 이처럼 어떠한 문장 성분에 보조사 '−은/−는'이 붙으면서 문장의 첫머리로 이동하여 주제로 표현되는 것을 '주제화(主題化)'라고 한다.

(20) ㄱ. 사자가 <u>황소를</u> 잡아먹었다.

ㄴ. 큰불이 <u>금강산에서</u> 났어요.

(21) ㄱ. <u>황소는</u> 사자가 잡아먹었다.

ㄴ. <u>금강산에서는</u> 큰불이 났어요.

(20)에서 (ㄱ)의 '황소를'은 목적어로 쓰였으며 (ㄴ)의 '금강산에서'는 부사어로 쓰였는데, 이들 문장 성분은 모두 정상적인 위치에서 실현되었다. 이에 반해서 (21)에서 '황소는'과 '금강산에서는'은 모두 체언에 주제를 나타내는 보조사 '−는'이 실현되면서 문장의 맨 앞으로 이동하였다. 앞의 (18)의 (ㄴ)과 (ㄷ)에서 목적어와 부사어가 문장의 첫머리로 이동한 것도 주제화에 따른 어순의 이동에 해당된다. 이렇게 문장 성분이 문장의 앞으로 이동한 것은 주제(말거리, 화제)를 표현하기에 가장 적절한 위치가 문장의 첫머리이기 때문이다.

국어에서는 이처럼 특정한 문장 성분을 주제화하여 표현하기 위하여 문장의 맨 앞으로 옮겨서 표현하는 경우가 많다.

2.2.2. 비언어적 맥락

'비언어적 맥락'은 특정한 발화가 '화자·청자·시공간적 배경·사회 문화적 배경' 등, 언어적 표현을 제외한 담화 구성 요소와 관련을 맺으면서 형성되는 맥락이다. 이러한 비언어적 맥락에는 '상황 맥락'과 '사회·문화적 맥락'이 있다.

가. 상황 맥락

'상황 맥락'은 화자와 청자, 그리고 시간과 공간 등의 요인으로 형성되는 맥락이다. 곧, 화자의 의도와 청자의 처지, 그리고 시간과 공간적 배경과 관련하여 형성되는 맥락으로서, 이들 맥락에 따라서 동일한 발화의 내용이 다르게 표현되거나 해석될 수 있다.

상황 맥락과 관련이 있는 언어적 표현으로는 '화장와 청자에 관련된 상황 맥락', '시·공간적 상황에 관련된 상황 맥락'이 있다.

① 화자와 청자의 상황 맥락

화자와 청자에 관련된 맥락으로서 '화자의 의도', '상대 높임 표현, 청자에 대한 심리적 거리 표현, 시점 표현' 등이 있다.

〈 화자의 의도 〉 화자의 의도에 따라서 어떠한 언어적 표현이 다르게 해석될 수 있는데, 이때에는 화자의 의도가 상황 맥락을 형성한다.

예를 들어서 다음은 학교에서 막 돌아온 '아들'과 집에 있는 '어머니'가 나눈 대화이다.

(22) ㄱ. 아들 : 엄마, 나 지금 배고파.　　　　　　　[평서문, 요청]

　　　ㄴ. 엄마 : [?]그래, 참 안됐구나.

(22)에서 '아들'은 (ㄱ)처럼 평서문으로 발화했지만, 아들의 의도는 엄마에게 '먹을 것을 달라.'고 하는 요청이다. 만일 엄마가 아들의 발화 의도를 이해하지 못한 채로 아들의 발화를 문맥 그대로 받아들여서 (ㄴ)처럼 대답했다면, 어머니의 발화는 상황 맥락에 맞지 않는 발화가 된다. 결국 '아들'의 발화는 형식은 평서문으로서 '배가 고프다.'고 하는 '호소(呼訴)'의 기능을 하지만, 발화 의도는 '먹을 것을 달라.'고 하는 '요청'의 기능을

한다.

청자는 화자가 발화한 의도를 잘 알아야 대화를 효율적으로 할 수 있는데, 이는 아들의 발화가 아들의 의도와 함께 상황 맥락을 형성하고 있기 때문이다.

〈상대 높임 표현〉 '높임 표현(대우 표현)'은 화자가 청자나 문장 속에서 표현된 어떤 대상을, 그의 지위가 높고 낮은 정도에 따라서 언어적으로 대우하는 표현이다.

(23) ㄱ. 선생님 : 철수야, 네가 이 유리창을 깨었니?
ㄴ. 학 생 : 저는 유리창을 깨지 않았습니다.

선생님과 학생의 대화에서 (ㄱ)에서 화자인 '선생님'은 청자인 '학생'을 아주 낮추어서 표현하였다. 곧, 선생님이 발화한 호격 조사 '-야'와 2인칭 대명사인 '너'와 의문형 어미인 '-니'는 모두 청자를 아주 낮추어서 대우한 표현이다. 반면에 (ㄴ)에서 화자인 '학생'은 청자인 '선생님'을 아주 높여서 표현하였다. 곧, 학생이 발화한 '저'는 겸양의 표현이며, '-습니다'은 청자를 아주 높여서 대우한 표현이다.

이처럼 상대 높임 표현은 화자가 청자를 대우하는 상황적 맥락을 형성하여서 하나의 담화를 이루었다.

〈심리적 거리 표현〉 높임 표현을 통해서 화자와 청자의 서열만 확인하는 것은 아니다. 국어의 높임 표현은 화자와 청자 사이의 친소성(親疎性)과 같이, 어떠한 대상에 대한 심리적인 거리를 표현할 수 있다.

화자는 높임 표현을 통하여 다른 사람에 대하여 심리적인 거리를 조정할 수 있다. 첫째, 높임 표현을 통해서 어떤 대상에 대한 개인적인 친밀감을 표현할 수도 있다.

(24) ㄱ. 김구는 그 길로 임시 정부를 찾아갔다.
ㄴ. 김구 선생님께서는 그 길로 임시 정부를 찾아가셨다.

(24)에서 화자는 동일한 인물을 (ㄱ)처럼 낮추어서 대우할 수도 있고 (ㄴ)처럼 높여서 대우할 수도 있다. 여기서 (ㄱ)의 문장은 '김구'에 관한 일을 객관적으로 진술한 표현이며, (ㄴ)의 문장은 '김구'에 대한 개인적인 존경심이 드러나 있는 표현이다.

둘째, 높임 표현을 통해서 대화 상대에 대한 감정을 조정할 수 있다.

(25) ㄱ. 무슨 말씀이세요? 선생님의 애가 저희 애를 먼저 때렸잖습니까?
ㄴ. 무슨 말이야. 당신의 애가 우리 애를 먼저 때렸잖아?

그리고 (25)는 두 집안의 아이들끼리 싸운 일에 대하여 그들의 부모들이 서로 잘잘못을 따지는 문장이다. 동일한 대상에 대하여 처음에는 (ㄱ)처럼 상대를 높여서 표현할 수도 있지만, 감정이 격해지면 (ㄴ)처럼 낮추어서 표현할 수도 있다.

이처럼 화자가 문장으로 표현된 주체나 청자와의 개인적인 친소 관계나 감정으로 맥락을 형성하고, 그 맥락적 특징이 언어적 표현으로 반영된 것이다.

〈 **시점 표현** 〉 발화에 나타난 어떠한 대상에 대하여 화자의 개인적인 관심도가 언어 표현에 반영되는 경우가 있는데, 이러한 현상을 발화의 '시점(視點)'이라고 한다. 시점이 적용되면 화자가 관심을 많이 가지는 요소를 주어로 표현하는 경향이 매우 강하다.

첫째, '이기다/지다', '주다/받다', '때리다/맞다'와 같은 반의어가 문장에 실현될 때에는, 동일한 일에 대하여 말하는 시점에 따라서 발화의 표현 양상이 달라질 수 있다.

예를 들어서 프로 야구 경기에서 롯데 팀과 삼성 팀이 벌인 시합의 결과가 2:3으로 나왔다고 가정하자. 이와 같은 경기의 결과를 문장으로 표현할 때에는 다음과 같은 2가지 방법으로 표현할 수 있다.

(26) ㄱ. <u>롯데 팀</u>이 삼성 팀에 2 대 3으로 <u>졌습니다</u>.
　　　ㄴ. <u>삼성 팀</u>이 롯데 팀에 3 대 2로 <u>이겼습니다</u>.

보통의 경우에 화자는 자기가 관심을 제일 많이 두는 대상을 주어로 설정하면서 문장에서 맨 앞자리에 표현한다. 따라서 동일한 경기 결과를 표현하더라도 만일 화자가 롯데 팀의 팬일 경우에는 (ㄱ)처럼 표현하겠지만, 반대로 화자가 삼성 팀의 팬이라면 (ㄴ)처럼 표현할 것이다.

둘째, '주다/받다', '때리다/맞다'가 서술어로 쓰인 문장에서 시점의 원리가 적용되어서 서로 다르게 표현된 예이다.

(27) ㄱ. 김현식이 손예진에게 루이비통 가방을 <u>주었다</u>.
　　　ㄴ. 손예진이 김현식에게서 루이비통 가방을 <u>받았다</u>.

(28) ㄱ. 놀부의 처가 흥부를 밥주걱으로 <u>때렸다</u>.
　　　ㄴ. 흥부가 놀부의 처에게 밥주걱으로 <u>맞았다</u>.

(27)의 문장은 동일한 일을 반의어인 '주다'와 '받다'로 표현한 것이다. (ㄱ)의 '주다'가 서술어로 쓰인 문장은 화자가 '김현식'에게 관심을 두고 표현한 것이며, (ㄴ)의 '받다'가

서술어로 쓰인 문장은 '손예진'에게 관심을 두고 표현한 것이다. 그리고 (28)의 문장도 시점의 원리에 따라서 화자가 관심을 두는 대상을 주어로 표현함에 따라서, 문장의 서술 어를 '때리다'와 '맞다'로 달리 표현한 문장이다.

셋째, 능동문과 피동문도 '시점의 원리'에 의해서 결정된다. 곧 같은 일에 대하여 화자 가 어떠한 대상에 관심을 두느냐에 따라서 능동문과 피동문으로 달리 표현된다. 예를 들어서 [개가 닭을 쫓는 상황]이 있다고 가정할 때에, 이러한 상황을 화자는 다음과 같이 능동문이나 피동문으로 표현할 수 있다.

(29) ㄱ. 개가 닭을 쫓았다.   [능동문]
     ㄴ. 닭이 개에게 쫓겼다.   [피동문]

화자가 행위의 주체인 '개'에 관심이 있을 때에는 (ㄱ)과 같이 '개'를 주어로 취하여서 능동문으로 표현한다. 이에 반해서 화자가 행위의 객체인 '닭'에 관심이 있는 경우에는 (ㄴ)처럼 '닭'을 주어로 취하여서 피동문으로 표현한다. 결국 (29)의 예는 화자가 관심을 두는 대상에 따라서 각기 다르게 표현된 것이므로, 시점이 언어에 영향을 끼친 예이다.

이처럼 화자의 관심도가 발화 속의 특정 언어 요소와 상황적 맥락을 형성하여서 담화 를 이룰 수가 있다.

② 시간과 공간의 상황 맥락

현실 세계에서 발화가 일어나는 시간·공간적인 상황도 맥락을 형성하는 데에 영향 을 준다. 시·공간적 상황 맥락에 따라서 담화 구조를 이루는 언어적 표현으로는 '직시 표현, 격식체와 비격식체의 표현, 현장 생략 표현' 등이 있다.

〈 직시 표현 〉 '직시 표현(直示)'은 화자가 특정한 시간과 공간을 기준으로 하여서, '사 람, 사물, 장소, 시간' 등을 직접적으로 가리키는 표현이다.

(30) ㄱ. 나는 어제 그녀를 여기까지 안고 왔다.
     ㄴ. 정동건은 3월 14일에 구소영을 순풍산부인과까지 안고 왔다.

(ㄱ)에서 '나', '어제', '그녀', '여기'는 각각 화자(=정동건)가 '3월 15일'의 시간과 '순풍산 부인과'의 장소를 기준으로 하여 특정한 사람(=구소영)을 가리키는 직시적 표현이다. 이에 반해서 (ㄴ)의 '정동건, 3월 14일, 구소영, 순풍산부인과'와 같이 실질적인 뜻을 나

타내는 표현을 '비직시 표현'이라고 한다.

직시 표현은 특정한 발화 장면에서 대화 참여자들이 관계하여 성립하므로, 직시 표현을 발화할 때에는 직시 표현의 기준점이 있다. 이러한 기준을 '직시의 중심'이라고 하는데, 화자는 전적으로 자기 중심적인 방법으로 '직시의 중심'을 설정한다.3) 곧, 직시의 '중심 인물'은 '화자'이며, '중심 시간'은 화자가 발화를 수행하고 있는 시간이다. 그리고 '중심 장소'는 화자가 발화할 때에 위치한 장소이며, '중심 발화(메시지)'는 화자가 발화하고 있는 순간의 언어적 표현이다. (30ㄱ)의 발화에서 직시의 중심 인물은 '정동건'이며, 중심 시간은 '3월 15일'이며, 중심 장소는 '순풍산부인과'이며, 중심 발화는 (30ㄱ)의 발화 자체이다.

〈 격식체와 비격식체 표현 〉 화자와 청자가 동일하여도 발화 장면이 공적(公的)이냐 사적(私的)이냐에 따라서 종결 어미의 실현 양상이 달라질 수 있다. 곧, 국어의 종결 표현은 문장에서 실현되는 종결 어미의 형태에 따라서 '격식체'와 '비격식체'의 종결 표현으로 나뉜다.4) 공식적 상황에서는 격식체를 주로 쓰고 비공식적 상황에서는 비격식체의 종결 표현을 사용하는 경향이 있다.

(31) ㄱ. "판매 계획은 김희순 대리께서 보고하십시오."　　[화자(부장) 〉청자(대리)]

　　　ㄴ. "김희순 대리, 잠시 나 좀 봐."　　　　　　　　　[화자(부장) 〉청자(대리)]

동일한 관계에 있는 사람들 사이의 대화일지라도 그것이 어떠한 발화 상황에서 이루어졌느냐에 따라서 높임법의 실현 양상이 달라질 수 있다. (ㄱ)과 (ㄴ)의 대화는 직장에서 박 부장이 부하 직원인 김 대리에게 한 발화이다. 이 가운데 (ㄱ)은 공식적인 회의에서 박 부장이 김 대리에게 한 격식체의 발화고, (ㄴ)은 부장이 김 대리를 사무실에서 개인적으로 부르는 상황에서 한 비격식체의 발화이다.

이처럼 발화가 일어나는 공간적인 장면의 성격에 따라서 발화의 종결 형태가 달라짐

---

3) Karl Bühler(1934)에서는 '나-여기-지금(I-here-now)'이 직시의 중심을 이룬다고 하였다. 곧 '나(I)'는 화자 자신이며, '여기(here)'는 화자가 발화할 때에 위치한 장소이며, '지금'은 화자가 발화하는 '시간(now)'이다.

4) '격식체의 상대 높임법'은 나이나 직업, 직위 등의 주어진 사회적 규범에 의해 어느 특정의 등급의 종결 어미를 쓰게 되어서, 화자에게 개인적인 선택의 여지가 없을 때에 사용하는 상대 높임법이다.(보기: ① 철수가, 왔다. ② 철수가 왔네. ③ 철수가 왔소. ④ 철수가 왔습니다.) 격식체의 상대 높임법은 직접적이며 단정적이며 객관적이고 의례적인 성격이 있는 높임법이다. 반면에 '비격식체 상대 높임법'은 청자에게 개인적 감정이나 느낌, 태도를 보이기 위하여 스스로 어떠한 문체를 선택하여 사용하는 상대 높임법이다.(보기: ⑤ 철수가, 왔어. ⑥ 철수가 왔어요.) 이는 부드럽고 비단정적이며 주관적이며, 격식을 덜 차리는 정감적인 성격의 상대 높임법이다.

으로써 의례적 성격의 담화와 비의례적인 성격의 담화를 이룰 수 있다.

〈현장 생략 표현〉 국어에서는 생략 현상이 잘 일어난다. 국어에서는 앞선 문맥이나 발화 현장을 통해서 화자와 청자가 이미 알고 있는 요소는 대체로 발화하지 않는 경향이 많다.

이 중에서 화자와 청자가 발화 현장에서 제시되어 있는 대상을 직접 인지하여서 그 대상을 직접적으로 언급할 때가 있는데, 이러한 경우에는 원래의 문장에 실현되어야 할 성분이 실현되지 않을 수 있다. 이렇게 발화 현장에서 알 수 있는 요소를 문맥에 실현하지 않는 현상을 '현장 생략(現場 省略)'이라고 한다.

다음은 '철수'가 '영이'에게 '사과'를 전달하는 담화 상황에서 발화하는 대화이다.

(32) ㄱ. 철수 : 너 이것을 가질래?　　　　　　[영이에게 사과를 보이며]
　　　ㄴ. 영이 : 그래, 너 그것을 나에게 줘.　　[철수에게 손을 내밀며]

(33) ㄱ. 철수 : 가질래?
　　　ㄴ. 영이 : 그래.

(34) ㄱ. 철수 : (너) (이 사과를) 가질래?
　　　ㄴ. 영이 : 그래. (네가) (나에게) (그 사과를) (줘)

만일 구체적인 발화 장면이 제시되지 않았다면 (32)와 같이 온전한 문장의 형식으로 발화해야 한다. 반면에 (33)과 같은 생략 표현은 구체적인 발화 장면 속에서 화자와 청자, 그리고 '사과'가 드러나 있기 때문에 가능하다. 곧 공간적인 발화 장면에서 화자와 청자가 '철수'와 '영이'이며, 전달의 대상이 '사과'라는 것을 직접적으로 확인할 수 있다. (34)처럼 발화 장면에서 직접적으로 알 수 있는 요소를 생략하여서 (33)과 같이 표현하는 것을 '현장 생략'이라고 한다.

이러한 현장 생략 현상은 대화 참여자들이 발화 현장에서 알 수 있는 요소를 생략함으로써 맥락을 형성하고 결과적으로 개별 발화가 모여서 담화 구조를 이루게 된다.

나. 사회·문화적 맥락

사회·문화적 맥락은 특정한 공동체에서 사회적, 문화적으로 오랜 시간에 걸쳐 만들어진 맥락이다. 곧, 사회·문화적 맥락은 하나의 사회 집단이 구성한 집단적인 지식이며, 혹은 개인이 사회에 소속되어 있거나 집단 속으로 동화되어 가는 과정에서 형성하는 사회·문화적인 지식이다.

대화에 참여하는 청자나 제3자가 이러한 사회·문화적인 맥락을 이해하고 있지 않으면 의사소통이 제대로 이루어질 수 없는 경우가 많다.

첫째, 장모가 사위에게 한 다음의 발화에서 높임법의 사용에서 사회·문화적인 맥락이 작용한 예를 볼 수 있다.

(35) ㄱ. 나 서방, 어서 오게.　　　　　　　　　　[장모가 사위에게]
　　　ㄴ. 나 서방, 어서 오시게.

일반적인 높임법을 적용하면 상위자인 장모가 하위자인 사위에게 (ㄱ)처럼 발화해야 할 것 같다. 그러나 실제 언어 생활에서는 장모는 (ㄴ)처럼 주체 높임의 선어말 어미인 '-시-'를 실현하여 사위를 높여서 발화하는 것이 일반적이다. 이러한 표현은 '백년 손님'이라고 하여 장모가 사위를 아주 어렵게 대우하던 전통적인 문화가 언어적 표현에 반영된 것이다.

둘째, 일상 생활에서 사용하는 관용적인 언어 표현에서 사회·문화적인 맥락이 작용한다.

(36) ㄱ. 쌀팔러 간다.　　　　　　　　　　　　[쌀을 사러 가다]
　　　ㄴ. 쌀을 사러 간다.

그리고 국어에서는 '쌀팔러 가다'라는 표현이 쓰이는데, 이는 실제로는 '쌀을 사러 가는 행위'를 나타낸다. 이러한 표현은 16세기의 문헌인 『훈몽자회』(1527)에 이미 '발 플다'의 형태로 나타났는데, 실제의 행위와 반대의 뜻을 나타내는 것이 특징이다. 이러한 표현은 과거에 궁핍하던 시절에 '집에 쌀이 떨어져서 쌀을 사러 가는 일'을 부끄러워해서, 이를 '집에 있는 쌀을 팔러 가는 것'으로 표현한 데서 유래한다. 따라서 (36)의 (ㄱ)에서 '쌀팔러 가다'와 같은 발화는 과거 우리나라의 선조들의 삶을 이해하여야만 그 본뜻을 이해될 수가 있다.

셋째, 일상적으로 사용하는 인사말에서도 사회·문화적인 맥락을 이해하여야만 발화의 뜻을 이해할 수 있는 예가 있다.

(37) ㄱ. 인호 : 영희야 잘 가. <u>우리 나중에 밥 한번 같이 먹자.</u>

ㄴ. 영희 : [?]그래. <u>언제 밥 먹을래?</u>

(37)에서 (ㄱ)은 '인호'는 '영희'와 헤어지면서 한 발화인데, 이 발화는 언어적 표현 자체로는 청유문이어서 '약속'이나 '권유'의 기능을 한다. 그러나 한국 사회에서는 실제로는 '약속'이나 '권유'의 뜻이 아니라, 헤어질 때의 인사말로 쓰이고 있다. 따라서 한국의 사회·문화적인 맥락을 이해하지 못하는 외국인들은 (37)의 (ㄴ)처럼 상황에 맞지 않게 발화할 수 있다.

제3장 발화 행위 이론

문장은 화자와 청자 사이에 일어나는 의사소통의 수단이기도 하지만, 또 한편으로는 화자가 특정한 문장을 발화함으로써 청자에게 특정한 행위를 일으킬 수도 있다. 곧, 발화 행위 이론은 문장을 단순히 정보를 전달하는 기호로만 보는 것이 아니라, 화자가 청자에게 특정한 행위를 유발하거나 실제적인 영향을 끼치는 존재로 보려는 이론이다.

3.1. 발화 행위 이론의 개요

〈 발화 행위 이론의 개념 〉 사람들은 특정한 문장을 발화함으로써, 정보를 전달하는 수준을 넘어서서 어떠한 행위(行爲)를 수행할 수 있다.

> (1) ㄱ. 본 법정은 피고인을 사형에 처한다.
>   ㄴ. 이 배를 퀸 엘리자베스 호로 명명한다.
>   ㄷ. 너에게 바이마흐 자동차를 사 주마.

예를 들어서 법정에서 판사가 (ㄱ)의 문장을 최종 선고로서 발화였다면, 이 발화는 피고에게 정보를 전달하는 것 이상의 행위를 수행하게 된다. 곧 판사가 (ㄱ)의 문장을 발화함으로써 특정한 인물은 피고인의 신분에서 사형수의 신분으로 바뀌게 되는 것이다. 그리고 배의 '명명식(命名式)'에서 명명자가 (ㄴ)의 문장을 발화함으로써 배의 이름이 정해지며, 철수가 영희에게 (ㄷ)의 문장을 발화함으로써 바이마흐 자동차를 사 주어야 하는 의무가 생긴다. 이와 같이 문장을 발화함으로써 수행되는 행위를 '발화 행위(speech act)'라고 하며, '사과, 칭찬, 불평, 초대, 약속, 요구, 선고, 명명(命名)'과 같은 명칭을 붙인다.

〈 발화 행위 이론의 성립 배경 〉 1930년대에 크게 유행하였던 '논리 실증주의(論理實證主義, logical positivism)'의 철학에서는 '의미 있는 문장'은 그 참과 거짓이 분명하게 밝혀지는 문장1)이라고 보고, 어떤 문장이 참이 되는 조건(진리 조건)을 밝히는 데에 관심을 두었다. 그리고 그들은 문장의 기본 형태는 평서문이며 어떤 문장이 참인지 거짓인지 확인할 수 없으면 그 문장은 의미가 없다고 보았다.

(2) ㄱ. 영희의 어머니는 여자이다.

ㄴ. 경성대학교는 부산에 있는 4년제 종합대학이다.

(2)의 두 문장은 모두 평서문이며 이들 문장은 논리적인 판단이나 경험을 통해서 이들 문장이 참인지 거짓인지를 밝힐 수 있다. 곧 (ㄱ)의 평서문은 논리적으로 항상 참이며, (ㄴ)의 평서문은 실제의 경험을 통해서 참과 거짓을 확인할 수 있다. 논리 실증주의자들은 (2)와 같은 문장만 의미가 있는 문장으로 처리하면서, 이들이 참이나 거짓이 될 조건을 밝히려고 노력했다.

반면에 오스틴(J. Austin, 1962)은 논리 실증주의자들이 주장하는 위와 같은 견해를 반박하여, 모든 문장이 평서문인 것도 아니고 문장의 의미가 모두 참과 거짓으로 판정되는 것도 아니라고 주장하였다. 곧, 일상 언어에 나타나는 어떠한 문장은 진리치와 상관없이 분명히 어떤 행위를 수행하려는 의도로 말해진 것이 있는데, 이를 '수행문(遂行文, 이행문, performative sentence)'이라고 하였다.

---

1) '참'과 '거짓'이 분명하게 밝혀지는 문장에는 '분석적 명제'와 '종합적 명제'가 있다. '분석적 명제(分析的 命題, analytic proposition)'는 분석적이거나 논리적인 판단에 의하여 진위(眞僞)를 알 수 있는 명제이다. 곧, "어머니는 여자이다."처럼 같이 사물이나 사건을 경험할 필요 없이 논리적(論理的)인 분석을 통해 그 진위를 알 수 있는 명제이다. 반면에 '종합적 명제(綜合的 命題, synthetic proposition)'는 감각(感覺) 혹은 경험에 의해서 진위를 가릴 수 있는 명제이다. 예를 들어서 '빛은 직진(直進)한다.'는 현재의 경험(물리학적 실험)으로 '참'이나 '거짓'임을 확인할 수 있으며, '금성에 생물이 산다.'는 현재는 경험할 수 없더라도 그 어느 미래에는 경험으로써 확인할 수 있는 명제이다. 논리 실증주의 철학에서는 이러한 분석적 명제와 종합적 명제를 대상으로 하여 이들 참이나 거짓이 될 조건을 문장의 의미로 보는 태도를 취한다(박종갑 1996:263).

(3) ㄱ. 올해에는 결혼 반지를 끼워 주마.

ㄴ. 인수가 집에 갔니?

ㄷ. 철수야, 조금만 기다려라.

ㄹ. 창문을 열어 주시기 바랍니다.

문장에는 평서문만 있는 것이 아니라 (3)과 같이 '약속문, 의문문, 명령문, 요청문' 등도 있는데, 이러한 문장은 참과 거짓으로 판정할 수 없다. 그리고 더 나아가서 평서문도 참과 거짓의 진리치만 나타내는 것이 아니라, 화자의 의도나 발화 장면에 따라서는 '약속, 명령, 경고, 요청' 등의 행위를 수행할 수 있다고 보았다.

발화 행위 이론에서는 화자의 의도와 청자의 입장과 발화 상황 등의 담화 요소를 근거로 하여 문장의 의미를 파악한다. 이러한 점에서 발화 행위 이론은 화용론의 한 영역에 들어간다.

3.2. 오스틴과 서얼의 '발화 행위 이론'

'발화 행위 이론'은 오스틴(J. Austin, 1962)에서 시작하여, 서얼(J. R. Searle, 1969)의 '발화 행위'와 '적절 조건 이론', 고든 & 레이코프(D. Gordon & G. Lakoff, 1973)의 '간접 발화 행위 이론' 등으로 전개된다.

3.2.1. 오스틴의 '발화 행위 이론'

오스틴(J. Austin)은 발화가 단순히 어떤 사실을 진술하여서 그 진리치가 '참'과 '거짓'임을 나타내는 것뿐만 아니라, '선언, 명령, 요청, 질문, 제안, 약속, 경고, 축하, 위로, 협박, 칭찬, 비난' 등의 행위를 수행할 수 있다고 보았다.

3.2.1.1. 단정 발화와 수행 발화

〈 단정 발화와 수행 발화의 개념 〉 오스틴은 발화를 크게 '단정 발화'와 '수행 발화'로 구분하였다(J. Austin, 1962).

첫째, '단정 발화(斷定發話, constative utterance)'는 대상의 내용에 대한 '참'과 '거짓'에 관한 진술 발화로서, 참이나 거짓으로 구분되는 발화이다.

(4) ㄱ. 2013학년도 경성대학교 국어국문학과장은 나찬연 교수이다.

ㄴ. 김철수 씨는 딸이 셋이다.

(4)의 발화는 어떠한 행위를 수행하는 것이 아니라, 어떠한 사실을 단정하는 기능을 하므로 이러한 발화를 '단정적 발화'라고 한다. (4)와 같은 단정적 발화는 현실 세계의 상황과 견주어서 '참'과 '거짓'으로 판정을 내릴 수 있는 것이 특징이다.

둘째, '수행 발화(遂行發話, performative utterance)'는 화자가 발화하면서 어떠한 행위가 이루어지도록, 문장(주절)에 그 행위(약속, 명명, 내기, 경고, 사죄 등)를 가리키는 '수행 동사'가 분명히 나타나 있는 문장이다.[2]

(5) ㄱ. 나는 너에게 A+ 학점을 주기로 <u>약속한다</u>.

ㄴ. 나는 이 배를 도라지호로 <u>명명하노라</u>.

ㄷ. 나는 너에게 술을 끊어야 한다고 <u>경고한다</u>.

ㄹ. 나는 너에게 잘못했다고 <u>사죄한다</u>.

수행 발화는 '참'과 '거짓'으로 구분되는 단정적 발화와는 달리, 수행하기에 '적절한 발화'나 '부적절한 발화'로 구분된다. 그리고 수행 발화는 주어로서 1인칭의 단수 대명사(= "나")를 취하며, 부사어로서 청자를 취하며, 현재, 직설, 능동문으로 표현되어야 한다.

〈 **명시적 수행 발화와 비명시적 수행 발화** 〉 수행 발화는 수행 동사의 실현 여부에 따라서, '명시적 수행 발화(明示的 遂行發話)'와 '비명시적 수행 발화(非明示的 遂行發話)'로 구분된다.

첫째, '명시적 수행 발화(explicit performative)'는 수행 동사가 문맥에 실현된 발화이다.

(6) ㄱ. 본인은 이 두 사람이 이 순간부터 부부가 됨을 <u>선언합니다</u>.

ㄴ. 나는 네가 당장 물러날 것을 <u>명령한다</u>.

(6)의 발화에는 '선언하다'와 '명령하다'가 수행 동사로서 쓰였다. 이처럼 수행 동사가 문맥에서 분명하게 제시됨으로써 이 발화가 어떠한 행위를 수행하는지를 명확하게 알 수 있다.

---

2) '수행 동사'는 언표 내적 행위를 서술하는 데에 사용되는 '질문하다, 묻다, 주장하다, 약속하다, 요구하다, 권고하다, 감사하다, 선언하다, 명령하다, 임명하다' 등의 동사이다.

둘째, '비명시적 수행 발화(implicit performative)'는 수행 동사가 문맥에 실현되지 않은 발화이다.

     (7) ㄱ. 나는 너를 데리고 미국에 가겠다.

         ㄴ. (나는 너에게) 너를 데리고 미국에 가겠다고 <u>약속한다</u>.

     (8) ㄱ. 너는 지금 무엇을 먹고 있니?

         ㄴ. (나는 너에게) 지금 무엇을 먹느냐고 <u>묻는다</u>.

     (9) ㄱ. 술을 끊어라.

         ㄴ. (나는 너에게) 술을 마시지 말라고 <u>명령한다</u>.

(7~9)의 (ㄱ)의 발화에서는 수행 발화가 명시적으로 나타나 있지 않으므로, 비명시적 수행 발화이다. 하지만 (ㄱ)의 비명시적 수행 발화는 (ㄴ)과 같은 형식의 수행 발화로 바꿀 수 있다. 이러한 사실을 감안하면 (ㄱ)의 발화도 수행 발화로 처리할 수 있다. 이처럼 (7~9)의 (ㄱ)처럼 수행 발화가 명시적으로 실현되지는 않았지만, 기능상 수행 동사가 실현된 발화로 대치할 수 있는 발화를 '비명시적 수행 발화'라고 한다.

    〈 **수행 가설** 〉 수행 동사가 없는 발화를 '비명시적인 수행 발화'로 인정하게 되면, 앞에서 설정한 '단정 발화'도 수행 발화의 한 종류로 볼 가능성이 생긴다. 곧, 비명시적인 수행 발화에 적절한 수행 동사를 실현해서 명시적 수행 발화를 상정하는 방법이 있는데, 이를 '수행 가설(遂行假設, performative hypothesis)'이라고 한다.

    (10) ㄱ. 박근혜 대통령의 오빠는 대한민국 사람이다.

        ㄴ. 북극에 사는 펭귄은 수영을 잘한다.

    (11) ㄱ. (나는 너에게) 박근혜 대통령의 오빠는 대한민국 사람이라(<u>고 단언한다</u>.)

        ㄴ. (나는 너에게) 북극에 사는 펭귄은 수영을 잘한다(<u>고 단언한다</u>.)

(10)과 (11)의 발화는 수행 동사도 실현되어 있지도 않고 문장의 의미도 '참'과 '거짓'으로 판별된다. 따라서 이들 발화는 원칙적으로 단정 발화로 볼 수 있다. 그런데 (10)과 (11)의 문장이 나타내는 발화 의미도 현실 세계의 사실과 견주어 볼 때에, 참과 거짓으로 판별되지 않을 가능성이 있다. 곧, (10)에서 (ㄱ)의 발화는 현실 세계에서 박근혜 대통령

에게 오빠가 없을 때에는 '참'과 '거짓'을 판단할 수 없으며, (ㄴ)의 발화도 북극에 펭귄이 살지 않을 때에는 '참'과 '거짓'을 판단할 수 없다. 따라서 (11)의 두 문장은 그 결과가 반드시 '참'과 '거짓'으로 나타나는 것이 아니므로, (11)처럼 '비명시적 수행 발화'로 처리할 가능성이 있다.

오스틴은 '평서문, 의문문, 명령문'이 기저 구조에서는 문장의 구조가 동일하다고 보았다.

(12) ㄱ. [(I DECLARE) You will sing.]　　　→ You will sing. (평서문)
　　ㄴ. [(I ASK) You will sing.)]　　　　　→ Will you sing? (의문문)
　　ㄷ. [(I REQUEST) You will sing.)]　　　→ Sing! (명령문)

곧, (ㄱ)은 평서문, (ㄴ)은 의문문, (ㄷ)은 명령문인데, 이들의 기저 구조에는 언표 내적 효력을 나타내는 수행 동사인 '(DECLARE), (ASK), (REQUEST)' 등을 취하고 있다. 이처럼 기저 구조에서 존재하는 '수행 동사'가 단언 발화인 'You will sing'에 실현되어서 표층 구조에서는 각각 평서문, 의문문, 명령문으로 실현되는 것으로 보았다. 이렇게 되면 표층 구조에서 단정 발화로 실현되는 (ㄱ)의 'You will sing.'도 의문문이나 명령문과 마찬가지로 수행 발화로 해석할 수 있다.

이처럼 원래 단정 발화인 문장에 수행 동사를 설정함으로써, 단정 발화의 문장을 비명시적 수행 발화로 전환할 수 있다. 실제로 오스틴은 초기 연구에서는 '단정 발화'와 '수행 발화'를 구분하였으나, 후기의 연구에서는 단정 발화도 모두 비명시적인 수행 발화로 표현될 수 있다고 보았다.

3.2.1.2. 발화 행위의 유형

오스틴은 발화 행위를 '언표적 행위'와 '언표 내적 행위'와 '언향적 행위'의 세 가지 유형으로 분류했다.[3]

첫째, '언표적 행위(言表的 行爲, locutional act)'는 어떤 특정한 의미와 지시를 나타내는

---

3) 오스틴(1962)에서 설정한 발화 행위(speech act)의 하위 용어에 대한 국어 번역이 매우 다양하다. 먼저 'locutional act'는 '언표적 행위, 언표 행위, 언표 내적 행위, 발화 행위, 언어적 행위' 등으로 번역되었다. 둘째로 'illocutional act'는 '언표 내적 행위, 언표 외적 행위, 발화 수반 행위, 수행적 행위' 등으로 번역되었다. 셋째로 'perlocutional act'는 '언향적 행위', '언표 매개 행위, 언표 달성 행위, 발화 행위, 발화 효과 행위' 등으로 번역되었다(윤평현 2011:437).

문장을 발화하는 행위, 곧 '무엇인가 말하는 행위'이다.

(13) ㄱ. 이제 라디오 소리를 줄여라.

ㄴ. 내일 저녁에 집을 비워 주마.

ㄷ. 본 법정은 피고인을 3년 징역에 처한다.

언표적 행위는 화자가 청자에게 무엇인가를 발화하는 행위인데, (13)의 문장을 실제로 발화하는 행위이다.

둘째, '언표 내적 행위(言表 內的 行爲, illocutional act)'는 언표적 행위와 함께 수행되는 행위로서, 무엇인가를 말할 때에 그 말과 함께 수행되는 '명령, 약속, 선언, 질문, 충고, 경고, 축하, 사과, 선고' 등의 행위이다.

(14) ㄱ. (내가 너에게) 이제 라디오 소리를 줄일 것을 <u>명령한다</u>.

ㄴ. (내가 너에게) 내일 저녁에 집을 비워 주는 것을 <u>약속한다</u>.

ㄷ. (판사인 내가 피고인인 너에게) 3년의 징역의 형벌을 주는 것을 <u>선고한다</u>.

(14)에서 (ㄱ)의 발화는 '명령', (ㄴ)의 발화는 '약속', (ㄷ)의 발화는 '선고'의 언표내적 행위를 수행하게 된다. 이처럼 언표적 행위를 하면서 동시에 수행하는 다른 행위를 언표 내적 행위라고 한다.

셋째, '언향적 행위(言響的 行爲, perlocutional act)'는 화자가 문장을 발화함으로써, 청자의 '사상, 감정, 행동, 처지' 등에 영향을 끼치는 것을 말한다.

(13)에서 화자가 (ㄱ)의 문장을 발화함으로써 화자는 청자에게 행동을 바꾸도록 요구한다. 화자가 (ㄴ)을 문장을 발화하면 화자는 청자에게 미래에 어떠한 혜택을 주게 된다. 화자가 (ㄷ)의 문장을 발화하면 화자는 이 선고를 받은 사람에게 앞으로 3년 동안 징역을 살아야 하는 불이익 주게 된다. 이처럼 언향적 행위가 청자에게 끼치는 영향을 '발화 효과(發話 效果, perlocutional effect)'라고 한다.

괴스 힌델랑(Götz Hindelang, 1982)은 언향적 행위를 다음과 같은 예로써 설명하였다(김갑년 1999:16).

(15) ㄱ. 특정한 발화를 함으로써 화자$_1$이 화자$_2$를……

ㄴ. "욕했다 / 위로했다 / 불안하게 했다 / 화나게 했다 / 유쾌하게 했다 / 웃게 했다 / 무엇인가를 만류했다 / 어떤 것에 대하여 확신시켰다 / 웃음거리로 만들었다 / 어떤 것

으로 유혹했다"

곧 화자₁(= 화자)이 특정한 문장을 발화함으로써 화자₂(= 청자)에게 위와 같은 영향을 끼치게 된다. 이처럼 특정한 문장을 발화를 함으로써 위와 같은 행위를 수행하는 것을 언향적 행위라고 한다.

그런데 위의 세 가지 발화 행위 중에서 가장 많이 주목을 받은 것은 언표 내적 행위이다. 곧, 오스틴은 발화 행위 중에서 언표 내적 행위가 화용론의 범주에 든다고 하였는데, 이는 말을 하면서 실질적으로 어떤 행위를 수행한다는 화행 이론에는 언표 내적 행위가 가장 잘 부합하기 때문이다.

3.2.2. 서얼의 '발화 행위 이론'과 '적절 조건 이론'

'서얼(J. R. Searle)'은 언어 연구를 행위 이론의 한 부분으로 주장하여, 언어의 의미를 발화 행위의 일종으로 간주하였다(J. R. Searle, 1969). 그리고 오스틴의 발화 행위 이론을 더욱 적극적으로 발전시켜서, 발화 행위를 효과적으로 수행하기 위한 '적절 조건(適切條件, felicity condition)'을 체계적으로 설정하는 데에 노력하였다.

3.2.2.1. 발화 행위 이론

서얼(J. R. Searle)은 발화 행위 이론을 '언표 내적 행위'와 '언표 내적 수행력'에 집중하여 전개하였다. 여기서 '언표 내적 수행력(언표 내적 효력, illocutionary force)'은 언표 내적 행위를 매개로 하여 생기는 효력이다. 따라서 서얼의 발화 행위 이론은 결국 언표 내적 행위를 분석하는 데에 초점이 맞추어져 있다.

서얼(J. R. Searle, 1977:34)에서는 발화 행위를 언표 내적 행위에 따라서, '진술, 지시, 약속, 표출, 선언'의 5가지 유형으로 나누었다.

첫째, '진술(陳述, 斷言, representative, assertion)'은 '진술 표시형'으로서, 화자 자신이 어떤 명제를 사실로 믿는지 그렇지 않은지에 대하여 말하는 행위이다. '진술'의 행위는 '참'과 '거짓'의 진리치를 나타내는 '진술', '보고', '보도' 등의 발화 행위가 모두 화자의 판단을 표현하는 '진술'의 발화 행위에 속한다.

(16) ㄱ. 대한민국의 수도는 서울이다.
　　　ㄴ. 태국에는 눈이 내리지 않는다.

(16)에서 (ㄱ)과 (ㄴ)의 발화는 모두 단언의 언표 내적 행위를 발화하는데, 이 발화에 대하여는 현실 세계의 상황을 통하여 '참'이나 '거짓'임을 확인할 수 있다.

둘째, '지시(指示, directive)'는 '행위 지시형'으로서, 화자가 청자에게 무엇을 하도록 시켜서 청자의 행동을 직접적으로 변화시키려 하는 행위이다. '명령, 요청, 요구, 간청' 등의 발화 행위가 모두 청자가 행동을 바꿀 것을 요구하는 '지시'의 발화 행위에 속한다.

(17) ㄱ. 내빈께서는 모두 일어서 주십시오.
ㄴ. 돈 만 원만 빌려주시기 바랍니다.

(17)의 (ㄱ)에서는 화자가 '명령의 발화'를 함으로써 청자에게 행동에 변화를 요구하였으며, (ㄴ)에서는 청자에게 '요청의 발화'를 함으로써 화자가 필요로 하는 일을 해 줄 것을 요구하였다.

셋째, '언질(言質, commissive)'은 '행위 구속형'으로서, 화자가 청자에게 미래에 어떤 행동을 취할 것이라는 것을 말로써 표명하는 행위이다. '약속, 제안, 위협, 맹세' 등의 발화 행위가 화자 자신과 자신의 행위를 구속하는 '언질'의 발화 행위에 속한다.

(18) ㄱ. 당신 생일에는 루이뷔통 가방을 사 주마.
ㄴ. 나는 너를 횡령 혐의로 경찰에 고발할 거야.

(18)의 (ㄱ)에서는 화자가 '언질'의 발화를 함으로써 청자에게 미래에 청자에게 유리한 일을 해 줄 것을 표명하였으며, (ㄴ)에서는 '위협'의 발화를 함으로써 청자에게 불리한 일을 미래에 수행할 것을 표명하였다.

넷째, '표출(表出, expressive)'은 '태도 표명형'으로서, 화자가 감정적으로 느낀 것을 청자에게 진술하는 것이다. 이는 곧 '기쁘다, 슬프다, 즐겁다, 좋다, 싫다, 고통스럽다, 행복하다' 등의 심리적 상태를 표현하는 행위인데, '사과, 환영, 축하' 등이 화자가 자신의 감정과 태도를 드러내는 '표출'의 발화 행위에 속한다.

(19) ㄱ. 그동안 인사를 드리지 못해서 미안합니다.
ㄴ. 선생님의 생일을 진심으로 축하합니다.

(19)의 (ㄱ)에서는 화자가 '사과'의 발화를 함으로써 청자에게 미안한 마음을 표출하였고, (ㄴ)에서는 화자가 '축하'의 발화를 함으로써 청자에게 축하하는 마음을 표출하였다.

다섯째, '선언(宣言, declarative)'은 '선고 명령형'으로서, 화자가 발화함으로써 외부 세계에 변화를 가져오도록 시도하는 행위이다. '명명, 사임, 선고, 해고, 파문, 세례' 등이 화자가 외부 세계의 상황을 변화시키는 '선언'의 발화 행위에 속한다.

    (20) ㄱ. 이 배를 천안함이라고 명명하노라.

            ㄴ. 본인은 개인적인 이유로 사직하고자 합니다.

(20)의 (ㄱ)에서는 화자가 명명식에서 '명명(命名)'의 발화를 함으로써, 선박에 '천안함'의 이름을 부여하였다. 그리고 (ㄴ)에서는 화자가 '사직'의 발화를 함으로써 스스로 회사에서 퇴직할 것을 선언하였다.

서얼(1979)에서는 자신이 제시한 다섯 가지 발화 행위의 일반적인 기능을 다음과 같이 정리하였다.

발화 행위의 유형	발화와 세계	화자와 상황의 관계
진술(representative)	발화를 세계에 맞춘다	화자는 상황을 믿는다
지시(directive)	세계를 발화에 맞춘다	화자는 상황을 원한다
언질(commissive)	세계를 발화에 맞춘다	화자는 상황을 의도한다
표출(expressive)	발화를 세계에 맞춘다	화자는 상황을 느낀다
선언(declarative)	발화가 세계를 바꾼다	화자가 상황을 만든다

[표 1. 발화 행위의 일반적인 기능]

3.2.2.2. 적절 조건의 이론

일반적으로 통사론에서는 문장의 적격성에 관심을 두어서, 특정한 문장이 문법적으로나 의미적으로 적합한 문장이 되기 위한 조건을 연구한다. 반면에 '서얼'은 발화 행위가 효과적으로 수행되기 위한 조건으로서 '적절 조건'을 설정했다.

〈 **적절 조건의 개념** 〉 '적절 조건(適切 條件, felicity condition)'은 하나의 언표 내적 행위를 적절하게 수행하는 데에 필요한 조건의 집합이다. 이러한 적절 이론을 달리 말해서 '화용론적 전제(話用論的 前提, pragmatic presupposition)'라고도 한다.[4]

---

4) '화용론적 전제'는 '의미론적 전제(semantic presupposition)'나 '논리적 전제(logical presupposition)'와 구분된다. 서얼(J. R. Searle, 1954)에서 설정한 화용론적 전제는 다음과 같다. 서얼은 "S(문장)가 적절하게

모든 문맥에서 발화 행위가 적절하게 이루어지기 위해서는 이러한 적절 조건이 충족되어야 한다. 서얼은 이러한 '적절 조건'을 '명제 내용 조건, 예비 조건, 성실 조건, 필수 조건'의 4가지로 설정하였다.

① **명제 내용 조건**(propositional content condition) : 발화에는 명제 내용이 정확하고 명료하게 제시되어야 한다.

② **예비 조건**(preparatory condition) : 발화 행위가 수행되기 전에 요구되는 조건으로, 화자나 청자가 그 행위와 관련하여 배경적으로 갖게 되는 생각, 지식 등이 포함된다.

③ **성실 조건**(sincerity condition) : 발화 행위가 성실하게 수행되기 위해서 갖추어야 하는 조건으로서, 화자가 진실된 마음가짐으로 말해야 한다는 조건이다.

④ **필수 조건**(essential condition) : 그 행위가 객관적으로 어떠한 효과를 노리는 것으로 간주되는가를 따지는 조건이다. 곧 화자는 '의무', '시도' 등과 같은 본래의 취지의 행위가 객관적으로 이루어지도록 노력하여야 한다.

[표 2. 발화 행위의 '적절 조건']

〈 **적절 조건의 예** 〉 '약속', '경고', '지시'의 언표 내적 행위를 수행하는 발화를 예로 들어서, 이들 각각의 발화 행위에 대한 적절 조건을 분석해 본다.

첫째, '약속(約束)'의 언표 내적 행위를 수행하는 발화에 대한 적절 조건을 제시하면 다음과 같다.

(21) '약속'의 언표 내적 행위에 대한 적절 조건

　　* 미래의 행위 A(Action) : **"나는 너에게 장학금을 줄 것을 약속한다."**

　　ㄱ. 명제 내용 조건 : 화자가 미래에 수행할 행위 A를 발화해야 한다.

　　ㄴ. 예비 조건 : ① 화자는 A를 수행할 수 있다.

　　　　　　　　　　 ② 청자는 화자가 A를 수행해 주기를 원한다.

　　ㄷ. 성실 조건 : 화자는 A를 하기를 원한다.

　　ㄹ. 필수 조건 : 화자는 청자에게 A를 해야 하는 '의무'로 간주한다.

발화될 수 있는 어떠한 맥락 속에서도 P(전제)가 주어져 있다면, S는 P를 전제한다."라고 했다. 이를 다시 말하면 P가 S의 화용론적 전제라면, S가 적절하게 발화되기 위해서는 어떠한 맥락 속에서도 P라는 조건이 충족되어야 한다(박종갑 1996:267).

둘째, '지시(指示)'의 언표 내적 행위를 수행하는 발화에 대한 적절 조건을 제시하면 다음과 같다.

> (22) '지시'의 언표 내적 행위에 대한 적절 조건
>
>> * 미래에 일어날 행위 A : **"내일 우리 집에 들러 다오."**
>>
>> ㄱ. 명제 내용 조건 : 청자에 대한 미래의 행위 A를 발화해야 한다.
>> ㄴ. 예비 조건 : ① 화자는 청자가 A를 할 수 있다고 믿는다.
>>   ② 요구받지 않을 때는 청자가 A를 하리라는 것은 분명하지 않다.
>> ㄷ. 성실 조건 : 화자는 청자에게 A를 하기를 원한다.
>> ㄹ. 필수 조건 : 화자가 청자에게 A를 하도록 하는 '시도'로 간주된다.

이처럼 대화 참여자는 발화를 수행할 때 발화의 위와 같은 네 가지의 '적절 조건'을 지켜야 한다. 만일 이러한 적절 조건을 지키지 않았을 때는 대화가 원만하고 효율적으로 수행되지 않는다.

여기서는 '지시'의 언표 내적 효과를 나타내는 발화를 중심으로, 위에서 제시한 발화 행위의 적절 조건에 어긋나는 예를 살펴본다.

> (23) ㄱ. (잘못된 명제를 발화하면서) "지난주 화요일 5시까지 나에게 전화를 해 다오."
>> ㄴ. (영어를 할 수 없는 사람에게) "편지를 영어로 번역해 줘."
>> ㄷ. (전화가 오는 것을 바라지 않으면서) "내일 사무실에서 나에게 전화를 해 주기를 부탁해."
>> ㄹ. (창문을 열지 않아도 상관이 없지만) "창문을 좀 열어 주십시오."

(ㄱ)의 발화는 '미래의 행위를 지칭하여야 한다'는 명제 내용 조건에 어긋나며, (ㄴ)의 발화는 '청자가 A를 수행할 수 있어야 한다'는 예비 조건에 어긋난다. (ㄷ)은 '청자가 A를 수행하기를 화자가 원해야 한다'는 성실 조건에 어긋나며, (ㄹ)은 '청자로 하여금 A를 수행하도록 시도하여야 한다'는 필수적 조건에 어긋난다.

이처럼 서얼은 4가지의 '적절 조건'을 지켜서 발화해야만, 화자와 청자 사이에 일어나는 의사소통이 원활해지는 것으로 보았다.

3.2.2.3. 간접 발화 행위 이론

일반적인 발화는 문맥 그대로의 의미가 상대에게 직접적으로 전달된다. 그러나 어떠한 발화는 문맥대로 기능하는 1차적인 발화를 매개로 하여 2차적인 발화 행위가 간접적으로 수행될 수 있는데, 이러한 발화 행위를 '간접 발화 행위'라고 한다. 이 이론은 서얼(J. R. Searle, 1975, 1980)에서 시작하여 고든&레이코프(D. Gordon&G. Lakoff, 1973)에서 '대화의 공준(對話 公準, conversational postulate)'의 이론으로 발전하였다.

가. 직접 발화 행위와 간접 발화 행위의 개념

서얼(J. R. Searle, 1975, 1980)에서는 발화 행위가 문맥 그대로의 '축자적(逐字的)'인 기능으로 쓰이지 않고 다른 기능을 나타내는 데에 주목했다. 곧 '언표 내적 발화 행위'의 유형을 발화의 형식과 기능 사이에 나타나는 관련성에 따라서, '직접 발화 행위'와 '간접 발화 행위'로 구분하였다.

〈 **직접 발화 행위** 〉 '직접 발화 행위(直接 發話 行爲, direct speech act)'는 발화의 문법적인 형식(문장 종결의 방식)과 언표 내적 행위가 일치하는 발화 행위이다.

(24) ㄱ. 갑 : 한글은 누가 만들었습니까?   [의문문 : 질문]
      ㄴ. 을 : 한글은 세종대왕이 만들었습니다.   [평서문 : 진술]

(25) ㄱ. 갑 : 모두 좀 조용히 해.   [명령문 : 지시]
      ㄴ. 을 : 예, 알겠습니다.   [평서문 : 진술]

(24)에서 '갑'의 발화는 의문문의 형식으로서 '질문'의 언표 내적 행위를 수행하고, '을'의 발화는 평서문의 형식으로서 '진술'의 언표 내적 행위를 수행한다. 그리고 (25)에서 '갑'의 발화는 명령문으로 '지시'의 언표 내적 행위를 수행하며, '을'의 발화는 평서문으로 '진술'의 언표 내적 행위를 수행한다.

이처럼 직접 발화 행위는 발화의 문법적 형식과 언표 내적 행위가 일치하는데, 대체로 평서문은 '진술'의 직접 발화 행위를, 의문문은 '질문'의 직접 발화 행위를, '명령문'은 '지시'의 직접 발화 행위를 수행한다.

(26) ㄱ. 김연아가 피겨 대회에서 우승했다.   [평서문 : 진술]

ㄴ. 김연아가 피겨 대회에서 우승했느냐?   [의문문 : 질문]

ㄷ. 연아야, 피겨 대회에서 우승해라.   [명령문 : 지시]

(26)에서 (ㄱ~ㄷ)의 발화는 종결 방식으로 보면 평서문, 의문문, 명령문인데, 이들 발화는 각각 '진술, 질문, 지시'의 언표 내적 발화 행위를 수행한다. (26)의 문장은 발화의 종결 방식과 언표 내적 발화 행위의 기능이 일치하므로, (26)의 발화 행위는 '직접 발화 행위'에 해당한다.

〈 간접 발화 행위 〉 '간접 발화 행위(間接發話行爲, indirect speech act)'는 발화의 문법적인 형식과 언표 내적 행위가 일치하지 않는 발화 행위이다.

(27) ㄱ. 제군들, 지금부터 윗몸 일으키기를 100회 실시한다.   [평서문 : 진술 → 지시]

ㄴ. 선생님, 말씀을 좀 천천히 해 주시지 않겠습니까?   [의문문 : 질문 → 요청]

ㄷ. 이렇게 돈을 마구 쓰다가는 파산할 줄 알아라.   [명령문 : 명령 → 경고]

(ㄱ)에서 쓰인 평서문은 직접 발화 행위로는 '진술'에 해당하는데, 간접 발화 행위로는 '지시'이다. (ㄴ)에서 쓰인 의문문은 직접 발화 행위로는 '질문'에 해당하는데, 간접 발화 행위로는 '요청'에 해당한다. 그리고 (ㄷ)에서 쓰인 명령문은 직접 발화 행위로는 '명령'에 해당하는데, 간접 발화 행위로는 '경고'에 해당한다.

〈 기본적 언표 내적 행위와 부수적 언표 내적 행위 〉 서얼(J. R. Searle, 1975, 1980)에서는 이러한 '직접 발화 행위'와 '간접 발화 행위의 관계'를 '기본적인 언표 내적 행위(基本的 言表 內的 行爲, primary illocutional act)'와 '부수적인 언표 내적 행위(附隨的 言表 內的 行爲, secondary illocutional act)'로써 설명한다(김갑년 1999:157).

(28) ㄱ. 거기에 있는 소금 좀 줄 수 있니?

ㄴ. 내일 아침까지는 이 서류를 거래처에 발송해야 합니다.

ㄷ. 이 게임 한 판에 당신의 목숨을 걸어야겠습니까?

서얼에 따르면 (ㄱ)의 발화는 한편으로는 '요청'의 기본적 언표 내적 행위를 수행하고, 동시에 '질문'의 부수적 언표 내적 행위를 수행한다. 다음으로 (ㄴ)의 발화는 기본적 언표 내적 행위로서 '지시'를 수행하고, 그리고 부수적 언표 내적 행위로서 '진술'을 수행한다. 끝으로 (ㄷ)은 기본적 언표 내적 행위로서 '경고'를 수행하고, 부수적 언표 내적 행위로서 '질문'을 수행한다.

발화	기본적 언표 내적 발화 행위 A	부수적 언표 내적 발화 행위 B
(ㄱ)	요청	질문
(ㄴ)	지시	진술
(ㄷ)	경고	질문

[표 3. 서얼의 간접적 발화 행위]

서얼은 (28)의 (ㄱ~ㄷ)의 발화에서 나타나는 것처럼 화자가 형식적으로는 어떤 다른 언표 내적 행위 B를 수행하면서, 실제로는 언표 내적 행위 A를 수행하는 발화 행위를 '간접적(間接的, indirect)'이라고 했다.

간접 발화 행위는 일상의 담화 상황에서 흔히 나타나는 현상이다. 따라서 대화에 참여하는 사람은 대화중에서 생성된 특정한 발화가 직접 발화 행위로 기능하는지 간접 발화 행위로 기능하는지를 판단해야 한다.

예를 들어서 다음은 '갑'이 어떤 회사의 사무실에 찾아와서 '을'에게 '김철수' 팀장을 찾는 담화 상황이다.

(29) 갑 : 실례합니다. 김철수 팀장님을 뵙고 싶은데요.　　[평서문 : 진술 → 요청]

(30) ㄱ. 을₁ : ²예, 그러시군요. 그럼 팀장님을 한번 만나 보세요.
　　 ㄴ. 을₂ : 예, 김철수 팀장님은 지금 회의실에 계십니다.

위와 같은 담화 상황에서 '갑'이 (29)처럼 발화했다면, '갑'의 발화는 직접 발화 행위로는 '진술'이지만 간접 발화 행위로는 '요청'에 해당한다. 이러한 '갑'의 발화에 대하여 '을'이 (30ㄱ)으로 대답했다면, '을'은 '갑'의 발화가 문자 그대로의 의미인 직접 발화 행위로 쓰였다고 생각한 것이다. 반면에 '을'이 (30ㄴ)으로 발화했다면 '을'은 '갑'의 발화가 간접 발화 행위로 쓰였다고 판단해서 대답한 것이다. 여기서 (29)에서 화자인 '갑'의 발화 의도를 고려하면, (30ㄱ)의 직접적인 발화 행위는 담화 상황에 맞지 않으며 (30ㄴ)의 간접적 발화 행위가 담화 상황에 맞는다.

이러한 간접적 발화 행위는 대부분 청자에게 공손하게 표현하고자 할 때에 사용된다. 특히 어떠한 일을 지시(요청)하고자 할 때에는, 다음과 같이 간접적으로 표현하는 것이 더 공손하다.

(31) 모두 일어서 주세요.

(32) ㄱ. 모두 일어서 주시겠어요?

　　ㄴ. 모두 일어서 주시면 고맙겠습니다.

　　ㄷ. 모두 일어서 주시면 안 될까요?

(32)의 발화들은 본질적으로 모두 (31)의 발화와 동일하게 기능한다. 그러나 이들 발화는 간접적 발화 행위를 표현하기 때문에, 청자에게 좀 더 공손하게 요청하는 표현이다 (교육과학기술부, 고등학교 문법 2010:223).

나. 직접 발화 행위와 간접 발화 행위의 대응 관계

발화는 담화 상황에 따라서 직접 발화 행위로 쓰이거나 간접 발화 행위로 쓰일 수 있다. 이때 하나의 직접 발화 행위에 여러 개의 간접 발화 행위가 대응될 수도 있고, 반대로 하나의 간접 발화 행위에 여러 개의 직접 발화 행위가 대응될 수도 있다.

첫째, 하나의 직접 발화 행위에 여러 개의 간접 발화 행위가 대응될 수 있다.

(33) ㄱ. 갑 : (당신의) 개가 매우 귀엽군요.

　　ㄴ. 을 : 그런데, 이 개는 매우 사납습니다.　　　　　[평서문 : 진술 → 경고]

(34) ㄱ. 갑 : 미주 씨, 우리 내일 영화 보러 갈까요?

　　ㄴ. 을 : 저는 내일까지는 취임식 준비로 무척 바쁩니다. [평서문 : 진술 → 거절]

(35) ㄱ. 갑 : 수돗물에 소금을 얼마나 타야 합니까?

　　ㄴ. 을 : 아니요. 증류수에 소금을 타야 합니다.　　　　[평서문 : 진술 → 지시]

예를 들어서 (33)~(35)에서 (ㄴ)의 발화는 모두 문장의 형식으로는 평서문이므로, '진술'의 직접 발화 행위를 수행한다. 그러나 앞선 문장의 내용을 고려할 때는 (33ㄴ)은 '경고', (34ㄴ)은 '거절', (35ㄴ)은 '지시'의 간접 발화 행위를 수행한다. 이처럼 동일한 문장의 종결 형식을 갖춘 발화도 담화 상황에 따라서는 여러 가지 유형의 간접 발화 행위를 수행할 수 있음을 알 수 있다.

둘째, 하나의 간접 발화 행위에 여러 개의 직접 발화 행위가 대응될 수 있다(서재석 외 2001:84).

(36) ㄱ. 철수야, TV 앞을 막지 마라.   [명령문 : 지시 → 지시]

     ㄴ. 철수야, TV를 막고 서 있어야 하겠니?   [의문문 : 질문 → 지시]

     ㄷ. 철수가 TV를 막고 서 있네.   [평서문 : 진술 → 지시]

(36)은 화자가 청자에게 TV를 막아서지 말라고 지시하는 담화 상황에서 나온 발화이다. 이들 발화 중에서 (ㄱ)은 직접 발화 행위를 수행하는 문장이고, (ㄴ)과 (ㄷ)은 간접 발화 행위를 수행하는 문장이다. 따라서 '지시'의 간접 발화 행위가 각각 명령문, 의문문, 평서문의 여러 가지 문장 형식에 의해서 수행될 수 있다. 결국 적절한 담화 상황만 주어지면 모든 문장은 간접 발화 행위로 쓰일 수 있다는 사실을 알 수 있다.

결국 간접 발화 행위는 하나의 발화가 청자에게 둘 또는 그 이상의 언표 내적 수행력을 갖는 것으로서, 이것은 곧 단일한 표현을 통하여 일석이조의 효과를 나타내는 차원 높은 의사소통의 방식이다.

제4장 함축 이론

화자는 발화를 하면서 문장으로 명시적으로 표현된 의미뿐만 아니라, 그 이상의 다른 의미를 발화 속에 넣어서 말을 하기도 한다. '그라이스(P. H. Grice, 1975)'는 문장으로 드러나 있는 명시적인 의미 이외의 대화 상황에서 생기는 다른 의미를 '함축(含蓄, implication)'의 이론으로 설명하였다.

4.1. 대화적 함축의 개념

그라이스의 '대화적 함축 이론'은 대화 참여자가 의사소통을 원활하게 하기 위하여 지켜야 할 일반 원리인 '협력의 원리'를 기반으로 한다. 곧 대화의 과정에서 화자가 대화를 원활하게 진행하기 위한 '협력의 원리'를 의도적으로 어겨서 발화하는 수가 있다. 이 경우에 듣는 사람은 화자의 발화 속에서 함축적 의미를 추론하게 된다.

(1) ㄱ. 이수일 : 우리 내일 영화 보러 갈까?
　　 ㄴ. 심순애 : 내일 시골에서 고등학교 친구 결혼식이 있어요.

(1)에서 '이수일'이 발화한 대화에 대하여 '심순애'는 이수일에 발화한 대화의 내용과 전혀 관계없는 대답을 하고 있다. 곧 심순애는 의도적으로 이수일의 대화에 맞지 않은 엉뚱한 내용의 발화를 함으로써 원만한 대화에 필요한 '협력의 원리'를 어기고 있다.

'심순애'는 이를 통해서 문맥에 드러난 의미 이외에 '이수일'의 요청을 거절하는 함축적 의미를 전달하고 있는 것이다.

〈 **협력의 원리** 〉 일반적으로 대화를 적절하게 수행하기 위해서는 대화 참여자들이 서로 지켜야 할 조건이 있는데, 그라이스(1975)에서는 이를 '협력의 원리(協力原理, Cooperative Principle)'라고 하였다.[1]

그라이스가 설정한 '협력의 원리'는 크게 '일반 원리'와 이를 뒷받침하는 하위의 '대화 격률(對話 格率, maxims)[2]'로 구성되어 있다.

(가) **일반 원리** : 대화 참여자는 자신이 참여하고 있는 대화의 목표나 방향에 알맞게 대화하고, 대화에 필요한 양(量)만큼 대화하라.

(나) **대화 격률** :

   ① '양(量, Quantity)'의 격률 :

      ⓐ 현재 수행하는 대화의 목적에 필요한 만큼의 정보를 제공하라.

      ⓑ 불필요한 정보를 제공하지 말라.

   ② '질(質, Quality)'의 격률 : 상대방에게 진실한 정보를 제공하라.

      ⓐ 거짓이라고 믿는 것은 말하지 말라.

      ⓑ 적절한 증거가 없는 것은 말하지 말라.

   ③ '관계(關係, Relevance)'의 격률 : 정보가 관련성이 있도록 하라.

   ④ '방법(方法, Manner)'의 격률 : 명료하고 정확하게 하라.

      ⓐ 명확하지 않은 표현을 피하라.

      ⓑ 중의성을 피하라.

      ⓒ 간결히 하라.

      ⓓ 순서에 맞게 하라.

[표 1. 그라이스의 '협력의 원리']

---

1) 일반적인 대화에서는 대화 참여자들은 이러한 대화의 협력 원리가 지켜진다고 가정하고 대화에 참여한다. 따라서 일상의 대화에서는 이 원리를 별도로 언급하는 일은 거의 없다.
2) '격률(格率, maxim)'은 원래 논리적으로 분명한 명제 또는 공리(公理)를 말하는데, 일반적으로는 '원칙(原則)'으로 번역한다. 그라이스는 대화를 적절하게 수행하기 위하여 지켜야 할 기본적인 격률로서, '양의 격률, 질의 격률, 관계의 격률, 방법의 격률' 등을 설정했다.

이러한 '협력의 원리'를 간단하게 말하면, 대화에 참여하는 사람들은 그들이 진실한 내용을 적절한 양으로 말하고, 대화 내용이 주제와 관련되어 있어야 하며, 가능한 명확한 방법으로 대화를 한다는 가정하에서 대화를 수행한다는 것이다.

〈 대화적 함축 〉 '그라이스(P. H. Grice, 1975)'에서는 특정한 발화를 통해서 '전달되는 것(what is conveyed)'을 '말해진 것'과 '함축된 것'으로 구분하였다. 여기서 '말해진 것(what is said)'은 발화의 문맥에 명시적으로 드러난 의미이며, '함축된 것(what is implicated)'은 화자가 비명시적으로 전달하려는 간접적인 의미이다.

다음은 '고민정'과 '장철수'가 커피숍에서 만나서 대화를 나누는 담화 상황이다.

> (2) ㄱ. 고민정 : 동건 씨, 저는 동건 씨를 정말로 좋아합니다.
>   ㄴ. 장철수 : 오늘 커피가 참 맛있네요.

(2)에서 고민정이 (ㄱ)의 문장을 발화했을 때, 장철수는 (ㄴ)의 문장으로 발화했다. 이때 고민정이 발화한 (ㄱ)의 문장은 '말해진 의미'로만 쓰였다. 반면에 장철수가 발화한 (ㄴ)의 문장은 어찌 보면 고민정의 발화에 대한 대답으로는 적합지 않은 발화이지만, 이를 통해서 실제로 '말해진 의미' 이외에도 고민정의 의도를 거부하는 '함축된 의미'를 추론할 수 있다.

> (3) ㄱ. 최국종 : 희라 씨, 내일 저녁 파티에 올 수 있어요?
>   ㄴ. 하지수 : 내일 저녁에는 시골에서 어머니가 와요.

(3)에서 '최국종'이 발화한 문장 (ㄱ)은 문맥 그대로 '말해진 의미'로 쓰였다. 반면에 '하지수'가 발화한 문장 (ㄴ)은 '말해진 의미' 이외에도 '최국종'의 초대를 거부한다는 '함축된 의미'를 추론할 수 있다. 이렇게 발화 속에서 명시적으로 전달되는 의미 이외에 덧붙여서 전달되는 의미를 '대화적 함축(對話的 含蓄, conversational implicature)'이라고 한다.[3]

대화적 함축은 담화를 수행하는 과정에서 대화 참여자들이 대화를 원만하게 수행하기 위해서 서로 협력한다는 가정과 추론이 있어야만 성립한다. 곧 (2)와 (3)에서 '장철수'와 '하지수'의 대답은 문맥 그대로만 해석하면, 앞서 발화된 '고민정'과 '최국종'의 발화 내용과는 전혀 어울리지 않은 엉뚱한 내용을 표현하는 발화이다. 그러나 (2)와 (3)의

---

3) 'implication'은 원래 '함축(含蓄)'이나 '함의(含意)' 등으로 번역하는데, '대화적 함축'은 문장의 의미 자체에서 발생하는 '전제(前提)'나 '함의(含意)'와 구분하기 위하여 사용되는 용어이다.

대화에 참여하는 사람들이 의사소통을 바람직하게 수행하기 위하여 서로 협력하고 있다는 가정하에서는, (ㄴ)의 문장에는 직접적으로 표현된 의미 이외에 제3의 함축적 의미를 추론할 수 있다.

4.2. 대화적 함축의 실현 양상

어떤 담화 상황에서는 화자는 자신이 의도하거나 의도하지 않던 간에 협력의 원리를 지키지 않고 발화하는 수가 있다. 이때에는 청자는 화자가 '협력의 원리'를 지키지 않은 발화 속에 숨겨진 의미(= 대화적 함축)가 무엇인가를 추론하게 된다.

특히 화자가 의도적으로 '협력의 원리'를 지키지 않을 때에는, 청자가 추론을 통해서 그 문장 속에서 특별한 의미를 해석하게 된다. 그라이스는 이러한 현상을 '의도적인 격률 위반(意圖的 格率 違反, flouring the maxim)'이라고 한다.

이처럼 화자가 협력의 원리를 지키지 않음으로써 대화적 함축이 나타난 예를 격률의 종류에 따라서 정리하면 다음과 같다.

첫째, 발화 목적에 필요한 만큼의 적절한 양의 정보를 표현해야 하는 '양의 격률'을 어김으로써, 대화적 함축이 생길 수 있다.

다음은 병원에서 의사와 환자가 건강 검진에 대하여 대화하는 담화 상황이다.

> (4) ㄱ. 의사 : 지난 번에 치료 받았는데, 상태가 좀 어떠세요?
>
> ㄴ. 환자 : [?]그저 그래요.

(4)는 의사와 환자가 면담을 하는 담화 상황에서 (ㄱ)에서 의사가 환자에게 현재의 몸 상태가 어떠한지에 대하여 질문하였다. 이에 대하여 환자가 발화한 (ㄴ)의 대답에는 환자 자신의 건상 상태에 대하여 충분한 정보가 들어 있지 않다. 이를 통해서 환자는 의사의 치료가 마음에 들지 않았거나 그 결과가 좋지 않았다는 대화적 함축을 표현하고 있다.

다음은 아내와 남편이 다가오는 여름 휴가 때에 여행을 어디로 갈 것인지에 대하여 대화를 하는 담화 상황이다.

(5) ㄱ. 아내 : 우리 여름 휴가 때 여행을 어디로 갈까요?

　　ㄴ. 남편 : 음, 이번 8월 초에 해운대에 가면 너무 사람이 많아서 문제이고, 중순에 하와이에 가면 좋을 것 같은데 비용이 만만찮겠지. 아니면 8월 말에 좀 조용해지면 울릉도 에 가도 좋을 것 같네요. 아무데나 당신이 좋은 데로 정하세요.

그리고 (5)는 여름 휴가에 대하여 부부가 계획을 의논하는 담화 상황이다. (ㄱ)과 같은 아내의 질문에 대하여 남편은 (ㄴ)에서 필요한 정보보다 훨씬 많은 정보를 발화하여서 '양의 격률'을 어겼다. 이러한 발화를 통해서 남편이 여름 휴가에 무관심하거나 실제로 는 휴가를 갈 마음이 없다는 대화적 함축을 추론할 수 있다. 이처럼 화자는 협력의 원리 중에서 '양의 격률'을 어김으로써 대화적 함축을 나타낼 수 있다.

둘째, 상대방에게 진실한 정보를 제공해야 하는 '질의 격률'을 어김으로써, 대화적 함 축이 생길 수 있다.

(6) ㄱ. 영희 : 철수 씨, 이번 생일에 샤넬 가방 하나 사 주세요.

　　ㄴ. 철수 : 음, 이번 주에 로또에 1등으로 당첨될 테니, 가방을 기대해 보세요.

(6)은 '영희'가 '철수'에게 생일 선물을 요구하는 담화 상황이다. 여기서 철수는 (ㄴ)처럼 약속의 발화를 했는데, 이는 철수가 영희에게 샤넬 가방을 사 줄 마음이 없는데도 샤넬 가방을 사 주겠다고 불성실하게 발화를 한 셈이다. 곧, 철수는 영희에게 진실된 정보를 제공하지 않고 거짓에 가까운 정보를 담은 문장을 의도적으로 발화하였다. 결국 철수는 '질의 격률'을 어겼는데, 이를 통하여 샤넬 가방을 사 줄 수가 없다는 의도를 함축적으로 드러내고 있다.

셋째, 대화의 목적에 관계 있는 정보를 제공해야 하는 '관계의 격률'을 어김으로써 대화적 함축이 생길 수 있다.

(7) ㄱ. 김미령 : 철수 씨가 나한테 자꾸 추근거려요. 참 이상한 사람이에요.

　　ㄴ. 유상일 : (철수가 다가오는 것을 발견하고) 혜수 씨, 우리 커피나 한잔하지.

(7)은 '김미령'이 '유상일'에게 자신을 괴롭히는 철수에 대하여 비난하는 발화이다. 여기 서 '유상일'은 (ㄴ)처럼 대화의 목적과 전혀 관련이 없는 내용을 발화를 함으로써 '관계 의 격률'을 어기고 있다. 유상일은 대화 목적에 관련이 있는 정보를 제공하라고 하는 '관계의 격률'을 의도적으로 어기는 발화를 했다. 청자는 이러한 발화를 통해서 '철수가

오고 있으니, 말조심을 해라.'라고 하는 대화적 함축을 추론할 수 있다.

넷째, 명료하고 정확하게 표현해야 하는 '방법의 격률'을 어김으로써, 대화적 함축이 생길 수 있다.

(8) ㄱ. 주인 : 언제쯤 마무리 작업이 끝날까요?

　　ㄴ. 소장 : 글쎄요, 이달 말이나 다음 달 말까지는 될 수 있을지도 모르겠습니다. 아무튼 이달 말까지 끝나지 않으면, 그때 가서 공사 기간을 한번 다시 점검해 보려고 합니다.

(8)은 자신의 집을 신축하는 건물 주인이 건축 사무소 소장에게 공사의 기간을 확인해 달라는 요청에 대하여 소장이 답을 하는 담화 상황이다. 소장은 (ㄴ)의 발화를 통해서 협력의 원리 중에서 "명확하지 않은 표현을 피하라."라고 하는 '방법의 격률'을 어겼다. 이를 통하여 청자는 공사 기간이 확실하지 않다고 하는 대화적 함축을 추론해 낼 수 있다.

일반적으로 대화 참여자들은 '협력의 원리'를 통하여 원활한 담화를 수행하기 위하여 서로 협력해야 한다는 것을 전제하고 대화를 수행한다. 그런데 대화를 진행하는 가운데에 '협력의 원리'를 의도적으로 어긴 문장을 발화할 수가 있다. 이때에 대화 참여자는 발화된 문장에 명시적으로 표현된 의미 이외의 새로운 의미를 암시적으로 추론하는 것이다.

의미의 변화

〈 인용한 옛 문헌의 약어 〉

약어	문헌 이름	발간 연대
용가	용비어천가(龍飛御天歌)	1445년
석상	석보상절(釋譜詳節)	1447년
월천	월인천강지곡(月印千江之曲)	1448년
훈언	훈민정음 언해본(訓民正音諺解)	1450년경
월석	월인석보(月印釋譜)	1459년
능언	능엄경언해(愣嚴經諺解)	1462년
선언	선종영가집언해(禪宗永嘉集諺解)	1464년
원언	원각경언해(圓覺經諺解)	1465년
삼행	삼강행실도(三綱行實圖)	1481년
두언-초	분류두공부시언해(分類杜工部詩諺解 初刊本)	1481년
금삼	금강경삼가해(金剛經三家解)	1482년
영남	영가대사증도가 남명천선사계송(永嘉大師證道歌 南明泉禪師繼訟)	1482년
구간	구급간이방언해(救急簡易方諺解)	1489년
속삼	속삼강행실도(續三綱行實圖)	1514년
훈자	훈몽자회(訓蒙字會)	1517년
번소	번역소학(飜譯小學)	1518년
번노	번역노걸대(飜譯老乞大)	16세기 초
번박	번역박통사(飜譯朴通事)	16세기 초
신유	신증유합(新增類合)	1576년
소언	소학언해(小學諺解)	1587년
경언	경민편언해(警民編諺解)	1658년
동유	동문유해(同文類解)	1748년
경신	경신록언석(敬信錄諺釋)	1796년
한만	한듕만록(閑中漫錄)	1795년
동삼	동국신속삼강행실도(東國新續三綱行實圖)	1617년
동유	동문유해(同文類解)	1748년
어내	어제내훈(御製內訓)	1736년
고가	고금가곡(古今歌曲)	1764년(?)

[부록]　　　　　　　　　　　# 의미의 변화

제1장 의미 변화의 과정

언어의 변화는 '음운, 어휘, 문법' 등의 모든 면에서 함께 일어나는데, 이러한 변화는 시간의 흐름 속에서 지속적으로 일어난다. 이 중에서 '의미의 변화'는 어떤 말의 중심적인 의미를 편향되게 사용함으로써 일어나는 현상이다.

[그림 1. 어리다의 의미 변화 과정]

[그림 1]에서처럼 중세 국어에서 '어리다'는 [愚]의 뜻으로 쓰였다. 그러나 근대 국어 시기를 거치면서 [幼]의 의미로도 쓰므로, 근대 국어 시기의 일정 기간 동안 [愚]와 [幼]의 두 가지 뜻으로 쓰였다. 이렇게 두 의미를 함께 쓰다가 현대 국어에서는 '어리다'는 [幼]의 의미로만 쓰이게 된다. 결국 거의 500년의 기간에 걸쳐서 점진적으로 의미 변화가 생긴 것이다.

제2장 의미 변화의 원인

울만(Ullman, 1962:197-210)에서는 의미 변화의 원인을 ① 언어적 원인, ② 역사적 원인, ③ 사회적 원인, ④ 심리적 원인, ⑤ 외국어의 영향, ⑥ 새로운 명명의 필요성 등 모두 여섯 가지로 들었다.

2.1. 언어적 원인에 따른 의미 변화

'언어적 원인(linguistic cause)'은 음운이나 단어의 형태 또는 문장의 구조와 같은 언어 내적 요소가 의미 변화의 원인이 되는 것이다. 언어적인 언어 변화 원인으로는 '전염', '생략', '민간 어원' 등이 있다.

〈언어의 전염〉 어떤 단어가 특정의 다른 단어와 많은 맥락 속에서 함께 사용되고 그러한 결합이 습관적으로 일어나면, 한 단어에 다른 단어의 의미가 전이되는 경우가 있다. 이러한 언어 변화의 원인을 '전염(傳染, contagion)'이라고 한다.

(1) ㄱ. 그는 고기를 <u>전혀</u> 입에 대지 <u>않는다</u>.　　　　　　[완전히]

　　ㄴ. 너 영희를 좋아하니?

　　　　<u>전혀</u>.　　　　　　　　　　　　　　　　　　[否定]

(2) ㄱ. 나는 할 말이 <u>별로</u> <u>없다</u>.　　　　　　　　　　[특별히]

　　ㄴ. 이 커피숍은 좀 <u>별로</u>네.　　　　　　　　　　[否定]

(1)과 (2)에서 '전혀'와 '별로'는 (1)과 (2)의 (ㄱ)처럼 [완전히]와 [특별히]의 뜻을 나타내는 부사였는데, 이들 단어가 부정하는 뜻을 나타내는 단어인 '않다'와 '없다'와 함께 쓰인다. 따라서 '전혀'와 '별로'에 부정의 뜻이 전이되어서 (1)과 (2)의 (ㄴ)처럼 '부정(否定)'의 뜻을 나타내는 부사로 쓰이기도 한다. 이와 같은 의미 변화는 '전혀'와 '별로'가 각각 부정의 뜻을 나타내는 '않다'와 '없다'와 함께 실현되기 때문에 일어나는 현상이다.

〈언어의 생략〉 합성어에서 하나의 어근을 '생략(省略, ellipsis)'해도 생략된 어근의 의미가 합성어에서 남은 어근의 단어에 전이되는 수가 있는데, 그 결과로 남은 어근에 새로운 의미가 더해져서 의미가 바뀌는 수가 있다.

(3) ㄱ. 감기에 걸려서 코(← 콧물)가 많이 흐른다.

　　ㄴ. 영희는 파티에 미니(← 미니스커트)를 입고 나타났다.

(4) 아침(← 아침밥), 핵(← 핵무기), 머리(← 머리털), 보름(← 보름날), 꽁초(← 담배꽁초), 에
어컨(← 에어컨디셔너), 파마(← 퍼머넌트 웨이브)

(3ㄱ)에서 '코'는 '콧물'에서 '물'이 생략되어서 쓰인 형태이며, (3ㄴ)에서 '미니'는 '미니
스커트'에서 '스커트'가 생략되어서 쓰인 형태이다. 이렇게 합성어에 들어 있는 한쪽의
어근이 생략됨으로써 '코'가 '콧물'의 의미를, '미니'가 '미니스커트'의 뜻을 새롭게 얻게
되었다.

〈 **민간 어원** 〉 민간에서 전승되는 역사적인 사실을 바탕으로 해서 특정한 단어의 어원
을 설명하는 것을 '민간 어원(民間語源, folk etymology)'이라고 일컫는다. 이처럼 민간 어원
에 따라서 어떤 단어를 그것과 소리가 유사한 또 다른 단어와 결부시킴으로써, 단어의
의미가 변화하기도 한다.[1]

(5) ㄱ. 힝ᄌ쵸마 → 행주(幸州)치마

　　ㄴ. 아츤셜[2] → 까치설, 아츤고개 → 까치고개, 아츤셤 → 아치섬(朝島)[3]

　　ㄷ. 소나기 → 소(牛) 내기

　　ㄹ. 나락 → 나록(羅祿)[4]

(ㄱ)에서 '힝ᄌ쵸마'는 16세기부터 존재하던 어휘인데,[5] 민간에서 언중들이 '힝ᄌ'의 어
원이 행주(幸州)의 형태와 관련이 있는 것으로 해석한 것이다. 곧 언중들이 1593년에
전라도 순찰사 권율이 행주산성에서 왜적을 크게 물리친 '행주대첩'의 사건과 관련짓게
되자, '힝ᄌ'는 땅이름인 '행주(幸州)'의 의미를 새롭게 얻게 되었다. (ㄴ)에서 '아츤'은

---

1) '민간 어원'은 언어학적인 지식이 없는 일반 언중들이 역사적인 속설에 바탕에 두고 언중들이 임의
적으로 부여한 의미이기 때문에 학문적인 가치는 없다.
2) '아츤셜'에서 '아츤'은 '작은(小)'의 뜻을 나타내는 접두사이므로 '아츤셜'은 '작은설'이다.
3) '아치섬(朝島)'은 부산광역시의 영도(影島)에 딸려 있는 작은 섬이다. 현재 한국해양대학교가 위치
한 섬이다.
4) '나락'은 원래 '벼(禾)'를 이르는 말인데, 이 말을 신라(新羅)에서 관리들에게 지급하던 '녹(祿)'이라는
뜻으로 잘못 해석한 것이다.
5) '힝ᄌ쵸마'는 부엌일을 할 때 옷을 더럽히지 아니하려고 덧입는 작은 치마인데, 16세기 초에 간행
된 〈훈몽자회, 1527〉에 실려 있다. '힝ᄌ쵸마'에서 '힝ᄌ'는 그릇, 밥상 따위를 닦거나 씻는 데에
쓰는 헝겊을 뜻하며, '쵸마'는 '치마(裳)'를 뜻한다.

중세 국어에서 '작다(小)'의 뜻을 나타내는 말인데, 민간에서 언중들이 '아츤'을 그와 형태가 유사한 '까치(鵲)'나 '아침(朝)'과 관련지어서 해석함으로써, '아츤'이 '까치'나 '아침'의 새로운 의미를 얻게 되었다. (ㄷ)에서 '소나기'를 민간의 언중들이 "예전에 농부들이 소나기 구름을 보고서 비가 올지 안 올지 '소(牛)'를 걸고 내기를 했다."라고 하는 말에서 생겼다는 속설에 따라서, '소나기'에 '소(牛)를 걸고 내기하다'라는 새로운 뜻을 부여한 것이다. (ㄹ)에서는 언중들이 '나락'을 신라 시대에 관리들에게 주는 '녹봉(祿俸)'에서 온 것으로 보는 속설에 따라서 어원을 해석한 것인데, 이에 따르면 '나락'이 '신라 시대의 녹봉'이라는 새로운 뜻을 얻게 된다.

2.2. 역사적 원인에 따른 의미 변화

'과학, 제도, 기술, 풍속, 관습' 등이 변화함에 따라서 사물이나 단어의 개념은 바뀌었지만, 그에 대한 명칭이 변화하지 않는 경우에는 단어의 의미가 바뀔 수 있다.

〈 지시물의 실제적인 변화 〉 '지시물의 실제적인 변화'는 기술이나 제도, 관습 등이 달라짐에 따라서, 실제로 지시물이 바뀌어서 단어의 의미가 바뀌는 것이다.

(6)　[증기기관차] 〉 [디젤기관차] 〉 [전동기관차]
　　　　　　　　　/기관차/

(7) ㄱ. 바가지, 수세미, 배(船), 차(車), 역(驛)
　　ㄴ. 영감(令監), 대감(大監)6), 양반(兩班)7), 전차(電車)
　　ㄷ. 집현전, 홍문관, 사헌부, 의금부

(6)에서 '기관차'는 작동 방식에 따라서 1960년대까지는 '증기 기관차'를 가리켰으며, 1970년대에서 1980년대까지는 '디젤 기관차'를, 1990년대 이후에는 '전동 기관차'를 가리켰다. 이렇게 지시물에 변화가 생김으로써 결과적으로 단어의 의미가 바뀔 수 있다. (7)에서 (ㄱ)의 '바가지'나 '배(船)' 등은 지시물이 바뀌었고, (ㄴ)의 '영감'과 '양반' 등은 지시물이 소멸된 것이며, (ㄷ)에서 '집현전'과 '홍문관' 등은 지시물과 명칭이 모두 소멸된 예이다.

---

6) '영감(令監)'은 조선시대에 정삼품과 종이품의 벼슬아치를 이르던 말이며, '대감(大監)'은 정이품 이상의 관직을 가진 현직자나 산직자(散職者)에 대한 존칭이다.
7) '양반(兩班)'은 조선시대에 문반(文班)과 무반(武班)을 아울러서 부르던 말이다.

〈**지시물에 대한 태도의 변화**〉 지시물에 대한 감정적 태도가 바뀜에 따라서, 결과적으로 새로 생긴 말에 의미의 변화를 가져올 수 있다.

(8) 새터민(〈탈북자〉, 기사〈〈운전사〉, 우체부〈〈집배원〉, 가사 도우미(〈파출부〉, 변소(〈화장실〉

(8)에서 '탈북자'가 '새터민'으로 명칭이 바뀌었고, '변소'가 '화장실'로 명칭이 바뀌었다. 이는 동일한 지시 대상에 대한 태도가 부정적인 것에서 긍정적인 것으로 바뀐 것인데, 결과적으로 새로운 어휘(새터민)에 기존의 어휘의 뜻(탈북자)이 담기게 되었다.

2.3. 사회적 원인에 따른 의미 변화

사회에 속해 있는 계층이나 조직에 따라서 사용하는 말의 의미가 달라질 수 있다.
〈**의미의 일반화**〉 '의미의 일반화(generalization)'는 특수한 사회 집단의 언어가 일반적인 용법에 차용되거나, 보다 넓은 사회 집단에서 채택되어 일반적인 의미를 새롭게 나타내는 것이다.

(9) ㄱ. 박사(전문가), 사령탑[8](최고 책임자)

ㄴ. 왕(일인자), 여왕(최고 지위자), 왕자(아들), 공주(딸)

ㄷ. 안타(성공), 대타(대행), 홈런(대성공), 골인(성사)

ㄹ. 십자가(희생), 공양(돌봄), 보시(봉사), 도사(특출한 사람)

ㅁ. 대장(최고 지위 사람), 졸병(하급자), 부대(같은 무리), 작전(계획), 저격수(특정한 인물에 대한 공격자)

ㅂ. 왕초(우두머리), 똘마니(부하)

ㅁ. 수술(근본적 개선)

(ㄱ)에서 '박사, 왕, 안타, 십자가, 대장, 왕초, 수술'은 모두 특정한 전문적인 분야에서만 쓰이던 말이다. 그런데 이들 단어의 쓰임이 확대되어서 각각 '전문가, 일인자, 성공, 희생, 최고 지위의 사람, 우두머리, 근본적인 개선' 등의 일반적인 의미로 쓰이게 되어서, 결과적으로 특수한 의미에서 일반적인 의미로 확대되었다.

---

8) '사령탑(司令塔)'은 원래 군함이나 항공 기지에서 지휘관들이 잘 보고 지휘할 수 있도록 만든 탑 모양의 장소이다.

〈 **의미의 특수화** 〉 일반 사회에서 널리 쓰이던 말이 특수 집단에서 쓰이게 되면서, 의미가 전문화 또는 특수화되는 것을 '의미의 특수화(specialization)'라고 한다.

> (10) ㄱ. 말씀(성경), 복음(기쁜 소식, 그리스도의 가르침), 시험(시련), 곡차(술)
> ㄴ. 영감(검사), 구속(잡아 가둠)
> ㄷ. 학교(교도소), 회사(범죄 조직), 공장(경찰서), 연장(범죄 도구)

(ㄱ)의 '말씀'은 일반적으로 말의 '높임말'로 쓰이다가 기독교계에서 '성경'의 뜻으로 쓰였다. 그리고 (ㄴ)의 '영감'은 일반적으로는 '나이가 많은 사람'의 뜻으로 쓰였는데, 법조계에서는 '검사'를 이르는 말로 특수하게 사용한다. (ㄷ)의 '학교'는 일반적으로는 '교육 기관'의 뜻으로 쓰이나 범죄 집단에서는 '교도소'의 뜻으로 특수하게 쓰인다.

2.4. 심리적 원인에 따른 의미 변화

화자의 심리적 특성이나 경향에 따라서 일어나는 의미 변화의 원인을 '심리적 원인 (psychological cause)'이라고 한다.

〈 **관심에 따른 의미 변화** 〉 화자가 어떤 사실에 관심을 가질 때에, 그 사실이 화제의 중심이 되어서 퍼져 나가기도 하고(확장), 다른 쪽에서 유사한 것을 끌어다가 관련짓기도 한다(견인).

> (11) ㄱ. 개인 파산의 '<u>쓰나미</u>' 현상, 금융 시장의 '빅뱅' 현상
> ㄴ. 바가지(철모), 갈매기(계급장), 콩(총알)

(ㄱ)에서 '쓰나미'는 원래 '지진 해일'의 뜻으로 쓰이는 과학 용어였다. 그러나 2004년에 발생했던 인도네시아의 쓰나미와 2011년에 있었던 동일본의 쓰나미 사태 이후로, 일반 사회에서 '쓰나미'에 대한 관심이 높아진 결과로 '쓰나미'가 '큰 재앙'의 뜻으로 의미가 확장(擴張, expansion)되어서 쓰였다. '빅뱅((BigBang)'은 원래 천문학과 물리학에서 쓰이는 학술 용어인데 초기 우주에서 일어난 '대폭발'을 이르는데, '빅뱅' 또한 일반 사회에서 '대변혁'이라는 뜻으로 의미가 확장되어서 쓰였다. 그리고 (ㄴ)에서 군대 사회에서 '철모'를 '바가지'로 부르기도 하는데, 이렇게 되면 '바가지'의 단어가 '철모'의 의미를 새롭게 얻게 된다. 이는 특정한 언어 집단의 언중들이 특정한 대상에 관심이 높기 때문에, 유사한 사물의 의미를 견인(牽引, attraction)하여서 표현한 것이다.

〈**금기에 따른 의미 변화**〉 일반적으로 사회 관습상 해서는 안 될 일이나 피해야 할 것을 금기(禁忌, taboo)라고 하는데, 언어에도 직접 언급하는 것을 피해서 달리 말하는 일이 있다. 이때에 금기어 대신에 쓰이거나 남의 기분을 나쁘게 하지 않기 위해 쓰는 말이 '완곡어(婉曲語, euphemism)'이다.

(12) ㄱ. 산신령(호랑이), 산중호걸(호랑이), 마마(천연두), 손님(천연두), 밉다(예쁘다)

　　 ㄴ. 악성 종양(암), 편치 않다(아프다), 돌아가다(죽다), 대변(똥), 소변(오줌)

　　 ㄷ. 바람(간통), 짝짓기(교미), 부부 관계(성행위), 고추(남자 성기), 가슴(유방)

(ㄱ)의 예는 어떠한 대상이나 현상에 대한 공포감을 해소하기 위하여 생성한 완곡 표현으로서, 심마니들이 금기어인 '호랑이'를 완곡어인 '산신령'으로 바꾸어서 표현했다. (ㄴ)의 예는 불쾌감을 해소하기 위하여 생성한 완곡 표현으로서, '암(癌)'을 '악성 종양'으로 바꾸어서 표현한 것이다. 마지막으로 (ㄷ)의 예는 성(性)과 관련된 거북함을 해소하기 위하여 생성한 완곡 표현으로서, '간통(姦通)'을 '바람'으로 표현한 것이다. 이렇게 금기어를 다른 완곡어로 바꾸어서 표현함에 따라서 '산신령, 악성 종양, 바람' 등의 완곡어는 각각 금기어인 '호랑이, 암(癌), 간통(姦)'의 새로운 뜻을 포함하게 되었다.

2.5. 외국어의 영향에 따른 의미 변화

외국어가 차용되어서 국어의 단어에 없었던 의미가 들어옴에 따라, 기존의 국어 단어가 새로운 의미를 얻게 되는 수가 있다.

(13) ㄱ. star : [星], [장군], [인기 연예인]

　　 ㄴ. 별 : **[星]** + [장군] + [인기 연예인]

(ㄱ)의 'star'는 영어에서 '星'의 뜻 이외에도 '장군'이나 '인기 연예인' 등의 주변적인 뜻으로 쓰이고 있다. 그런데 'star'의 단어가 유입되자, 영어 'star'의 의미에 영향을 받아서 국어의 '별(星)'도 '장군'이나 '인기 연예인'의 의미를 새롭게 얻게 되었다.

2.6. 새로운 명칭의 필요성에 따른 의미 변화

새로운 사물이 등장하면 그것을 지시하는 새로운 명칭이 필요하며, 이러한 새로운 명칭이 필요함에 따라서 기존 단어에 의미의 변화가 일어난다.

(14) ㄱ. 빨래<u>방</u>, 놀이<u>방</u>, 노래<u>방</u> : '방(房)'의 의미 변화
　　 ㄴ. 커피 자판기에서 커피를 <u>뽑다.</u> : '뽑다'의 의미 변화

(ㄱ)의 '빨래방'은 빨래를 전문으로 해 주는 업소가 생겨남으로써 이 업소를 표현할 명칭이 필요하였는데, 새로운 명칭 대신에 기존에 쓰이던 '방(房)'의 어휘를 이용하여 '빨래방'이라는 표현이 생겼다. 그리고 (ㄴ)의 '커피를 <u>뽑다</u>'는 인스턴트 커피를 자동 판매기에서 원료에 물을 타서 자동으로 만들어 낸다고 하는 새로운 개념에 대한 명칭을 기존의 동사인 '뽑다'를 이용하여서 표현한 것이다. 이렇게 되면 기존의 단어인 '방'과 '뽑다'에 각각 '업소'나 '인스턴트 커피를 자동판매기로 제조해서 기계 밖으로 내다'라는 의미가 덧붙게 된다.

제3장 의미 변화의 유형

울만(Ullman, 1951/1957)은 의미 변화를 기능적 관점에서 '언어의 보수성(保守性)에 따른 의미 변화'와 '언어의 개신성(改新性)에 따른 의미 변화'의 유형으로 분류하였다.

> A. 언어의 보수성(保守性)에 따른 의미 변화
> B. 언어의 개신성(改新性)에 따른 의미 변화
> 　　(가) 명칭(name)이 전용되어서 의미 변화가 일어남
> 　　　　① 의미 사이의 유사성 때문에, 명칭이 전용된 경우
> 　　　　② 의미 사이의 인접성 때문에, 명칭이 전용된 경우
> 　　(나) 의미(sense)가 전용되어서 의미 변화가 일어남
> 　　　　③ 명칭 사이의 유사성 때문에, 의미가 전용된 경우
> 　　　　④ 명칭 사이의 인접성 때문에, 의미가 전용된 경우
> 　　(다) 명칭과 의미가 함께 전용되어서 의미 변화가 일어남

[표 1. 의미 변화의 유형]

'언어의 보수성(保守性, conservation)'은 어떤 단어의 지시 내용이 변하였는데도 그 명칭(언어)이 보수성이 있어서 변하지 않는 것이다. 이것은 앞에서 '의미 변화의 원인' 가운데서 '역사적 원인에 따른 의미 변화'와 동일하다. 그리고 언어 변화의 유형 중에서 '언어의 개신성(改新性, innovation)'은 연상 작용에 따라서 명칭이나 의미가 변하는 것을 말한다. 이러한 연상 작용은 '유사(類似, similarity)'와 '인접(隣接, contiguity)'으로 나뉜다.

3.1. 명칭이 전용되어서 의미가 변화하는 경우

의미 사이의 '유사성'과 '인접성'에 따라서 어휘의 명칭이 전용될 수가 있다.

3.1.1. 의미 사이의 유사성에 따른 명칭의 전용

명칭 $n(= name)_1$과 의미 $s(= sense)_1$가 결합된 단어가 있고, 이 단어가 s_1과 유사한 s_2 또는 s_3를 나타내야 할 경우가 있다. 이때에 s_2 또는 s_3에 대응되는 명칭인 n_2 또는 n_3이 없거나 머리 속에 쉽게 떠오르지 않을 때나 혹은 어떤 이유로 부적절하다고 생각될 때에는, n_1이 s_2 또는 s_3를 가리키기 위해서 사용될 수 있다.

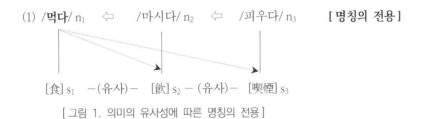

[그림 1. 의미의 유사성에 따른 명칭의 전용]

특정한 어휘의 명칭인 /먹다/ (n_1)가 기존의 의미인 [食] (s_1) 이외에 또 다른 의미인 [飮] (s_2)과 [喫煙] (s_3)을 가리키게 되면 동의 현상, 즉 '은유(metaphor)'가 발생한다. 곧 '술을 마시다'를 '술을 먹다'로 표현하거나 '담배를 피우다'를 '담배를 먹다'라고 표현하면, 원래 표현하고자 한 의미(원관념)인 [飮]과 [喫煙]을 그것과 비슷한 의미(보조 관념)인 [食]에 비유한 꼴이므로, 은유적인 표현과 마찬가지이다. 결과적으로 '먹다'의 단어가 [食]의 뜻 이외에도 [飮]과 [喫煙]의 뜻으로 쓰이므로 의미가 확장되었다.

이처럼 의미 사이의 유사성 때문에 명칭이 전용된 경우는 '의인적 은유', '동물적 은유', '공감각적 은유', '의미의 추상화' 등으로 나눌 수 있다.

(2) ㄱ. 산머리, 밭머리, 일머리 ; 산허리 ; 안경다리, 책상다리 ; 파도가 춤춘다, 나뭇가지가
손짓한다

ㄴ. 오리발, 까치발, 쥐꼬리, 새 발의 피, 파리 목숨, 올챙이 시절, 햇병아리, 파리 날리다,
게 눈 감추듯

ㄷ. 구수한 목소리, 부드러운 색, 분수처럼 흩어지는 푸른 종소리, 일곱 가지 색깔의
거짓말

ㄹ. 보람[표적]〉 보람[가치], 격지[나막신]〉 격지[켜1)], 노릇[연희]〉 노릇[역할]

(ㄱ)의 '산머리'는 '머리'를 보조 관념으로 한 의인적 은유, (ㄴ)의 '오리발'은 '발'을 보조
관념으로 한 동물적 은유, (ㄷ)의 '구수한 목소리'는 청각을 미각으로 표현한 공감각적
은유, (ㄹ)의 '보람'은 의미의 추상화에 해당한다. 이들은 모두 의미 사이의 유사성에
따라서 명칭이 전용된 예이다.

3.2.1. 의미 사이의 인접성에 따른 명칭의 전용

어떤 단어가 지시하는 사물이나 개념 자체가 시간적으로나 공간적으로 인접(隣接)해
있기 때문에, 그 단어가 나타내는 의미 s_1과 의미 s_2 사이에도 인접성이 나타날 수 있다.
이러한 의미 사이의 인접성에 따라서 단어의 명칭이 전용된 경우가 있다.

(3) ㄱ. 동궁(세자), 가슴(유방), 마패(어사), 가게(차양, 노점)

ㄴ. 저녁(저녁밥), 아침(아침밥), 가을(추수), 초파일(석탄일)

ㄷ. 몽진(왕의 피난), 부도나다(망하다), 북망산(北邙山, 죽음)

(ㄱ)에서 동쪽의 궁궐이라는 뜻을 나타내는 '동궁(東宮)'의 명칭이 '세자(世子)'의 뜻을 나
타내는 것은 공간적인 인접성에 따라서 명칭이 바뀐 예이다. 그리고 (ㄴ)에서 '저녁(夕)'
의 명칭이 '저녁밥(夕飯)'을 나타내는 것은 시간적인 인접성에 따라서 명칭이 바뀐 예이
다. (ㄷ)에서 '먼지를 뒤집어 쓰다'의 뜻을 나타내는 '몽진(蒙塵)'의 명칭이 '왕의 피난'을
나타내는 것은 인과적인 인접성에 따라서 명칭이 전용된 예이다.

의미의 인접성으로 명칭이 전용된 것은 인접의 범위에 따라서 환유와 제유로 나뉜다.

첫째로 '환유(換喩, metonymy)'는 어떤 개념이나 사물을 그것과 늘 가까운 관계에 있는
다른 사물이나 개념으로 바꾸어 표현하는 방법이다.

---

1) '켜'는 포개어진 물건의 하나하나의 층을 이른다.

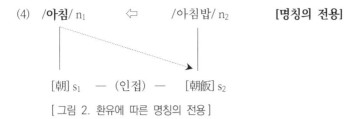

(4) **/아침/** n₁ ⇦ /아침밥/ n₂ **[명칭의 전용]**

[朝] s₁ ― (인접) ― [朝飯] s₂

[그림 2. 환유에 따른 명칭의 전용]

명칭인 /아침/ n₁이 기존의 의미인 [朝] (s₁) 이외에 다른 의미인 [朝飯] (s₂)을 나타낼 수 있는데, 이는 '아침'과 '아침밥'이 서로 시간적으로 인접해 있기 때문에 생긴 현상이다. 곧, [朝] (s₁)와 [朝飯] (s₂)의 의미 사이에 나타나는 인접성에 따라서, 특정한 단어의 명칭인 /아침/(n₁)이 다른 단어의 명칭인 /아침밥/(n₂)를 대신하게 된 것이다. 결국 '아침'이라는 단어가 [朝]의 뜻 이외에도 [朝飯]의 뜻을 나타내므로 단어의 의미가 확장된 것이다.

이렇게 두 의미의 인접에 따라서 명칭이 전용된 예는 '원인과 결과', '결과와 원인', '용기와 내용물', '시간과 사물', '구상과 추상'의 인접 현상으로 인한 예가 있다.

(5) ㄱ. 손 씻다(절연하다), 맹자(맹자의 저서)

ㄴ. 떨다(겁내다), 북망산(죽음), 몽진(왕의 피난), 부도나다(망하다)

ㄷ. 대포(술)

ㄹ. 아침(아침밥), 저녁(저녁밥)

ㅁ. 태극기(대한민국), 자리(위치), 꽃다발(축하)

(ㄱ)의 '손 씻다'는 '원인과 결과'의 인접 관계로 [절연하다]의 뜻을, (ㄴ)의 '떨다'는 '결과와 원인'의 관계로 [겁내다]의 뜻을 나타낸다. (ㄷ)의 '대포'는 '용기와 내용물'의 관계로 [술]의 뜻을, (ㄹ)의 '아침'은 '시간과 사물'의 관계로 [아침밥]의 뜻을, (ㅁ)의 '태극기'는 '구상과 추상'의 인접 관계로 [대한민국]의 뜻을 함께 나타낸다.

둘째로 '제유(提喩, synecdoche)'는 의미 영역이 좁은 단어 대신에 의미 영역이 넓은 단어를 쓰거나, 반대로 의미 영역이 넓은 단어 대신에 의미 영역이 좁은 단어를 쓰는 등과 같이, 의미 영역이 다른 두 단어 사이에서 일어나는 의미 변화이다.

(6) **/손/** n₁ ⇦ /사람/ n₂   (7) **/머리/** n₁ ⇦ /머리카락/ n₂

[手] s₁ ― (인접) ― [人] s₂   [頭] s₁ ― (인접) ― [頭髮] s₂

[그림 3. 제유에 따른 명칭의 전용]

(6)에서 동일한 명칭인 /손/이 원래의 [手] (s₁)뿐만 아니라 [人] (s₂)의 뜻을 함께 나타내며, (7)에서 동일한 명칭인 /머리/도 원래의 [頭] (s₁)뿐만 아니라 [頭髮] (s₂)의 뜻을 함께 나타낸다. 이들은 모두 '손'과 '머리'가 각각 '사람'과 '머리카락'에 인접해 있기 때문에 일어나는 현상이다. 다만 '손'이 [人]의 뜻을 나타내는 것은 '부분 - 전체'의 인접 관계이며 '머리'가 [頭髮]의 뜻을 나타내는 것은 '전체 - 부분'의 인접 관계이다.

> (8) ㄱ. 입(가족), 손(사람), 고추(아들), 약주(술), 빵(식량)
>
> ㄴ. 머리(머리카락)
>
> ㄷ. 영감(노인), 아저씨(젊은 남자), 세례(덮어 씀), 복음(반가운 소식), 십자가(희생), 해부(분석), 감투²⁾(벼슬), 출혈(손해)
>
> ㄹ. 서울(수도), 강태공(낚시꾼), 돈키호테(저돌적인 사람)

(ㄱ)의 '입'은 '부분 - 전체'의 인접 관계로 '가족'의 뜻을 나타내며, (ㄴ)의 '머리'는 '전체 - 부분'의 관계로 '머리카락'의 뜻을 나타낸다. 그리고 (ㄷ)의 '영감'은 '특수 - 일반'의 관계로 '노인'의 뜻을 나타내며, (ㄹ)의 '서울'은 '고유 명사 - 보통 명사'의 관계로 '수도'의 뜻을 나타낸다. 이들은 모두 특정한 단어의 명칭이 의미의 인접 관계에 따라서 새로운 의미에도 쓰임에 따라서 의미가 변화한 예이다.

3.2. 의미가 전용된 경우

3.2.1. 명칭 사이의 유사성에 따른 의미의 전용

의미상으로 관련이 없는 두 단어의 명칭이 음성적으로 유사하여 단어의 의미가 전용된 경우가 있다.

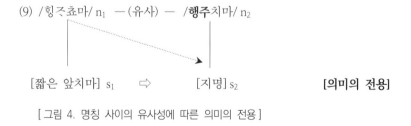

[그림 4. 명칭 사이의 유사성에 따른 의미의 전용]

---

2) '감투'는 예전에 말총, 가죽, 헝겊 따위로 만들어서 머리에 쓰던 의관(衣冠)의 하나이다.

명칭 n₁과 의미 s₁이 결합된 단어와 명칭 n₂와 의미 s₂가 결합된 단어는 원래는 의미적인 관련성이 전혀 없었으나, 음운 변화가 발생하여 n₁과 n₂가 비슷해지자 s₂를 뜻하기 위하여 n₁을 사용하게 되는 현상이다. 이렇게 되면 n₁은 s₁의 의미 이외에 s₂의 의미도 나타내게 되어, 결과적으로 의미 변화(의미 확대)가 이루어진다.

첫째, '민간 어원(民間語源, folk etymology)'에 따라서 의미의 변화가 일어날 수 있다.

(10) 행주치마(힝ᄌ쵸마), 한량, 소쩍새, 나락, 소나기, 까치설(아ᄎ설)

[그림 4]에서 /행주치마/의 /행주/가 지명인 [幸州]의 의미를 아울러서 나타내게 된다. 그리고 '한량(閑良)'은 원래 '벼슬을 하지 못하고 놀고 먹는 무반(武班)'이란 뜻이었다. 그러나 /한량/〉/할량/으로 발음되는 과정에서 /할/이 그것과 명칭이 비슷한 [弓]에서 연유한 것으로 생각하여, 오늘날에는 '놀고 먹는 건달'이라는 뜻으로 쓰이게 되었다. '소쩍새'를 '솥이 적다'라는 의미와 관련을 시킨다든지, '까치설(〈아ᄎ설)'을 '까치'와 관련을 시켜서 해석하는 것도 마찬가지로 민간 어원에 의한 의미의 변화에 해당된다.

둘째, '한자 부회(漢字附會)'에 따라서 의미의 변화가 일어날 수 있다. 곧 어원이 불분명한 고유어를 그것과 비슷한 명칭의 한자에서 그 어원을 찾으려는 노력에서 의미의 변화가 일어난 것이다.

(11) ㄱ. 생각(生覺 ×) : 싱각〉 생각
    ㄴ. 가난(家難 ×) : 간난(艱難)〉 가난
    ㄷ. 마감(磨勘 ×) : 막(막다, 障)- + -암(명사 파생 접미사)

(ㄱ)의 '생각'은 중세 국어의 '싱각'에서, (ㄴ)의 '가난'은 한자어인 '간난(艱難)'에서, 그리고 (ㄷ)의 '마감'은 동사인 '막다'의 어근 '막-'에 명사 파생 접미사인 '-암'이 붙어서 된 파생어이다. 그런데 일부 언중들은 그 명칭이 비슷한 한자어인 '生覺', '家難', '磨勘'에서 온 것으로 생각하여 이들 한자어의 의미를 새롭게 부여한 것이다. 이렇게 되면 원래의 단어의 의미에 새로운 의미가 부여되어서 단어의 의미가 바뀌게 된다.

3.2.2. 명칭 사이의 인접성에 따른 의미의 전용

동일 문맥 안에서 빈번히 쓰이는 두 명칭 간에, 한 명칭(n₁)이 다른 명칭(n₂)의 의미를 대신함으로써 일어나는 의미의 변화이다.

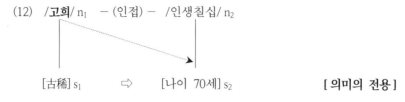

(12) /**고희**/ n₁ − (인접) − /인생칠십/ n₂

[古稀] s₁   ⇨   [나이 70세] s₂   **[의미의 전용]**

[그림 5. 명칭 사이의 인접성에 따른 의미의 전용]

사람의 나이가 70세인 것을 '고희(古稀)'라고 하는데, 이는 당나라의 시인인 두보가 지은 '곡강(曲江)'이라는 한시에 나오는 '人生七十古來稀'에서 유래했다. 여기서 '고희(古稀)'의 원뜻은 [예로부터 드물다(古來稀)] (s₁)인데, 이 구절이 '인생칠십(人生七十)'과 붙어서 쓰이다 보니 /고희/ (n₁)이 [나이 70세] (s₂)라는 새로운 뜻을 나타내게 되었다. 결국 관습적으로 쓰이는 '人生七十古來稀'라는 한시의 구절에서 '人生七十'이 생략된 형태인 '古稀'가 사람의 나이 70세를 뜻하게 된 것이다. 이러한 현상은 두 명칭이 항상 붙어서 실현되는 관습적 표현에서 일부 구절이 생략됨으로써 단어의 의미가 바뀐 예이다.

앞에서 제시한 의미 변화의 원인 중에서 '전염'과 '생략'에 따른 의미 변화의 예가 이에 해당한다.

(13) 숙맥(〈菽麥不辨〉[3]), 청상(〈靑孀寡婦〉[4]), 불혹(〈四十而不惑〉[5]), 고희(〈人生七十古來稀)

(14) ㄱ. 전혀 : 전혀 ~ 않다, 전혀 ~ 없다
     ㄴ. 별로 : 별로 ~ 않다
     ㄷ. 아무도 : 아무도 없다

(13)에서 '숙맥(菽麥)'은 원래 [콩과 보리]라는 뜻인데, 이 말은 '숙맥불변(菽麥不辨)'에서 온 말이다. '菽麥不辨'에서 '不辨'을 생략하여 '菽麥'이 [세상 물정을 잘 모르는 것]을 뜻하게 되었다. '청상(靑孀), 불혹(不惑), 고희(古稀)' 등도 모두 인접한 표현 중에서 한 표현이 생략됨에 따라서 생긴 의미의 변화이다. (13)에서 '전혀, 별로, 아무도' 등의 부사는 대부분 '않다'나 '없다' 등의 부정적인 서술어와 함께 쓰임에 따라서, 원래의 단어에는 없던

---

3) '숙맥불변(菽麥不辨)'은 콩인지 보리인지를 구별하지 못한다는 뜻으로, 사리 분별을 못하고 세상 물정을 잘 모르는 것을 이르는 말이다.
4) '청상과부(靑孀寡婦)'는 '젊어서 남편을 잃고 홀로된 여자'를 뜻하는 말이다.
5) '사십이불혹(四十而不惑)'은 마흔 살을 달리 이르는 말이다. 이는 〈논어〉의 '위정편(爲政篇)'에서, 공자가 마흔 살부터 세상일에 미혹되지 않았다고 한 데서 나온 말이다.

부정의 의미로 쓰이는 예이다. 곧 '전혀, 별로, 아무도'와 같은 부사만 표현함으로써 부정의 의미로 쓰이는 경우가 있는데, 이때에는 '않다'나 '없다'가 나타내는 부정의 의미가 부사에 전염된 것이다.[6]

3.3. 명칭과 의미가 함께 전용된 경우

명칭과 의미 간의 복합 관계에 의하여 의미가 변화된 것이 있다. 이러한 예는 매우 드문데, 국어에서는 '가리키다(指)/가르치다(敎)'의 예가 있다.

현대 국어에서 쓰이는 '가리키다(指)'와 '가르치다(敎)'는 원래 15세기 국어에서 동일한 단어인 'ᄀᆞᄅ치다(指/敎)'에서 '의미 분화'가 일어남에 따라서 '형태 분화'까지 일어난 단어이다.

(15) ㄱ. 머리 하늘흘 ᄀᆞᄅ치고 (멀리 하늘을 가리키고)　　　　　[금삼 2:11]
　　　ㄴ. 訓은 ᄀᆞᄅ칠 씨오 (訓은 가르치는 것이고)　　　　　　[훈언 1]

곧 15세기 국어에서는 (ㄱ)의 'ᄀᆞᄅ치다'는 '指(가리키다)'의 뜻을 나타내고, (ㄴ)의 'ᄀᆞᄅ치다'는 '敎(가르치다)'의 뜻을 나타내어서 다의어로 기능하였음을 알 수 있다.

15세기 국어에서 나타나는 'ᄀᆞᄅ치다' 명칭과 의미의 유사성에 따라서 현대 국어에서도 명칭과 의미의 유사성이 그대로 나타난다.

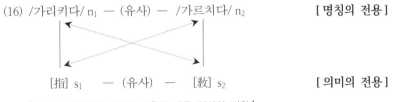

[그림 6. 명칭과 의미의 전용에 따른 의미의 변화]

현대 국어에서 '가리키다(指)'와 '가르치다(敎)'는 명칭과 의미의 양면에서 서로 유사하기 때문에, 특히 입말에서 이 두 단어가 혼용되는 경우가 많다. 먼저 명칭을 기준으로 해서 의미의 변화 양상을 살펴보면, /가리키다/ (n_1)가 원래의 [指] (s_1)의 뜻과 함께 새로운 뜻인 [敎] (s_2)를 나타내기도 하고, /가르치다/ (n_2)가 원래의 [敎] (s_2)의 뜻과 함께 새로운 뜻인 [指] (s_1)를 나타내기도 한다. 반대로 의미를 기준으로 해서 명칭의 변화 양상을 살

---

6) '전염(傳染)'의 용례는 이 책의 260쪽에 있는 예문 (1)과 (2)의 내용을 참조할 것.

퍼보면, [指] (s_1)가 원래의 명칭인 /가리키다/ (n_1)와 함께 새로운 명칭인 /가르치다/ (n_2)로 표현되기도 하고, [敎](s_2)가 원래의 명칭인 /가르치다/(n_2)와 함께 새로운 명칭인 /가리키다/(n_1)로 표현되기도 한다. 따라서 현대어에서 '가리키다'와 '가르치다'는 명칭과 의미가 양쪽 모두가 유사하기 때문에 단어의 의미가 복합적으로 바뀐 예이다.

제4장 의미 변화의 실제

단어의 의미가 바뀌게 되면, 그 단어가 나타내는 지시 범위가 바뀌거나 그 단어의 도덕적·윤리적 가치가 바뀔 수 있다. 여기서는 중세 국어와 근대 국어에서 일어난 의미 변화의 양상을 고유어와 한자어로 나누어서 살펴본다.

4.1. 고유어의 의미 변화

고유어에서 일어난 의미 변화는 '의미의 교체', '의미의 축소', '의미의 확대'의 세 가지 유형으로 나누어진다.

〈 의미의 교체 〉 단어가 나타내는 특정한 의미가 다른 의미로 단순하게 교체된 경우가 있다.

첫째, '이바디'는 '음식 접대(接待)'의 뜻에서 '기여(寄與)'의 뜻으로 바뀌었다.

(1) ㄱ. 神靈을 請ㅎ고 즁싱 주겨 夜叉羅利 等을 <u>이바드며</u>　　　　　[석상 9:17]

　　 ㄴ. 물곤 <u>이바디</u>를 마져 니르고져 컨마른　　　　　　　　　　[두언-초 7:25]

(1') ㄱ. 神靈(신령)을 請(청)하고 짐승을 죽여 夜叉羅利(야차나찰) 等(등)을 대접하며…

　　 ㄴ. "맑은 잔치(淸宴)[1]를 말자."라고 이르고자 하건마는…

'이바디'는 15세기 국어에서 동사인 '이받다'에서 파생된 명사로서 '음식 접대'의 뜻으로 쓰였다. 그런데 이 단어는 현대 국어에서는 '이바지'의 형태로 바뀌어서, '기여(寄與)'의 뜻으로 쓰인다.

둘째, '스랑ㅎ다'는 '생각하다(思)'의 뜻에서 '사랑하다(愛)'의 뜻으로 바뀌었다.

---

1) 淸宴(청연) : 조촐하고 고상한 연회(宴會)이다.

(2) ㄱ. 迦葉이…묏고래 이셔 道理 스랑ᄒ더니　　　　　　　[석상 6:12]

　　ㄴ. 刺史ㅣ ᄒᆫ 번 사호고져 스랑ᄒᄂ니(思─戰)　　　　[두언-초 8:23]

(2') ㄱ. 迦葉(가섭)이…산골짜기에 있어서 道理(도리)를 생각하더니…

　　ㄴ. 刺史(자사)가 한 번 싸우고자 생각하느니…

(3) ㄱ. 어버ᅀᅵ 子息 스랑호ᄆᆞᆫ 아니한 스ᅀᅵ어니와　　　　[석상 6:3]

　　ㄴ. 오직 내 ᄌᆡ조를 스랑ᄒ놋다(只愛才)　　　　　　[두언-초 7:34]

(3') ㄱ. 어버이가 子息(자식)을 사랑하는 것은 길지 않은 사이(間)거니와…

　　ㄴ. 오직 나의 재주를 사랑하는구나.

(4) 싱각 ᄉ(思)　　　　　　　　　　　　　　　　　　[유합 하11]

(4') 생각 사(思)

'스랑ᄒ다'는 15세기 국어에서 원래 (2)처럼 '思'의 뜻으로 쓰이다가 그 뒤의 시기에는 (3)처럼 '愛'의 뜻으로도 쓰였다. 원래 '愛'는 생각하는 곳에서 싹트기 때문에 '스랑'이 곧 '愛'의 뜻을 나타내게 된 것으로 보인다. 이처럼 '스랑'이 '愛'의 뜻을 나타내게 되자, '스랑'을 대신하여 '思'의 뜻을 나타내는 단어로서 (4)의 '싱각'이 새로 생겼다. 이처럼 '愛'의 뜻으로 쓰이는 '스랑하다'가 세력을 얻게 되자, '스랑ᄒ다(愛)'와 유의어로 쓰였던 기존의 어휘인 '괴다(寵)'와 'ᄃᆞᆺ다(愛)'는 세력을 잃고 사라졌다.

　셋째, '어엿브다'는 '불쌍하다(憫)'의 뜻에서 '아름답다(美)'의 뜻으로 바뀌었다.

(5) ㄱ. 光明을 보ᅀᆞᆸ고 몰라 주구려 ᄒ니 그 아니 어엿브니잇가　[월천 기103]

　　ㄴ. 須達이 … 艱難ᄒᆞ며 어엿븐 사ᄅᆞᆷᄅᆞᆯ 쥐주어 거리칠ᄊᆡ　[석상 6:13]

(5') ㄱ. (아침에) 光明(광명)을 보고 (내용은) 몰라서 죽으려고 하니, 그것이 아니 불쌍합니까?

　　ㄴ. 須達(수달)이 … 艱難(간난)하며 불쌍한 사람을 쥐어 주어 봉양하므로…

(6) ㄱ. 憫然은 어엿비 너기실 씨라　　　　　　　　　　[훈언 2]

　　ㄴ. 내 百姓 어엿비 너겨 (我愛我民)　　　　　　　　[용가 50장]

(6') ㄱ. 憫然(민연)은 불쌍히 여기시는 것이다.

　　ㄴ. 나의 百姓(백성)을 사랑스럽게 여겨… (我愛我民)

15세기 국어에서 형용사인 '어엿브다'는 (5)처럼 '憫'의 뜻으로만 쓰였으나, 부사인 '어엿비'는 (6)처럼 '憫'이나 '美'의 뜻으로 두루 쓰였다. 그리고 현대 국어에서는 '예쁘다'가 '美'의 뜻으로만 쓰이는 점을 감안할 때에, '어엿브다'는 근대 국어 시기에 원래의 '憫'의 뜻에서 '美'의 뜻으로 바뀌어 간 것으로 보인다.

넷째, '어리다'는 '어리석다(愚)'의 뜻에서 '어리다(幼)'의 뜻으로 바뀌었다.

(7) ㄱ. 愚는 어릴 씨라   [훈언 2]
    ㄴ. 우리 므리 어리오 鈍ᄒ야(我輩愚鈍ᄒ야)   [능언 7:67]

(7') ㄱ. 愚(우)는 어리석은 것이다.
    ㄴ. 우리 무리가 어리석고 鈍(둔)하여 (我輩愚鈍ᄒ야)

(8) ㄱ. 老萊子ㅣ 楚ㅅ 나라 사름이라 냥친을 효도로이 봉양ᄒ더니 [소언 4:16]
       디낸 나히 닐흔에 어린 아히 노ᄅᆞᆺᄒ야 (嬰兒喜)
    ㄴ. 늘그며 어리며 병들며 부녀 능히 오지 못ᄒᄂ 이ᄂ 식구   [경신 78]
       혜고 계일ᄒ야 ᄡᆞᆯ을 주라

(8') ㄱ. 老萊子(노래자)가 楚(초)나라의 사람이다. 양친(兩親)을 효성스럽게 봉양(奉養)하더니, 지낸 나이가 일흔에 어린아이의 노릇을 하여…
    ㄴ. 늙으며 어리며 병들며 부녀(婦女)가 능히 오지 못하는 이는 식구(食口)를 헤아리고 계일(計日)²⁾하여 쌀을 주어라.

'어리다'는 15세기에는 (7)처럼 '愚'의 뜻을 나타내었는데, 16세기 이후의 국어에서는 (8)처럼 '幼'의 뜻을 나타낸다.

다섯째, '싁싁ᄒ다'는 '엄하다(嚴)'나 '장엄하다(莊嚴)'의 뜻에서 '씩씩하다(莊)'의 뜻으로 바뀌었다.

(9) ㄱ. 여슷 하ᄂᆞ래 宮殿이 싁싁ᄒ더라   [석상 6:35]
    ㄴ. 밧그로 싁싁ᄒᆫ 스승과 벗이 업고   [어내 3:15]

(9') ㄱ. 여섯 하늘에 宮殿(궁전)이 장엄하더라.
    ㄴ. 밖으로 엄한 스승과 벗이 없고…

---

2) 계일(計日) : 날 수를 헤아리는 것이다.

'싁싁ᄒ다'는 중세 국어와 근대 국어에서 (ㄱ)처럼 '莊嚴'이나 (ㄴ)처럼 '嚴'의 뜻으로 쓰였는데, 현대 국어에서는 '莊'의 뜻으로 바뀌었다.

여섯째, 15세기 국어에서 '그위실'은 '관직(官職)'이나 '공무(公務)'의 뜻으로 쓰였다. 16세기 이후에 그 형태가 '구실'로 바뀌면서 기존의 '관직'과 '공무'의 뜻과 함께, '부역(賦役)'이나 '조세(租稅)'의 뜻으로도 쓰였다. 그러나 현대 국어에서 '구실'은 '역할(役割)'의 뜻으로만 쓰이고 있다.

(10) ㄱ. 王裒ㅣ 슬허 <u>그위실</u> 아니 ᄒ고 ᄂᆞᆷ 글 ᄀᆞᄅ치고 이셔   [삼행 효15]

ㄴ. 靜이 아ᄅᆡ 사오나온 <u>그위실</u>을 因ᄒ야 接足을 親히 받ᄌᆞ오니 [선언 서13]

(10') ㄱ. 王裒(왕부)가 슬퍼하여 벼슬을 아니 하고 남에게 글을 가르치고 있어…

ㄴ. 靜(정)이 예전에 좋지 못한 관직을 因(인하여) 接足(접족)³⁾을 親(친)히 받으니…

(11) ㄱ. 우리도 代官의 <u>구실</u>이면 아므려도 ᄀᆞ음알기 어려올 양이오니 [첩신-초 4:22]

ㄴ. 그 문의 정표ᄒ고 그 집 <u>구실</u>을 영히 덜라 ᄒ시니라   [번소 9:67]

ㄷ. 브즈러니 질삼ᄒ야 <u>구실</u> 디답ᄒ더니   [속삼 열1]

(11') ㄱ. 우리도 代官(대관)⁴⁾의 관직이면 아무래도 주관하기 어려울 양이니…

ㄴ. 그 문(門)에 정표(旌表)⁵⁾하고 그 집의 세금을 영원히 덜라 하셨느니라.

ㄷ. 부지런히 길쌈하여 세금을 바치더니…

(10)의 '그위실'은 15세기 문헌에 쓰인 예인데, 대체로 '宦'으로 번역된 것으로 보면 '관직'이나 '관리'의 뜻으로 쓰였음을 알 수 있다. 그리고 (11)의 '구실'은 16세기 이후의 근대 국어에서는 (ㄱ)처럼 기존의 뜻인 '관직'이나 (ㄴ)과 (ㄷ)처럼 새로운 뜻인 '부역'과 '조세'의 뜻으로 쓰였음을 알 수 있다. 그러다가 현대 국어에서는 '구실'은 자기가 마땅히 해야 할 맡은 바 '역할'의 뜻으로 쓰이고 있다.

일곱째, '쓰다/ᄊᆞ다'는 원래 '그만한 가치가 있다(同値)'나 '값이 높다(高價)'의 뜻으로 쓰였는데,⁶⁾ 현대 국어에서 이 단어는 '값이 낮다(低價)'의 뜻으로 바뀌었다.

---

3) 接足(접족) : 접족례(接足禮). 최고의 경의를 나타내는 인도 예법이다. 양 무릎, 팔꿈치, 머리를 땅에 대고 절 받을 사람의 발을 받들어 자기의 머리에 댄다.

4) 代官(대관) : 어떤 벼슬의 대리(代理)로 일하는 관리이다.

5) 정표(旌表) : 착한 행실을 세상에 드러내어 널리 알리는 것이다.

6) 현대 국어에서도 중세 국어처럼 '그만한 가치가 있다.'의 뜻으로 쓰인 예도 있다. (보기: 지은 죄를 보면 그는 맞아 죽어도 <u>싸다</u>.)

(12) ㄱ. 八分 혼 字ㅣ 비디 百金이 <u>스니</u>   [두언-초 16:16]

     ㄴ. 뵛 갑슨 <u>쓰던가</u> 디던가   [번노 상9]

(12') ㄱ. 八分(팔분)[7] 혼 글자가 값이 百金(백금)의 가치가 있으니…

     ㄴ. 베(布)의 값은 비싸던가 싸던가?

(13) 價値 <u>갑쓰다</u>   [동유 하26]

(13') 價値, 가격이 맞다

15세기와 16세기의 국어에서 '쓰다/스다'는 (12)의 (ㄱ)처럼 '同値'의 뜻으로 쓰이거나, (12)의 (ㄴ)처럼 '高價'의 뜻으로 쓰였다. 그리고 18세기의 문헌인 〈동문유해〉(1748)에서도 '갑쓰다'가 (13)처럼 '가격이 적당하다'의 뜻을 나타내었다. 이 점을 감안하면 '쓰다'가 현대 국어처럼 '價'의 뜻을 나타낸 것은 19세기 이후인 것으로 추정된다(이기문 1998:230). 정리하면 15세기 중세 국어에서 '쓰다/스다'는 '高價'나 '同價'의 뜻을 나타내었는데, 현대 국어에서는 정반대의 뜻인 '低價'의 뜻으로 쓰이는 것이다.[8]

(14) ㄱ. <u>아비</u>옷 이시면 우리를 어엿비 너겨 能히 救護ㅎ려늘   [월석 17:21]

     ㄴ. 安樂國이는 <u>아비</u>를 보라 가니 <u>어미</u> 몯 보아 시름 깊거다   [월석 8:87]

(14') ㄱ. <u>아버지</u>만 있으면 우리를 불쌍히 너겨 能(능)히 救護(구호)하겠거늘…

     ㄴ. 安樂國(안락국)이는 <u>아버지</u>를 보러 가니 <u>어머니</u>도 못 보아서 시름이 깊다.

(14)의 15세기 국어에서 '아비'와 '어미'는 존칭(尊稱)으로 쓰였던 '아바님'과 '어마님'에 대하여 뜻(평칭)의 뜻을 나타내었다. 그러나 19세기 말에 '아버지'와 '어머니'라는 평칭의 어휘가 새로이 나타나면서, 기존에 평칭으로 쓰였던 '아비'와 '어미'는 현대 국어에서 비칭으로 뜻으로만 쓰였다.[9] 그 결과 현대 국어에서는 '아버님/어머님'이 존칭으로, '아

---

7) 八分(팔분) : 한자 서체의 일종이다. 예서(隸書)의 종필(終筆)에 크게 굴곡을 주어 파책을 일으키는 서체이다.

8) 15세기 국어에서 '쓰다(그만한 값이 있다)'가 '빋(가격)'과 자주 결합하면서, '빋쓰다(高價)'로 실현되었다. 그런데 그 이후에 '빋쓰다'의 형태가 '비쓰다'로 바뀜에 따라서, 언중들이 '쓰다'를 '비-쓰다'의 대립어로 착각하여서, 현대 국어에서는 '싸다'가 '가격이 낮다(低價)'의 뜻으로 쓰이게 된 것이다.

9) '아버지'와 '어머니'라는 어휘는 1880년(고종 17)에 프랑스의 리델(Ridel) 주교 등이 편찬한 『한불자뎐』(韓佛字典)에 "아버지 父", "어머니 母"로 표제어로 올라 있다.

버지/어머니'가 평칭으로, '아비/어미'가 비칭으로 구분되어서 쓰이고 있다.

〈 의미의 축소 〉 두 가지의 의미를 나타내던 단어가 하나의 의미를 잃어버린 결과로 나머지 의미로만 쓰이는 경우가 있다.

첫째, 'ᄇ라다'는 중세 국어에서 '바라보다(望見)'와 '바라다(希望)'의 두 가지 뜻을 나타내다가, 점차로 의미가 축소되어서 '바라다(希望)'의 뜻으로만 쓰였다.

(15) ㄱ. 世尊이 須達이 올 똘 아ᄅ시고 밧긔 나아 걷니더시니   [석상 6:20]

　　　　須達이 ᄇ라ᅀᆞᆸ고 몯내 과ᄒᆞᅀᄫᅡ ᄒᆞᄃᆡ

　　　ㄴ. 슬프다 됴흔 싸흘 머리 돌아 ᄇ라오니 흔굴ᄋᆞ티 茫茫ᄒᆞ도다 [두언-초 7:10]

(15') ㄱ. 世尊(세존)이 須達(수달)이 올 것을 아시고 밖에 나아 걸어다니시더니, 須達(수달)이 바라보고 못내 칭찬하여 하되….

　　　ㄴ. 슬프다. 좋은 땅을 멀리 돌아 바라보니, 한결같이 茫茫(망망)하구나.

(16) ㄱ. ᄒᆞ다가 記 得디 몯ᄒᆞ면 한 ᄇ라믈 치오미 업스리라(望)   [법언 4:49]

　　　ㄴ. ᄇ랄 희(希), ᄇ랄 긔(冀)   [신증유합 하30]

(16') ㄱ. 만일 記(기)[10]를 得(득)하지 못하면 큰 바람(희망)을 채움이 없겠다.

　　　ㄴ. 바랄 희(希), 바랄 기(冀)

(17) 劉寬이…본향 平陵이랏 싸히 가셔 구읫 문을 ᄇ라보고 걷거늘 [번소 10:4]

(17') 劉寬(류관)이…본향인 平陵(평릉)이라는 땅에 가서 관청의 문(門)을 바라보고 걷거늘…

15-16세기의 중세 국어에서 'ᄇ라다'는 (15)와 (16)처럼 '望見'과 '希望'의 두 가지 뜻을 나타내었다. 그런데 16세기 초에 (17)처럼 'ᄇ라다'에 '보다(見)'가 합성되어서 형성된 '바라보다'가 등장하여, 'ᄇ라다'가 나타내던 '望見'의 뜻을 대신하게 되었다. 이에 따라서 현대 국어에서 '바라다'는 '希望'의 뜻으로 쓰이고, '바라보다'는 '望見'의 뜻으로 구분되어 쓰인다. 결과적으로 'ᄇ라다'는 의미가 축소된 것이다.

둘째, '여위다'는 중세 국어에서 '수척하다(瘦瘠)'와 '물이 마르다(渴)'의 두 가지 뜻을 나타내다가, 점차로 의미가 축소되어서 '마르다(渴)'의 뜻으로만 쓰였다.

---

10) 記(기) : 기별(記別). 부처님이 수행하는 사람에 대하여 미래에 성불할 것을 낱낱이 구별하여 예언하는 것이다.

(18) ㄱ. 흔 낱 뿔을 좌샤 술히 <u>여위신들</u> 金色잇든 가시시리여　　　[월천 기62]

　　　ㄴ. 힛 光이 倍倍히 더버 … 모시 다 <u>여위며</u> … 江이 다 <u>여위며</u>　　[월석 1:48]

(18') ㄱ. (태자가 하루에) 한 낱(個)의 쌀을 잡수시어 살이 여위신들, (몸의) 金色(금색)이야

　　　　가시시겠느냐?

　　　ㄴ. 햇빛이 여러 배로 더워 … 못이 다 마르며 … 江(강)이 다 마르며…

(19) ㄱ. <u>여위다</u> 瘦　　　　　　　　　　　　　　　　　　　[동유 상18]

　　　ㄴ. 黃河水 다 <u>여위여</u> 씌만치 되올지나　　　　　　　　[고금가곡 고시죠]

(19') ㄱ. <u>여위다</u> 瘦

　　　ㄴ. 黃河水(황하수)¹¹⁾가 다 <u>말라</u> 띠만큼 될지나…

'여위다'는 (18)의 중세 국어와 (19)의 근대 국어에서 모두 '瘦瘠'과 '渴'의 두 가지 뜻으로 쓰였다. 그런데 현대 국어에서는 '여위다'가 '渴'의 뜻을 'ᄆᆞᄅ다(→마르다)'에 넘겨 주고 '瘦瘠'의 뜻으로만 쓰인다.

　셋째, '힘'은 중세 국어에서 '힘살(筋肉)'이나 '힘(力)'의 두 가지 뜻으로 쓰이다가, 점차로 의미가 축소되어서 '힘(力)'의 뜻으로만 쓰인다.

(20) ㄱ. 갓과 고기와 <u>힘</u>과 쎼와는 다 싸해 감들 ᄀᆞᆮᄒᆞ니라　　[원언 상1-2:137]

　　　ㄴ. 사스미 <u>힘</u>을 브레 ᄃᆞᆷ가　　　　　　　　　　　　　[구간 6:10]

(20') ㄱ. 가죽과 고기와 힘살과 뼈는 다 땅에 가는 것 등과 같으니라

　　　ㄴ. 사슴의 힘살을 물에 담가

(21) ㄱ. 勇은 <u>힘세</u>며 ᄂᆞᆯ날 씨오 猛은 ᄆᆡᄫᅩᆯ 씨라　　　[석상 3:21]

　　　ㄴ. 力士는 <u>힘센</u> 사ᄅᆞ미라　　　　　　　　　　　　　[월석 2:6]

(21') ㄱ. 勇(용)은 힘세며 날래는 것이고 猛(맹)은 매운 것이다.

　　　ㄴ. 力士(역사)는 힘센 사람이다.

'힘'은 15세기 문헌에는 (19)처럼 구체성을 띤 '筋肉'의 뜻으로 쓰이거나 (20)처럼 추상적인 '力'의 뜻으로 두루 쓰였다. 그런데 현대 국어에서는 '힘'이 '筋肉'의 뜻으로는 쓰이지

---

11) 黃河水(황하수) : 중국 황허 강의 물이다.

않고 '力'의 뜻으로만 쓰이므로 의미가 축소되었다.

넷째, '빋'은 중세 국어에서 '값(價)'과 '빚(債)'의 두 가지의 뜻을 나타내다가, 점차로 '빚(債)'의 뜻으로만 쓰였다.

(22) ㄱ. 일훔난 됴훈 오시 비디 千萬이 쏘며   [석상 13:22]

     ㄴ. 네 내 목수믈 지며 내 네 비들 가파   [능언 4:31]

(22') ㄱ. 이름난 좋은 옷이 값이 千萬(천만)에 해당하며…

     ㄴ. 네가 나의 목숨을 책임지며 내가 너의 빚을 갚아…

15세기 국어에서 '빋'은 (ㄱ)처럼 '價'의 뜻을 나타내기도 하고, (ㄴ)처럼 '債'의 뜻을 나타내기도 하여 다의적으로 쓰였다. 그러나 현대 국어에서 '빚'은 '債'의 뜻으로만 쓰여서, 15세기 국어에 비해서 의미가 축소되었다.

다섯째, '늙다'는 중세 국어에서 '늙다(老)'와 '저물다(暮)'의 두 가지 뜻을 나타내다가, 현대어에서는 '늙다(老)'의 뜻으로만 쓰였다.

(23) ㄱ. 늘근 션비를 보시고 (接見老儒)   [용가 82]

     ㄴ. 江湖앤 보미 늘거 가느니 (江湖春慾暮)   [두언-초 15:49]

(23') ㄱ. 늙은 선비를 보시고…

     ㄴ. 江湖(강호)¹²⁾엔 봄이 저물어 가느니…

(ㄱ)에서 '늙다'는 15세기 국어에서 '老'와 '暮'의 뜻을 나타내는 다의어였는데, 현대 국어에서는 '暮'의 뜻은 '저물다'로 이관되고 '老'의 뜻으로만 쓰인다. 이에 따라서 '늙다'는 중세 국어에 비해서 현대 국어에서는 의미가 축소되었다.

여섯째, '얼굴'은 중세 국어에서 '모습(形象)'이나 '틀(型)'의 뜻을 나타내다가, 현대 국어에서는 '얼굴(顏)'의 뜻을 나타내게 되었다.

(24) ㄱ. 얼구른 그리메 逼近ᄒ니 家門엣 소리ᄂᆞᆫ 器宇ㅣ 잇도다   [두언-초 8:25]

       (形象丹靑逼)

     ㄴ. 얼굴 型   [훈자 상24]

---

12) 江湖(강호) : 예전에, 은자(隱者)나 시인(詩人), 묵객(墨客) 등이 현실을 도피하여 생활하던 시골이나 자연이다.

(24') ㄱ. 형상은 그림(丹青)에 逼近(핍근)[13]하니, 家門(가문)의 소리는 器宇[14]가 있구나.

　　　ㄴ. 얼굴 型

15세기와 16세기 국어에서 '얼굴'은 (24)의 (ㄱ)처럼 '形象'이나 (ㄴ)처럼 '型' 등의 뜻으로 쓰였다. 반면에 현대 국어에서는 '顔'의 뜻으로만 쓰이므로, 결과적으로 의미가 축소되었다.

　일곱째, '즛'은 중세와 근대 국어에서 '모양(模樣)'이나 '동작(動作)'의 두 가지 뜻으로 쓰였는데, 현대 국어에서는 '動作'의 뜻으로만 쓰여서 의미가 축소되었다.

(25) ㄱ. 그 즈싀 一萬 가지라　　　　　　　　　　[월석 21:24]

　　　ㄴ. 호다가 西子이 즈싀 업스면　　　　　　　[영남 하:74]

(25') ㄱ. 그 모습이 一萬(일만) 가지다.

　　　ㄴ. 만일 西子(서자)[15]의 모습이 없으면…

(26) 엊그제 선왕이 아니 겨시다고 이 즈슬 ᄒ며　　[한만 5:482]

(26') 엊그제 선왕(先王)이 아니 계시다고 이 짓을 하며…

(25)의 '즛'은 15세기 국어에서 '模樣'의 뜻으로 쓰인 예이며, (26)의 '즛'은 근대 국어에서 '動作'의 뜻으로 쓰인 예이다. 반면에 현대 국어에서는 '즛'이 '짓'으로 형태가 바뀌면서 그 의미도 '動作'의 뜻으로만 쓰여서 의미가 축소되었다.

　여덟째, '치다'는 중세 국어와 근대 국어에서 '육성(育成), 양육(養育)/사육(飼育), 봉양(奉養)' 등의 여러 뜻으로 쓰였다.

(27) ㄱ. 畜生은 사ᄅᆞ미 지븨셔 치는 즁ᄉᆡ이라　　[월석 1:46]

　　　ㄴ. 居士ᄂᆞᆫ 물ᄀᆞᆫ 節介를 녜브터 치고　　[법언 7:77]

　　　ㄷ. ᄂᆞ미 늘근 어미를 치다가 乃終내 몯 ᄒ며　[삼행 효:5]

(27') ㄱ. 畜生(축생)은 사람의 집에서 치는 짐승이다.

　　　ㄴ. 居士(거사)[16]는 맑은 節介(절개)를 옛날부터 기르고…

---

13) 逼近(핍근) : 매우 가까이 닥치는 것이다.

14) 기우(器宇) : 사람의 재능과 도량을 아울러 이르는 말이다.

15) 서자(西子) : 춘추 시대 월왕 구천(越王句踐)이 오왕 부차(吳王夫差)에게 바친 월나라 미녀이다.

ㄷ. 남의 늙은 어머니를 봉양(奉養)하다가 끝내 못 하며…

(27)에서 (ㄱ)의 '치다'는 '飼育'의 뜻으로, (ㄴ)의 '치다'는 '育成'의 뜻으로, (ㄷ)의 '치다'는 '奉養'의 뜻으로 쓰였다. 이처럼 중세 국어와 근대 국어에서 다의적으로 쓰이던 '치다'가 현대 국어에서 '飼育'의 뜻으로만 쓰였다.

〈 **의미의 확대** 〉 '의미의 확대(擴大, widing)'는 특정한 단어의 의미가 변화하여, 단어의 지시 범위가 원래의 범위보다 넓어지는 것이다.

(28) ㄱ. 그 시절 넷 가문과 오란 <u>겨레</u>들히 다 能히 이 근디 몯ㅎ더라 [소언 6:132]

ㄴ. 가히 다른 <u>겨레</u>예 도라 보낼 거시라　　　　　　[동삼 열1:2]

ㄷ. <u>겨레</u> 권당으로셔 서르 통간ㅎ면　　　　　　[경민 22]

(28') ㄱ. 그 시절 옛 가문(家門)과 오랜 종친들이 다 능(能)히 같지 못하더라.

ㄴ. 가(可)히 다른 종친에게 돌려 보낼 것이다.

ㄷ. 종친과 친척으로서 서로 통간(通姦)하면…

(29) 우리는 단군의 피를 이어받은 한 <u>겨레</u>이다

(28)의 '겨레'는 중세 국어에서는 '종친(宗親)'의 뜻을 나타내었으나, 현대 국어에서는 (29)처럼 '민족(民族)'의 뜻으로 쓰인다. 결과적으로 '겨레'의 지시 범위가 '宗親'의 뜻에서 '民族'의 뜻으로 확대된 것이다.

4.2. 한자어의 의미 변화

한자어에서도 시간의 흐름에 따라서 단어의 의미가 바뀌는 경우도 있는데, 중세와 근대 국어의 시기에 단어의 의미에 변화가 일어난 예를 살펴본다.

〈 **의미의 교체** 〉 단어가 나타내는 특정한 의미가 다른 의미로 단순하게 교체된 경우가 있다.

예를 들어서 근대 국어에서는 각종 소설류의 작품에서 '人情, 放送, 發明' 등의 한자어가 새로 쓰였는데, 이들 한자어는 현대 국어의 뜻과는 다른 뜻을 나타내었다(이기문 1998:229의 내용 참조).

---

16) 居士(거사) : 속세에 있으면서 불교를 믿는 남자이다(= 우바새).

(30) 人情, 放送, 發明

(30') 人情(뇌물 → 인정), 放送(석방 → 방송), 發明(변명 → 발명)

근대 국어에서는 '人情'이 '뇌물(賂物)'의 뜻을 나타내다가, 현대 국어에서는 '남을 동정하는 따뜻한 마음'의 뜻을 나타내고 있다. '放送'은 근대 국어에서는 '석방(釋放)'의 뜻을 나타내다가, 현대 국어에서는 '음성이나 영상을 전파로 내보내는 일'의 뜻을 나타내고 있다. '發明'은 근대 국어에서는 '변명(辨明)'의 뜻을 나타내다가 현대 국어에서는 '아직까지 없던 기술이나 물건을 새로 생각하여 만들어 냄'의 뜻을 나타내고 있다.

〈 의미의 축소 〉 포괄적인 의미를 나타내는 단어가 일부의 의미를 잃어버린 결과 나머지 의미로만 쓰여서, 결과적으로 단어의 의미가 축소된 예가 있다.

첫째, '艱難'은 '일반적인 어려움(難)'의 뜻에서 '경제적인 어려움(貧)'의 뜻으로 바뀌어서, 그 의미가 축소되었다.

(31) ㄱ. 천량 업슨 艱難이 아니라 福이 업슬씨 艱難타 ᄒ니라   [석상 13:57]

ㄴ. 君子ㅣ 비록 가난ᄒ나 祭器를 ᄑ디 아니ᄒ며   [소언 2:28]

(31') ㄱ. 재물이 없는 艱難(간난)이 아니라, 福(복)이 없으므로 '艱難하다' 하였느니라.

ㄴ. 君子(군자)가 비록 가난하나 祭器(제기)를 팔지 아니하며…

'艱難(간난)'은 원래는 (ㄱ)처럼 한자로 표기되어서 경제적인 어려움을 포함하여 일반적인 어려움인 '難'의 뜻을 나타내었다. 그러나 16세기 이후에는 (ㄴ)처럼 한글로써 '가난'으로 표기하여서 '貧'의 뜻을 나타내게 되었다.

둘째, 한자어인 '衆生'은 원래 '생명체(生命體)'의 뜻으로 포괄적으로 쓰였는데, 이 단어가 한글로 '즁싱'으로 표기되어서 '짐승(獸)'의 뜻으로 축소되었다.

(32) ㄱ. 法化ᄂ 부톄 큰 法으로 衆生을 濟渡ᄒ샤 사오나ᄫᆞᆫ   [석상 3:2]

사ᄅ미 어딜에 드욀 씨라

ㄴ. 뒤헤는 모딘 즁싱 알ᄑᆡ는 기픈 모새 (猛獸)   [용가 30장]

ㄷ. 듣는 즘싱과 ᄂᆞᄂ 새 다 머리 가ᄂᆞ니   [영남 하35]

(32') ㄱ. 法化(법화)는 부처가 큰 法(법)으로 衆生(중생)을 濟渡(제도)하시어 사나운 사람이 어질게 되는 것이다.

ㄴ. 뒤에는 모진 짐승, 앞에는 깊은 못에…

ㄷ. 달리는 짐승과 나는 새가 다 멀리 가느니…

15세기 국어에서는 (ㄱ)처럼 '衆生'이 한자로 표기되면 '生命體'의 뜻을 나타내었고, (ㄴ) 의 '즁싱'처럼 한글로 표기되면 '獸'의 뜻을 나타내었다. 그러다가 15세기 말이 되면 '즁 싱'이 (ㄷ)처럼 '즘싱'으로 형태가 바뀌는데, 현대어에서는 이들 단어가 '중생(衆生)'과 '짐승'으로 분화되어서 형태와 의미가 확실하게 구분된다.

셋째, '分別'은 15세기에는 '구분(別)'과 '걱정(憂)'의 두 가지 뜻으로 쓰이다가, 현대 국 어에서는 '구분'의 뜻으로만 쓰인다.

(33) ㄱ. 分別은 논호아 굴힐 씨라   [월석 11:12]

ㄴ. ᄒ다가 아ᄃ를 어더 쳔랴을 맛디면 훤히 快樂ᄒ야 ᄂ외야 [월석 13:10]

分別 업스리로다

(33') ㄱ. 分別(분별)은 나누어서 가리는 것이다.

ㄴ. 만일 아들을 얻어 재물을 맡기면 훤히 快樂(쾌락)하여 다시 걱정이 없겠구나.

'分別'은 아주 특이한 방식으로 의미가 바뀌었다. 곧, 15세기 국어에서 '分別'은 (ㄱ)처럼 '別'의 뜻과 더불어서 (ㄴ)처럼 '憂'의 뜻을 나타내기도 하였다. 이처럼 두 가지 뜻으로 혼용되던 '分別'이 현대 국어에서는 '別'의 뜻으로만 쓰인다.

참고 문헌

고영근·구본관(2008), 『우리말 문법론』, 집문당.

교육인적자원부(2010), 『고등학교 교사용 지도서 문법』, (주)두산동아.

교육인적자원부(2010), 『고등학교 문법』, (주)두산동아.

구현정(1997), 『대화의 기법』, 한국문화사.

구현정·전영옥(2005), 『의사 소통의 기법』, 박이정.

김갑년 옮김(1999), 『화용론 입문』, 한국문화사. Götz Hindelang(1982), *Einführung in die Sprechakttheori.*

김영송(1963), 「방언-음운」, 『경상남도지 중권』, 경상남도지 편찬위원회.

김일웅(1984), 「풀이말의 결합가와 격」, 『한글』 186호, 한글학회.

김일웅(1985ㄱ), 「생략과 그 유형」, 『부산한글』 제4집, 한글학회 부산지회.

김일웅(1985ㄴ), 「생략의 유형」, 『약천 김민수 교수 화갑 기념 국어학 신연구 I』, 탑출판사.

김일웅(1987), 「월의 분류와 특징」, 『한글』 제198호, 한글학회.

김일웅(1989), 「담화의 짜임과 그 전개」, 『인문논총』 제34집, 부산대학교.

김종택(1982), 『국어 화용론』, 형설출판사.

김차균(1999), 『우리말의 시제 구조와 상 인식』, 태학사.

김태자(1987), 『발화분석의 화행의미론적 연구』, 탑출판사.

김형규(1981), 『국어사 개요』, 일조각.

나진석(1963), 「방언-어법」, 『경상남도지 중권』, 경상남도지 편찬위원회.

나진석(1971), 『우리말 때매김 연구』, 과학사.

나찬연(1993), 「우리말의 이음에서의 생략과 삭제현상 연구」, 석사학위 논문, 부산대학교.

나찬연(1997), 「우리말 의미중복표현의 통어·의미 연구」, 박사학위 논문, 부산대학교.

나찬연(2004), 『우리말 잉여 표현 연구』, 도서출판 월인.

나찬연(2013ㄱ), 『제2판 언어·국어·문화』, 도서출판 월인.

나찬연(2013ㄴ), 『제3판 현대 국어 문법의 이해』, 도서출판 월인.

나찬연(2018ㄱ), 『제2판 학교 문법의 이해 1』, 도서출판 경진.

나찬연(2018ㄴ), 『제2판 학교 문법의 이해 2』, 도서출판 경진.

남기심·고영근(1993), 『표준국어문법론』, 탑출판사.

민현식(1999), 『국어 정서법 연구』, 태학사.

박선자(1996ㄱ), 「한국어의 의미적 특징」, 『한국어의 이해』, 우리말연구회, 만수출판사.

박선자(1996ㄴ), 『한국어 어찌말의 통어 의미론』, 세종출판사.

박종갑(1996), 『토론식 강의를 위한 국어 의미론』, 도서출판 박이정.

서재석 외(2001), 『화용론』, 'PAAL 응용 언어학 번역 총서 1', 도서출판 박이정.

심재기 외(1989), 『의미론 서설』, 집문당.

안경화(1987), 「한국어 숙어의 유형에 대한 분석적 연구」, 석사학위 논문, 서울대학교.

양태식(1984), 『국어 구조 의미론』, 태화출판사.

윤평현(2008), 『국어 의미론』, 도서출판 역락.

이기문(1998), 『국어사 개설』, 태학사.

이상규(1996), 『방언학』, 학연사.

이익환(1995), 『수정·증보판 의미론 개론』, 한신문화사.

임지룡(1993), 『국어 의미론』, 탑출판사.

임환재(1984), 『언어학사』, 경문사.

장태진(1995), 『국어 변말의 연구 -사회언어학적 접근-』, 태학사.

정길남(2003), 『국어 오류 분석』, 한국문화사.

허 발(1979=1981), 『낱말밭 이론』, 고려대학교 출판부.

허 발(1985), 『언어 내용론』, 고려대학교 출판부.

허 웅(1981), 『언어학』, 샘문화사.

허 웅(1984), 『국어학』, 샘문화사.

허 웅(1986), 『국어 음운론』, 샘문화사.

Austin, J. L.(1962), *How to do things with words*. Oxford.

Baugrand, R. & Dressler, W.(1981), *Introduction to Text Linguistics*, London: Longman.

Bloomfield. L.(1962), *Language*, Ruskin House, George Allen & Unwin LTD.

Clark. H. H. & Clark. E. V.(1977), *Psychology and Language* : An Introduction to Psycholinguistics. New York: Harcourt. Brace & Jovanovich.

Cruse, D. A.(1986), *Lexical Semaentics*, London: Cambridge University Press.

Cruse, D. A.(1990), *Language, Meaning and Sense*: Semantics, In Collinge, N. E. (ed.), An Encyclodia of Language, London and New York: Routledge.

F. de Saussure(1915), *Course in General Linguistics*, New York: Philosophical Library.

Frege, G.(1975), *On sense and reference*, In D. Dasidson & G. Harman. eds. The Logic of Grammar, Encino. CA: Dickenson Pub. Co.

Gechkeles, H.(1980), *Die Antonymie Lexikon*, In Kastovsky, D. (ed.) Perspektiven der lexikalischen Semantik : Beiträge zum Wuppertaler Simantikkolloquium vom 2-3, 1977. Bonn.

Geckeler, H.(1971), *Strukturelle Semantik und Wortfeldtheorie*, Múnich: Fink.(장연천 옮김, 1987, 『구조의미론과 낱말밭 이론』, 집현사.)

Gordon. D. & Lakoff. G.(1973), *Conversational postulates*, Cole and Morgan(eds.)

Greenberg. H.(ed),(1963), *Universals of Language*, MIT Press.

Grice, H. P.(1975), *Logic and Conversation*, In D. Davidson & G. Harman. eds.(1975). The Logic of Grammar. Encino. CA: Dickenson Pub. Co.

Guno, S.(1980), "Discourse Deletion", Harvard Studies in Syntax and Semantics, vol. Ⅲ.

Halliday, M. A. K. and R. Hasan(1976), *Cohesion in English*, London: Longman.

Jackson, H.(1988), *Words and Their Meaning*, New York: Longman.

Karl Bűhler(1934), *Sprachtheorie*, Die Darstellungsfunktion der Sprache, Jena.

Kastovsky, D.(1982), Privative opposition and lexical semantics, stydia Anglica Posnaniensia.

Leech, G. N.(1974), *Semantics*. London: Penguin Books.

Leech, G. N.(1983), *Principle of Pragmatics*, London: Longman.

Lyons, J.(1968), *Introduction to Theoretical Linguistics*. London and New York: Cambridge University Press.

Lyons, J.(1977), *Semantics. 1. 2*. London: Cambridge University Press.

Lyons, J.(1995), *Linguistic Semantics : An Introduction*, Cambridge: Cambridge University Press.

Miller, G. A. & Johnson−Laird, P. N.(1976), *Perception and Language*, Cambridge University Press.

Nida, E. A.(1975), *Componential Analysis of Meaning*. The Hague: Mouton.(조항범 역, 1990, 『의미분석론』, 탑출판사)

Roman Jacobson(1960), Closing Statements: Linguistics and Poetics in T. A. Sebeok (ed.) Style in Langue, New York.

Ross, J. R.(1970), *On declartive sentences*. In Jacobs & Roesnbaum(eds)

S. Ullman(1951), *The Principles of Semantics*, Oxford: Basil Blackwell.

Searle, J. R.(1969), *Speech Acts. : An Essay in the Philosophy of Language*, Cambridge: Cambridge University Press.

Searle, J. R.(1975), *Indirect speech acts*, In Cloe & Morgan. eds.(1975).

Searle, J. R.(1979), *A classification of illocutionary acts*, Language in Socities, Cambridge University Press.

Searle, J. R.(1980), *Speech act theory and Pragmatics*, Dordrecht: Reidel.

Sturtevant, Edgar H.(1947), *An Introduction to Linguistic Science*, New Haven: Yale University Press.

W. E. Cooper & J. R. Ross(1975), *Word order*, CLS Functionalism.

Wittgenstein, L.(1969), *Philosophische Untersuchungen*. In Schriften q. Frankfurt a. M.

찾아보기

지은이 나찬연은 1960년에 부산에서 태어났다. 부산대학교 국어국문학과를 나오고 (1986), 같은 학교 대학원에서 문학 석사(1993)와 문학 박사(1997) 학위를 받았다. 지금은 경성대학교 인문문화학부 국어국문학전공에서 교수로 재직하고 있으면서 국어학 분야의 강의를 맡고 있다.

주요 논저

우리말 이음에서의 삭제와 생략 연구(1993), 우리말 의미중복 표현의 통어·의미 연구(1997), 우리말 잉여 표현 연구(2004), 옛글 읽기(2011), 벼리 한국어 회화 초급 1. 2(2011), 벼리 한국어 읽기 초급 1. 2(2011), 제2판 언어·국어·문화(2013), 제2판 훈민정음의 이해(2013), 근대 국어 문법의 이해-강독편(2013), 국어 어문 규범의 이해(2013), 표준 발음법의 이해(2013), 제5판 현대 국어 문법의 이해(2017), 쉽게 읽는 월인석보 서. 1. 2. 4. 7. 8(2017~2018), 쉽게 읽는 석보상절 3. 6. 9. 11(2017~2019), 제2판 학교 문법의 이해 1. 2(2018), 현대 국어 의미의 이해(2019), 중세 국어 문법의 이해(2019), 중세 국어 문법의 강독(2019)

*전자메일: ncy@ks.ac.kr

* '학교 문법 교실(http://scammar.com)'의 '문답방'에서는 이 책의 내용과 관련한 학습 자료를 제공하며, '문답방'을 통하여 독자들의 질문에 대하여 지은이가 직접 피드백을 합니다.

현대 국어 의미론의 이해

© 나찬연, 2019

1판 1쇄 인쇄__2019년 08월 20일
1판 1쇄 발행__2019년 08월 30일

지은이__나찬연
펴낸이__양정섭

펴낸곳__도서출판 경진
　　　　등록__제2010-000004호
　　　　이메일__mykyungjin@daum.net
　　　　사업장주소__서울특별시 금천구 시흥대로 57길(시흥동) 영광빌딩 203호
　　　　전화__070-7550-7776　**팩스**__02-806-7282

값 16,000원
ISBN 978-89-5996-351-5 93710